田径运动
文化审视与开展研究

陈春华　吕　烁　著

内 容 提 要

本书对田径运动的相关文化进行了审视,并对各项目的开展进行了详细指导,具体内容包括:田径运动历史文化、健身与教学文化、训练与竞赛文化的审视;田径运动开展的准备、安全保障;走跑类、跳跃类和投掷类运动的文化与开展研究等。本书内容丰富、视角新颖、逻辑合理,对田径运动的文化与开展进行了详尽而透彻的研究和分析,体现了科学性、时代性和实用性,是一本值得学习研究的著作。

图书在版编目（CIP）数据

田径运动文化审视与开展研究 / 陈春华, 吕烁著. -- 北京 : 中国水利水电出版社, 2016.7（2022.9重印）
ISBN 978-7-5170-4407-9

Ⅰ. ①田… Ⅱ. ①陈… ②吕… Ⅲ. ①田径运动—体育文化—研究 Ⅳ. ①G82

中国版本图书馆CIP数据核字(2016)第128962号

策划编辑:杨庆川　责任编辑:陈　洁　封面设计:崔　蕾

书　　名	田径运动文化审视与开展研究
作　　者	陈春华　吕　烁　著
出版发行	中国水利水电出版社
	（北京市海淀区玉渊潭南路1号D座 100038）
	网址:www.waterpub.com.cn
	E-mail:mchannel@263.net（万水）
	sales@mwr.gov.cn
	电话:(010)68545888(营销中心)、82562819（万水）
经　　售	北京科水图书销售有限公司
	电话:(010)63202643、68545874
	全国各地新华书店和相关出版物销售网点
排　　版	北京鑫海胜蓝数码科技有限公司
印　　刷	天津光之彩印刷有限公司
规　　格	170mm×240mm　16开本　17印张　220千字
版　　次	2016年7月第1版　2022年9月第2次印刷
印　　数	2001—3001册
定　　价	46.00元

凡购买我社图书,如有缺页、倒页、脱页的,本社发行部负责调换

版权所有·侵权必究

前　言

　　田径运动是一切运动的基础,有着"运动之母"之称。经过不断的发展,田径运动形成了自己的特点,并在健身、竞技、教育等领域发挥着重要作用,占据着举足轻重的地位。如今,田径运动已成为全民健身的重要手段,不仅是众多国际性综合赛事的重要组成,还是各级各类学校体育教学的内容。田径运动的影响力和作用越来越大,为了更好地促进田径运动的发展,需要对田径运动文化进行审视,并对其开展进行科学指导。基于此,特撰写了《田径运动文化审视与开展研究》。

　　本书共有八章内容,对田径运动的相关文化进行了审视,并对各项目的开展进行了详细指导。具体来说,第一章是对田径运动历史文化的审视,主要涉及田径运动的形成与发展、特点与价值以及发展趋势;第二章是田径运动健身与教学文化审视,对田径运动与全民健身、田径运动与体育教学以及田径运动教学的相关理论进行了研究;第三章为田径运动训练与竞赛文化审视,主要内容有田径运动训练、后备人才选拔、竞赛文化与欣赏等内容;第四章论述的是田径运动开展的准备,包括田径运动的装备、体能储备以及趣味田径运动;第五章是田径运动开展的安全保障,从疲劳、损伤与疾病三个方面对田径运动的安全问题进行研究;第六章至第八章是对田径运动具体项目文化与开展的研究,分别为走跑类、跳跃类、投掷类项目,具体内容涉及项目文化、技术指导以及游戏开展。

　　总体来看,本书内容丰富、视角新颖、逻辑合理,对田径运动的文化与开展进行了详尽而透彻地研究和分析,体现了科学性、时代性和实用性,能够对田径运动文化的传播和发展以及田径运动的普及和推广起到积极的推动作用。

  本书在撰写过程中,参考和借鉴了众多专家和学者的研究资料,在此向其表示衷心的感谢。由于水平与精力有限,书中谬误之处在所难免,恳请广大读者批评指正,不胜感激。

作 者

2016 年 4 月

目 录

前言
第一章　田径运动历史文化审视 ……………………………… 1
第一节　田径运动的形成与发展 ………………………… 1
第二节　田径运动的特点与价值 ………………………… 13
第三节　田径运动的发展趋势研究 ……………………… 21

第二章　田径运动健身与教学文化审视 ……………………… 28
第一节　田径运动与全民健身 …………………………… 28
第二节　田径运动与学校体育教学 ……………………… 35
第三节　田径运动教学的相关理论 ……………………… 45

第三章　田径运动训练与竞赛文化审视 ……………………… 64
第一节　田径运动训练发展与理论 ……………………… 64
第二节　田径运动后备人才选拔 ………………………… 74
第三节　田径运动竞赛文化与欣赏 ……………………… 90

第四章　田径运动开展的准备 ………………………………… 96
第一节　田径运动开展的装备准备 ……………………… 96
第二节　田径运动开展的体能储备 ……………………… 99
第三节　趣味田径运动的开展研究 ……………………… 115

第五章　田径运动开展的安全保障 …………………………… 129
第一节　田径运动开展的疲劳消除 ……………………… 129
第二节　田径运动开展的损伤处理 ……………………… 137
第三节　田径运动开展的疾病治疗 ……………………… 148

第六章　走跑类运动文化与开展研究 ………………………… 161
第一节　竞走运动文化与开展 …………………………… 161

第二节　短跑运动文化与开展 …………………………… 166
　　第三节　中长跑运动文化与开展 ………………………… 173
　　第四节　其他跑类运动文化与开展 ……………………… 178
　　第五节　走跑类运动游戏的开展 ………………………… 188

第七章　跳跃类运动文化与开展研究 ………………………… 200
　　第一节　跳远运动文化与开展 …………………………… 200
　　第二节　三级跳远运动文化与开展 ……………………… 208
　　第三节　跳高运动文化与开展 …………………………… 211
　　第四节　撑竿跳高运动文化与开展 ……………………… 216
　　第五节　跳跃类运动游戏的开展 ………………………… 221

第八章　投掷类运动文化与开展研究 ………………………… 229
　　第一节　推铅球运动文化与开展 ………………………… 229
　　第二节　掷标枪运动文化与开展 ………………………… 234
　　第三节　掷铁饼运动文化与开展 ………………………… 239
　　第四节　掷链球运动文化与开展 ………………………… 244
　　第五节　投掷类运动游戏的开展 ………………………… 251

参考文献 ………………………………………………………… 264

第一章 田径运动历史文化审视

田径运动作为现代体育的基础,自然得到了运动界的广泛关注。为了能够将这一"运动之母"研究得更加深刻,对其历史及文化进行审视是非常重要的。因此,本章就重点对田径运动的形成与发展、特点与价值以及在未来的发展趋势等问题进行研究,以期使人们能够对田径运动有一个较为系统的认识。

第一节 田径运动的形成与发展

一、田径运动的形成

田径运动实际上起源于人们在日常生活中需要用到的各种生活技能。早在远古时代,为了更好地延续生命和获得生活资料,人们不断地进行奔波,或是爬树摘果,或是围捕。在这些生存活动过程中,就需要走、跑、跳、投等各种动作。由于这些动作在生存和生活过程中被不断重复,便逐步演变和形成了快速奔跑、敏捷跳跃、准确投掷等技能。除此之外,在渔猎的闲暇之余,古人类也会围绕走、跑、跳、投等运动形式开展一些娱乐和竞赛活动,以便增加娱乐性。由此,便逐渐形成了田径运动的雏形。

由于田径项目众多,为更好地说明田径运动的起源问题,就需要将不同项目分为几个大类来进行。

(一)跑类项目的起源

跑步是多种体育项目的基本技术。即便是在田径运动中,跑,都是其他田径项目的基础。这就足以说明跑步的意义有多大。说到跑类项目的起源,可以将其分为短跑、马拉松跑、现代长跑和跨栏跑四个类型加以说明。

(1)短跑的起源。公元前776年,第1届古代奥运会在古希腊奥林匹亚村举行。短跑项目在此届奥运会上已经出现。

(2)马拉松的起源。雅典战士菲迪皮德斯(Pheidippides)为了向雅典人报告胜利的消息,从马拉松一直跑到雅典,在告知人们雅典在战争中获胜后终因体能耗竭猝死。后来,人们为了纪念这位战士,而设立了马拉松长跑比赛。需要注意的是,马拉松长跑运动中的"马拉松"是距希腊雅典不远的一处名为"马拉松"的海滩,而不是一个人名。在1896年举行的第1届现代奥林匹克运动会上,就举行了从马拉松镇跑到雅典的比赛。

(3)现代长跑的起源。现代长跑运动起源于英国。18世纪时,英国就已经有一些职业赛跑选手参加长跑比赛了。

(4)跨栏跑的起源。跨栏跑项目的起源地也是英国。跨栏跑项目比赛第一次正式举行是在1864年的首届由牛津剑桥两所学校举行的对抗赛上。

(二)跳跃项目的起源

跳跃类运动在田径运动项目中的观赏性很强,且带有十足的艺术感。经过长期的演变,特别是在近现代历史上,田径的跳跃类项目取得了跨越式发展,它不仅继续保有传统的跳跃项目,还衍生出了几种新型的跳跃方法。关于这些跳跃项目的起源如下。

(1)跳远的起源。公元前8世纪,在古希腊奥运会上就出现了跳跃比赛,当时跳远项目是五项全能之一。现代跳远项目则在19世纪中叶出现。在1896年雅典举行的第1届现代奥运会上,跳远成为正式比赛项目。

(2)三级跳远的起源。公元前200年,类似三级跳远的比赛就在克尔特人运动会上出现了。爱尔兰和苏格兰是现代三级跳远的发源地。19世纪中叶以后,三级跳远技术又得到了进一步的发展,并且逐步形成了几大流派。

(3)撑竿跳高的起源。撑竿跳高是田径跳跃类项目中唯一需要借助器材完成的项目。最初的撑竿跳高项目是由撑竿或投枪作为支撑物越过深沟、水溪和围墙演变而来。这种传统一直延续到公元554年,那时候在爱尔兰塔里蒂安运动会上,撑竿跳始终都作为传统运动项目而出现在比赛中。此后,经过一段时间的演变和发展,撑竿跳从爱尔兰传到苏格兰和英格兰。1866年,作为正式竞技运动项目的撑竿跳高第一次出现在比赛中。

(4)跳高的起源。跳高作为田径比赛项目起源于爱尔兰和苏格兰。1800年,跳高已是苏格兰高地运动会的比赛项目之一。

(三)投掷项目的起源

投掷项目对于人体各方面素质的要求较高,它需要人与投掷器材的完美结合才能投出更远的距离。早期的田径运动投掷项目的投掷物种类非常多,但随着运动的演化和发展,直到今天最终固定为铁饼、铅球和标枪这三个项目。

(1)掷铁饼的起源。投掷铁饼是一项古老的田径项目,早在古代奥林匹克运动会上就有了这一项目,五项全能中的"投盘"指的就是掷铁饼。当时用的圆盘为石制的,后来逐渐演变为金属圆盘。

(2)推铅球的起源。推铅球起源于军事中士兵投掷炮弹比赛,经过不断的演变逐渐发展成为推铅球。现代铅球的重量为16磅,即7.26千克,此重量是从铅球起源就一直沿用的。

(3)掷链球的起源。链球项目起源于爱尔兰和苏格兰。在19世纪中叶,链球项目就在英国一些大学里出现了。1890年前后,美国人把链球的木柄改为铁柄,再后来,改为钢链。这就是现代链球的雏形。

二、田径运动的发展

(一)世界田径运动的发展

田径运动是最早开展的体育比赛项目之一。以古代奥运会为例,从第 1 届古代奥运会开始,田径运动就是正式比赛项目。这个势头在现代奥运会中也依然延续。在第 1 届古代奥林匹克运动会的比赛项目中,田径项目主要包括跑、跳、投以及其他项目。奥林匹克运动会最初只有短跑比赛,后来,随着运动项目的演变和发展,逐步增加了长跑、跳远、掷铁饼、掷标枪等项目。

19 世纪初,职业性的赛跑、竞走和有组织的苏格兰田径运动会相继出现在英国。19 世纪中叶,英国、美国先后举行过田径冠军赛。至于现代田径运动到底是什么时候最终形成则还没有一个肯定的答案。1896 年,经法国社会活动家皮埃尔·德·顾拜旦倡议,恢复召开了第 1 届现代奥林匹克运动会。1896 年第 1 届现代奥林匹克运动会的田径赛可认为是现代世界田径运动开始的标志。

现代田径运动的发展历程,总的来说可以大致分为五个阶段,具体如下。

1. 田径运动的形成和发展阶段(19 世纪末至 20 世纪初)

19 世纪末至 20 世纪初是世界田径运动发展的第一阶段,具体来说,就是现代田径运动开始形成、发展,在较低水平上逐步提高阶段。在这个阶段,世界上有人开始用照相机拍摄单片或间隔时间连续拍摄照片,对跑、跳、投的技术进行研究和提出改进技术的意见等。19 世纪末至 20 世纪初,在第 1~5 届奥运会中,田径赛所设的项目总数分别为 12、16、16、18、21 个。其中,由于美、英两国田径赛开展得较早,因此,其成绩占绝对优势。

在第 5 届奥运会上,田径成绩有了较大幅度的提高,芬兰长跑和投掷运动员表现出色,获3枚金牌。瑞士首获十项全能冠军,共获3枚金牌。这届田径成绩的大幅度提高,不仅充分反映了世界田径运动的较好发展,而且还意味着美国绝对垄断金牌的优势开始遭到挑战。

1912年7月17日,"国际业余田径联合会"在斯德哥尔摩举行,有17个国家的代表参加。这次会议不仅为国际田径赛和奥运会田径赛制定了一个能被世界各国和地区接受的有关规则和组织章程,而且还开展了国际田径运动的统一管理和组织工作。1913年,第一部章程在柏林代表大会上通过。

2. 田径运动的缓慢发展阶段(1913—1920年)

1913—1920年是田径运动发展的第二阶段,因为第一次世界大战的爆发,使得第6届奥运会未能举行,从而也导致世界田径运动成绩呈现出逐渐下降的趋势。

在第7届奥运会上,美国获7枚金牌,田径实力有所削弱;芬兰获6枚金牌,田径实力明显增强;英国获3枚金牌。1920年第7届奥运会田径赛成绩低于八年前的第5届,而且显著下降。在这个阶段,芬兰的投掷和长跑项目成为世界比赛中的强项。

3. 田径运动的复苏与提高阶段(1921—1936年)

1921—1936年是田径运动发展的第三阶段,20世纪20年代—20世纪30年代中期,是世界田径运动恢复发展与提高的阶段。这一时期的田径运动已经逐渐从低迷的发展阶段走了出来。

田径运动在第一次世界大战后都有所发展。参加奥运会田径赛的国家和运动员也增多,在迅速恢复战前水平以后,第8届至第10届奥运会田径赛成绩是逐届提高的。1936年,举行的第11届奥运会田径赛中,田径运动的成绩已达到了一个较高水平。

1922年在巴黎首次举行了女子田径赛。1924年,女子田径运动的联合会成立。1928年荷兰阿姆斯特丹举行的第9届奥运会上,首次将女子5个项目列为田径比赛项目。此后,女子田径比赛项目不断增加,成绩也不断提高。

除此之外,这一阶段还有一些与田径运动会发展相关的其他事件,具体如下。

(1)1926年,荷兰出现第一架终点高速照相摄影装置,以消除在终点裁判和计时中的人为因素。1928年的第9届奥运会上,田径裁判工作使用了此装置。

(2)1928年,国际田联在阿姆斯特丹代表大会上首次批准了有关查禁兴奋剂的规则,并编入了国际田联手册。

(3)1930年,电子计时成绩被承认为世界纪录。1977年起,400米和400米以下的项目只有全自动电子计时的成绩才被承认为世界纪录。

(4)1932年,洛杉矶召开第10届奥运会,采用1/100秒计时,并增设终点摄影技术。

在田径运动第三发展阶段,日本运动员在奥运会上逐渐表现出较高的田径运动水平,在第9、10、11届奥运会的三级跳远比赛中,获得"三连冠"。除此之外,还曾获一枚马拉松跑的金牌。第11届奥运会田径赛中,美国、芬兰、德国、英国实力较强。世界体坛传奇田径运动员,美国黑人男运动员欧文斯获得4枚金牌,这四个项目分别是:100米、200米、跳远和4×100米接力跑,另外,他8.13米的跳远世界纪录保持了25年之久。

4. 田径运动的发展再一次进入低谷阶段(1937—1948年)

1937—1948年是田径运动发展的第四阶段,第二次世界大战爆发,使得第12、13届奥运会未能举行。同样受此影响,世界田径运动再一次进入发展的低谷期。需要强调的是,这一时期也有一定的重要成就,比如很多的国家在田径训练中较普遍采用杠铃发展肌肉力量的方法。

1948年举行的第14届奥运会中,田径赛成绩要低于1936年举行的第11届奥运会中的田径成绩。美国、瑞士、荷兰名次较好,尤其是荷兰女运动员大显身手,获得了4项冠军。

当然,已在世界许多国家开展起来并不断提高的田径运动也具有顽强的生命力,在第二次世界大战期间,包括受战争严重破坏的前苏联和东欧在内的许多国家,仍然在通过一系列的措施来促进田径运动的广泛开展,从而使本国的田径运动水平得到进一步的提高。

5. 田径运动进入到高水平的创新发展阶段(1952年至今)

1952年至今是田径运动发展的第五阶段,第二次世界大战后,田径运动很快恢复起来,持续不断提高并达到很高水平。发展至今,已经进入了极高水平的阶段。

前苏联在1952年首次参加了第15届奥运会,其他欧洲国家也增多。在第15届奥运会上,田径赛竞争比较激烈,田径成绩比上届有了较大幅度的提高。这一时期,田径运动有了进一步的发展,运动水平有一定的提升。捷克斯洛伐克运动员埃·扎托皮克被称为"人类火车头",他创造了5 000米、10 000米世界纪录,并在第15届奥运会上获得5 000米、10 000米和马拉松跑三项冠军。巴西的弗·达西里瓦连获第15、16届奥运会三级跳远冠军,尤其是在第15届奥运会比赛中,他6次试跳,4次打破世界纪录。美国的帕里·奥布莱因被称为大力士中的巨人,他不仅创新了背向滑步推铅球技术,对田径运动的发展产生了深远的影响,而且他还连获第15、16届奥运会推铅球的冠军。除此之外,力量素质训练受到重视,再加上前苏联、美国等一些田径运动类的专著和教材的翻译出版,都在一定程度上促进了田径运动的发展。

在田径运动高水平发展时期,独霸世界田坛的美国在世界田径大赛中有了前苏联这个强有力的竞争对手。1960年第17届奥运会上,前苏联获得11枚田径金牌,美国获得12枚田径金牌。第17届奥运会上,非洲高原地区的埃塞俄比亚运动员阿贝贝夺得马拉松赛跑冠军。一些生理学家认为阿贝贝之所以会具有惊人的快速恢复机能,是源于高原训练,从此高原训练受到了一些生理学家和教练员的重视。

1968年，出现人工合成的塑胶跑道。这一被称为"全天候"的新型跑道，不仅解决了雨天无法进行田径赛的难题，而且还能有效提高对一些项目的技术和成绩，它的出现和使用对田径运动的发展有积极的推动作用。

　　1968年后，背跃式跳高技术得到了较为广泛的普及。在墨西哥举行的第19届奥运会中，美国运动员福斯贝里采用背越式跳高技术取得冠军，从此不仅使背越式跳高技术得到了广泛的普及，而且还进一步促进了跳高成绩的迅速提高。

　　美国优秀运动员欧捷尔被称为是奥运史上的"田径长寿冠军"，他夺得了第16至19届奥运会田径赛中铁饼比赛的"四连冠"。他保持长时期的世界冠军的高度竞技能力成为田径运动的竞技年龄与竞技寿命研究的重要课题。

　　1972年，在慕尼黑举行了第20届奥运会，相对于上一届奥运会来说，这一届竞赛的运动成绩都有了一定程度的提高。这也充分证明了高原训练是一种提高田径运动员技术和能力的有效方法。

　　1976年在蒙特利尔举办的第21届奥运会上，民主德国运动水平表现强劲，共获11枚金牌，为该届奥运会田径金牌之冠。而美国则只获得6枚，这也标志着美国逐渐失去了在田径方面的优势。世界田径运动的发展水平也呈现出全面提高的趋势。

　　1980年，第22届奥运会在莫斯科举行。在这届奥运会中，一些国家为反对前苏联出兵干涉阿富汗内政而没有参加，同时，一些著名选手也都拒绝参加，在一定程度上对田径成绩产生了影响。但大多数欧洲国家优秀选手参加了田径比赛，并且本届奥运会的38项比赛中仍有25项成绩高于上届。

　　1984年，在洛杉矶举行了第23届奥运会。被誉为"现代世界田坛的欧文斯"的美国短跑运动员卡尔·刘易斯，在本届奥运会田径赛中获得100米、200米、跳远和4×100米接力跑4枚金牌。另外，前苏联为抵制在美国举行本届奥运会，未派运动员参加。

　　1988年，第24届奥运会田径赛在汉城（今首尔）举行，这一届的田径运动成绩有全面显著的提高。男、女 42 个比赛项目中,有 35 个项目成绩要比上届的成绩高。另外,此届奥运会中男子 100 米运动员本·约翰逊因查出服用违禁药物被取消资格,这也给奥运会提出了一个非常重要的试待解决的问题。

1991 年,在东京举行了世界田径锦标赛,规模和水平可与奥运会田径赛相媲美。国际田联决定,从 1991 年起世界田径锦标赛为每两年举行一届。

1992 年在巴塞罗那举行的第 25 届奥运会中,有 157 个国家和地区的 1 800 余名运动员参加田径比赛。本届奥运会竞争激烈,总体上来说,本届奥运会的整体成绩比上一届要低一些,原因有很多,其中,最主要的是前苏联解体,凝聚力和爱国主义热情受到影响;德国社会动荡,社会问题影响了田径实力等等。

1993 年 8 月,在德国斯图加特举行了第 4 届世界田径锦标赛。本届锦标赛中共有 44 项比赛,其中 43 项具有可比性的成绩中,男女 26 项成绩要比第 3 届世界田径锦标赛高,有 24 项成绩比 1992 年第 25 届奥运会要高。

1996 年,在亚特兰大举行了第 26 届奥运会,在本届奥运会比赛中,美国的田径比赛的运动成绩位居榜首,俄罗斯、德国紧随其后。

世界田径运动发展进入 21 世纪,也有了极大的发展。2000 年,第 27 届奥运会在悉尼举行,在这届比赛中,欧洲运动员的运动水平整体相对较高,并且呈现出逐渐上升的趋势。2004 年,第 28 届奥运会在雅典举行,参加比赛的有来自 209 个国家的两千多名运动员。该届奥运会的特点主要体现在两个方面:一方面,奖牌数较为分散;另一方面,竞争激烈,成绩有一定程度的提高。

另外,世界田径成绩也有了大的发展。2008 年,第 29 届奥运会在中国的北京举行,此届奥运会中的田径运动有多项世界纪录被刷新,对田径运动的发展起到了积极的推动作用。

2012 年,第 30 届奥运会在伦敦举行,本届奥运会共设有 47 个项目,47 枚金牌。

(二)我国田径运动的发展

我国田径运动的发展较晚,根据不同的发展程度和水平特点,可以将我国田径运动发展的历程分为以下几个阶段。

1. 我国田径运动发展的萌芽时期(1910—1948 年)

1910—1948 年是中国田径运动的第一个发展阶段,这一阶段中国田径运动的发展特点主要表现为:引进、初步开展和停滞不前。此阶段共举办了七届全运会。1910 年的第 1 届和 1914 年的第 2 届全运会从规程、规则的制定到裁判员、工作人员的选定均由外籍传教士包办,采用英制单位作为径赛距离和田赛成绩的丈量制度,投掷重量以磅为单位。中国人自己主办了 1924 年的第 3 届全运会田径赛,设 19 个比赛项目,距离均采用米制单位。这是中国田径运动的开端。第 4 届和第 5 届全运会以省、特别市、特区、华侨团体为单位进行,并设有女子比赛项目,刘长春在第 5 届全运会上创造了 100 米 10 秒 7 的全国纪录。这个时期,中国对女子田径运动非常重视。

1910—1948 年,中国参加了第 11、14 届奥运会,遗憾的是,均未得分。相对于当时的世界水平来说,中国田径运动水平相对较低,还需要更好地进行发展和提高。尤其是田径场地和设备、人才、田径运动教材、专著和科学研究仪器等方面,都需要进一步完善。

2. 我国田径运动发展的普及和提高时期(1949—1965 年)

新中国成立以后,中国田径运动得到了迅速普及与提高。为了更好地促进田径运动的发展,提高运动水平,国家和各省、市、自治区通过实施各项措施来为其提供各种条件。这些条件包括增设场地器材、培养专业人才等。

从 1952 年起,我国每年都会举行较大规模的田径运动会,以此来培养田径人才,并着手培养优秀田径运动员。1957 年 11 月,中国优秀女子跳高运动员郑凤荣跳过 1.77 米横杆,打破了世界女子(1.76 米)跳高纪录,轰动世界体坛。到 1958 年 7 月,旧中国田径纪录全部被刷新。中国田径运动员开始向世界田径运动高峰攀登。1959 年,第 1 届全运会田径赛上,各项成绩都较大幅度地提高了。除此之外,我国还在引进出版美国、前苏联、日本等田径专著、杂志的同时,也发表了自己的田径专著、论文等,这为我国田径运动的发展提供了一定的理论支持。

1965 年,第 2 届全运会田径赛举行。在此次全运会上,75 名运动员有 80 次打破 21 项全国纪录,其中有 8 个项目成绩达到世界先进水平。

3. 我国田径运动发展的下滑和停滞时期(1966—1976 年)

在 1966—1976 年,中国的体育运动跌到了低谷,并且成为有史以来停滞不前的时期。1966—1976 年是"文化大革命"时期。这一时期,不仅田径运动的教师、教练员等被批判,而且还解散田径运动队,取消运动员、裁判员等级制度,销毁一些教材、论著,这就导致这一时期的田径运动发展出现了停滞。

下滑与停滞时期,男子跳高运动员倪志钦以 2.29 米的成绩创造了世界纪录,除此之外,就没有突出的表现,许多有才能、水平较高、正向世界田径运动高峰攀登的运动员夭折,这不仅导致当时的运动水平大大下降,而且也给以后田径运动的发展造成了无法弥补的损失,我国与世界田径运动水平缩小了的差距又拉大了。

4. 我国田径运动发展的复兴时期(1977—1993 年)

"文革"结束,拨乱反正。田径工作者也开始重新投入工作,奋发图强,积极工作,刻苦训练,进一步促进了我国田径运动的发展,提高了运动水平。1979 年第 4 届全运会田径赛中打破了 18 项全国纪录,38 项比赛中有 34 项成绩都比 1975 年第 3 届的水平要高。20 世纪 80 年代起,我国实行改革开放政策,田径运动员有更多的机会参加国际性比赛,运动成绩也有了进一步的发展。在第5届全运会上,朱建华以2.38米的成绩打破男子跳高世界纪录。1984年6月,在联邦德国埃伯斯塔举行的国际跳高赛中,他又以2.39米的优异成绩创造了男子跳高世界纪录。中国田径协会也成为国际田联第一组会员国。

1987年,第6届全运会田径赛相对于上届来说,绝大部分项目的成绩是相对有所提升的。1988年第24届奥运会田径赛中,我国女子铅球运动员李梅素以21.06米的成绩获得铜牌。1990年,北京举行第10届亚运会,我国田径运动员共获金牌29枚。我国田径运动成绩在亚洲处于优势地位,尤其是女子田径,在很多项目上取得了非常优异的成绩。1991年,在东京第3届世界田径锦标赛上,我国运动员在铅球、标枪、竞走、长跑等项目上均获得了令人瞩目的成绩。1992年,在第25届奥运会上,陈跃玲获女子10公里竞走金牌,实现了中国田径运动员在奥运史上零金牌的突破。

1993年5月13日至16日,第1届东亚运动会在上海举行,在这届运动会上,中国共获得29枚金牌。其中,张丽荣以优异的成绩打破了女子3 000米亚洲纪录。1993年8月,在斯图加特举行了第4届世界田径锦标赛,我国田径运动员的成绩为4金、2银、2铜。同年9月8日至13日,第7届全运会田径赛在北京举行。在此次全运会上,涌现出了一大批的创造世界纪录的优秀运动员,如王军霞、曲云霞、张丽荣、张林丽、马丽艳等。

5. 新时期我国田径运动发展的成果(1996—2013年)

在1996年的第26届亚特兰大奥运会上,我国运动员王军霞在5 000米长跑项目上获得了金牌,在女子10 000米项目上获得了银牌,王妍在女子10公里竞走项目上获得了铜牌。在1999年9月的北京第7届全运会上,又有一批优秀的田径运动员取得了优异的成绩,其中,3人4次超3项世界青年纪录;13人2队19次超13项亚洲纪录,同时,王军霞被赋予了"东方神鹿"的光荣称号;32人6队46次创17项全国纪录;19人24次创12项全国青年纪录。

2000年的第27届悉尼奥运会上,王丽萍获女子20公里竞走金牌。2001年,东亚运动会、世界大学生运动会上,刘翔获得男子110米栏冠军。2004年,在雅典奥运会上,我国田径队一举夺得了两枚金牌,一个是女子长跑运动员邢慧娜在10 000米比赛中获得冠军,另一个是刘翔在男子110米栏决赛中以12.91秒获得金牌。2006年7月12日,刘翔以12.88的成绩创造了世界纪录。2006年9月9日,刘翔夺冠并打破赛会纪录。由此可以看出,我国田径运动已进入世界先进行列。

2012年,第30届奥运会在伦敦举行,尽管在2012年伦敦奥运会上刘翔在110米栏预赛中起跑后摔倒遭到淘汰,但中国在此次奥运会上仍旧取得了1金6铜的成绩。在2015年北京田径世锦赛男子100米项目中,我国选手苏炳添获得第九名的好成绩,成为第1个站在百米世界大赛决赛中的亚洲人。

第二节 田径运动的特点与价值

一、田径运动的特点

田径运动之所以被誉为"运动之母",其本身必定存在显著的特点。正是基于这些特点,才使得这项运动能够成为一切体育运动的基础,才能获得广泛普及和不断发展。田径运动的特点一般体现在基础性、竞争性、严格性、组织复杂性、广泛参与性和内容丰富性等方面。这些特点中的每一个都是伴随着田径运动的发展而产生的,其中有些是"与生俱来"的特点,还有一些则是随着运动的发展而逐渐形成的。

(一)田径运动的基础性

田径运动基础性的主要体现在于其走、跑、跳、投等运动形式中。这些运动形式是人类生存的基本技能。另外,田径运动的基础性还体现在它的运动形式是其他体育运动所必需的,如足球运动离不开跑;排球运动离不开跳;篮球运动离不开投等。

田径运动的胜负主要取决于速度的快慢和距离的长短。要想取得更好的成绩,其关键就在于提高人体的力量、速度、耐力等素质。田径运动员要想提升运动水平,提高成绩,就要首先增强自身的体力。通过田径运动的健身,能够使人体的生理机能、基本活动能力和适应外部自然环境变化的能力得到有效的提高,进而有利于人体体质的增强,由此也会进一步增进身心的健康程度。

(二)田径运动的竞争性

田径运动的竞争性是田径运动竞技属性的表现。田径运动竞赛具体来说,就是体能、技术和心理等方面的较量,无论是径赛、田赛还是全能项目,竞赛者要么经受住长久的时间考验,要么就在瞬间决定胜负,这就要求田径运动员必须具备坚强、果敢的意志品质。特别是在高水平的比赛中,实力相当的选手的最终成绩往往要通过百分之一秒,甚至是千分之一秒来决定;而在长跑、超长跑的比赛中,除了比拼彼此的体能和技术外,更会考验运动员超强的意志力和顽强精神;在跳跃项目和投掷项目上,不仅要求运动员的体能和技术水平、在比赛中表现水平和成绩的能力要高,而且还要求运动员具有非常好的心理素质,否则会对成绩产生影响。

除此之外,田径运动拥有较多的规则,众多要求较为严格。在这样的条件下,田径运动竞赛非常紧张而激烈,在运动员实力的竞争和较量的整个过程中都充满了激烈竞争的气氛。这种竞争气氛不仅影响着在场上比赛的运动员,促使他们发挥出最高水平,还会深深影响到在场边观看比赛的观众,使他们陶醉其中,感受田径的魅力。

(三)田径运动的严格性

田径运动的严格性主要是从田径运动技术层面来说的。从表面上看,田径运动的技术动作并不如体操、花样滑冰等技巧性难,其战术也不如足球、篮球、排球等对抗类复杂。但是,这并不能说明田径运动的技战术水平低,从技术的角度上,尽管它的技术动作并不难,但它对技术动作也有非常高的要求,即要求运动员要具有较高的技术发挥的稳定性、精确性和技术性。例如,在背越式跳高比赛中,就要求运动员技术发挥稳定,因为跳高对于运动员技术的稳定和心态的平静有着非常高的要求,每一次试跳稍有闪失,就会造成过竿失败;在跳远项目中,要求踏板要准确,否则就会导致犯规或者对成绩产生影响。

田径运动中,对技术动作的要求还体现在短短的一瞬间使技术达到高度的精确,并且每一个动作、身体的每一个环节、每块肌肉或肌群的用力和放松的时间与顺序都较为合理。除此之外,对运动员的技术动作产生影响的因素还有对手、观众、气候、场地条件等。要想在比赛中稳定地发挥出运动水平,取得优异的成绩,就要对其技术性有严格的要求。因此,要对自身的技术进行不断的改进,使其不仅与运动生物力学的合理性相符,而且还要与个人特点相结合,并形成个人的技术风格。

(四)田径运动的丰富性

田径运动是世界上各项赛事最重要的竞赛项目之一,同时也是体育运动中最大的一个项目,它包括的单项非常多,因此在任何大型运动会中,其比赛项目最多、参赛运动员最多,正因为如此,田径运动在奥运会比赛中被称为"金牌大户"。以2012年伦敦奥运会为例,在这届奥运会的田径项目上产生了48枚金牌。如此多的金牌设置,自然被各个体育强国视为最重要的奖牌争夺场。

(五)田径运动组织的复杂性

众所周知,田径运动的项目非常之多,而每个大项中又有很多小项,要想把这些看似零散的项目统筹合理、安排得当,就需要非常专业的赛事组织团队。由此便可以看到田径运动组织的复杂性。

田径运动会的特点主要表现为:项目多,参赛运动员多,运动员的组别多,裁判员和工作人员多;场地大,比赛所需器材和设施多。其中比较具有代表性的项目是马拉松跑和长距离的竞走项目,这些项目的比赛路线长,观看比赛的观众多,这也就使得赛事活动组织的难度和复杂性较高。因此,只有严密、严谨地来组织和安排赛事,将涉及的各个方面都考虑周全,才能筹备出一次成功的运动会,才能够为运动员提供一个发挥水平、创造佳绩的赛事平台。

(六)田径运动的广泛参与性

在我们的日常生活中,经常能够看到清晨或傍晚在路边慢走和慢跑的健身者,他们是在有意识地通过田径项目达到健身的目的,这就是田径运动的广泛参与性。田径运动的广泛参与性还体现在人们对这项运动的知晓率和参与率上。毫无疑问,田径运动在这两方面上都获得了较高的成绩,成为参与人数和了解人数最多的运动项目。

田径运动可以在许多领域发挥不同的健身作用。为此,自然就有不同需求的人群参与其中,这就突出了田径运动的广泛适配性。在群众体育中,田径运动是群众健身的主要活动方式之一;在学校体育中,它是重点教学内容,受到学生的广泛欢迎与喜爱。

田径运动项目之所以受到广大群众的喜爱与青睐,主要是由于其不仅针对性强,可选择的余地大,而且受条件限制的因素较小,只要想锻炼,随时都可以,场地可以是运动场、空地、公路、乡间小路、城市公园等。另外,田径运动的广泛参与性还体现在以下几点。

(1)田径运动对参与的人群要求较低,不同人群、不同性别、不同年龄、不同身体状况的人都可以进行田径运动锻炼。

(2)这项运动在时间、气候方面所受的影响较小,因此可以在工作之余和闲暇时间进行相关锻炼。

(3)参加田径运动健身的人还可以以自身的实际情况为主要依据,并结合需要来对田径运动的量和强度进行适当、灵活地调整和控制,从而达到安全健身的目的。

还需要强调的是,田径运动几乎都属于户外活动,这样的运动环境不仅能使参与者更多地在日光、空气等自然条件下锻炼,而且还能够使人体对外界环境的适应能力得到进一步的提高。

二、田径运动的价值

(一)田径运动的健身价值

在田径运动的基础作用下,经常进行田径运动锻炼,一方面可以提高人体的走、跑、跳、投等基本活动能力;另一方面可以促进人体各器官、系统机能的发展,全面提高人的体质,促进人体健康。田径运动项目众多,不同项目的健身价值具体表现如下。

(1)短跑和跨栏跑。可以促进人体快速运动能力的发展,提高极限强度下人机体器官系统的机能水平;提高人体灵活性和柔韧素质,改善中枢神经系统控制和支配肌肉活动的能力。

(2)长距离的走跑。可以增强人体有氧运动能力,发展耐力素质,提高心肺功能。

(3)投掷项目。可以提高机体的肌肉力量,增强人体用力的能力,有效发展人体速度、灵敏等身体素质。

(4)跳跃项目。可以改善人体的空间感觉机能,有效提高对身体的控制能力、协调能力和平衡能力,并且还能发展人体的力量素质、速度素质以及提高机体的弹跳力。

(二)田径运动的健心价值

经常进行田径运动锻炼,能改善人体的心理活动、锻炼人的心理品质,具体表现在以下几个方面。

1. 提高认知能力

人体在长期参与运动后能加强对自身本体感觉的控制。运动中要求运动者对外界事物做出迅速准确的感知并加以判断,还要求在复杂多变的条件下于短时间内做出判断并给出相应的回应。因此,需要运动主体综合运用身体各种感觉器官来感知动作形象、动作要领、肌肉用力程度、动作时空关系等,建立正确完整的动作表象。

田径运动提高个体认知能力的作用主要表现在以下两个方面。

(1)田径运动中的走、跑、跳、投等各种练习有助于发展人的运动认知和运动思维,提高人的认知能力。田径运动或简单、或复杂的动作通过多次的练习,可以强化练习者对动作的空间感知和时间顺序。

(2)长期坚持田径运动能调节大脑皮层的神经,协调中枢神经,促使大脑皮层神经过程的均衡性和灵活性加强,提高大脑皮层判断分析环境的能力,加快大脑反应,发展人的思维,从而促进人知觉能力的发展。

2. 增进情感体验

情绪是个体心理活动的核心,它影响着人的学习、工作和生活。当今社会生活节奏快、工作压力大、各种竞争加剧,要求人的心理承受负荷的能力要不断加大。面对强大的心理压力,要保持良好情绪,学会驾驭情绪是现代社会中人成熟情感的表现方式。事实表明,通过体育活动,可以改善人们的情绪状态,提高人调节情绪的能力。

田径运动增进个体情感体验的作用主要表现在,在参与田径运动的过程中,人们要不断挑战自我、和同伴竞争或合作,从而体验情感。长期坚持田径运动能够使人的情感体验强烈而又深刻,使个体在运动过程中充分体验到成功与失败、进取与挫折、欢乐与痛苦、忧伤与憧憬,从而使个体学会在积极情感和消极情感中快速进行自我情绪转化。长期如此,有利于促进人的情感成熟和提高对情感的自控能力。

3. 培养意志品质

研究表明,体育是培养人的意志品质方法的有效手段之一。在体育运动过程中,个体总是不断地和各种主客观困难做斗争,如在进行锻炼中身体负荷强度大,常常需要达到身体极限,有时还能造成心理上的疲劳,因此,体育锻炼能很好地磨炼人的意志品质。田径运动是体育运动的代表,因此也具有培养个体良好意志品质的功能。

田径运动培养个人意志品质的价值主要表现在运动者在运动过程中需要顽强的毅力克服大运动负荷给机体造成的肌肉酸痛等不适感;需要理智地分析比赛情况,抵御环境干扰,克服抑制消极情绪;需要具备不被困难压倒,不为成功所陶醉的毅力与境界,始终把握目标和方向。做到获胜时,不骄不躁,努力争取更好成绩;失败时,振奋精神,刻苦训练,以便于战胜自我。从而有助于培养个体不畏艰难、勇敢顽强的良好意志品质。

(三)田径运动的教育价值

首先,田径运动项目严格的规则和要求,能培养人遵纪守法、团结合作的精神,有利于提高人的责任感和集体主义思想,有利于形成正确的世界观、人生观和价值观。

其次,田径运动是各级学校体育课程的必修内容和重要教学内容,其本身就是一种教育手段,具有重要的教育意义。

(四)田径运动的社会价值

当今社会竞争较之以往更加激烈,它要求每一个社会成员都随时具有竞争的观念,同时还要具备一定的竞争能力。体育运动中的成功经验能增强人的自尊心,激起人奋发向上;体育运动中的失败和挫折能提高人的心理承受能力;体育运动中的配合和协作能增强个体与他人合作的意识,有助于培养个人的团结协作精神,提高群体凝聚力。

田径运动作为运动之母,同样能使人乐观、积极、敢于拼搏,培养竞争和合作意识。能让人在运动中体验成功、培育自信;能让人在失败中磨炼意志,并最终提高个体的社会适应能力。

(五)田径运动的娱乐价值

参与田径运动可以愉悦身心。具体表现在以下三个方面。

(1)在学校田径体育教育中,学生通过参加以田径运动为主的游戏和比赛,可以自娱自乐,同时,还可以在参加过程中改进自身技术、提高运动水平。给参与者本人以很大的心理满足,促进学生身心的健康发展。

(2)在现代田径运动赛会中,受众通过电视等多种媒体传播,观看或收听田径比赛可以起到欣赏、消遣、娱乐和振奋的作用。观看著名田径运动员的比赛更是成为人们追求的一种精神享受。

(3)在国际田径联合会主导开发的趣味性的田径运动中,人们可以通过充满趣味性的田径比赛,体会运动带来的快乐。在德国等较发达的国家,趣味性的田径运动已迅速开展起来,目前已推广到我国,成为人们愉悦身心的一种体育运动形式。

第三节　田径运动的发展趋势研究

一、田径运动员职业化趋势

20世纪80年代以来,随着体育运动竞赛的产业化、商业化和职业化程度的不断加深,田径这一体育基础项目也在朝着这一趋势发展。与此同时,田径运动训练科学化水平的提高也为运动员高强度、高水平的训练和竞赛提供了保证;竞赛的市场化推动了田径运动员的训练和竞赛活动,这些都在很大程度上提高了高水平田径运动竞赛的刺激性和观赏性。

二、世界田径运动多极化趋势

欧美国家一向是田径运动的发达国家,他们常年垄断多项重要的田径赛事冠军。不过随着世界各国对田径运动的投入不断增加,根据近些年世界田径运动发展的情况看,欧美独霸田坛的局面受到了挑战。以俄罗斯、德国为代表的欧洲田径运动的重新崛起,非洲运动员在长跑、超长跑项目显示出的领军实力,亚洲运动员在男子跨栏跑、马拉松跑、竞走等项目上的超越等,这些都充分显示,未来世界的田径格局将会出现多极化的趋势。

三、科技进步将促进田径运动水平的提升

田径运动场地、器材、服装、训练条件和手段更加科学化和现代化。田径运动的场地、器材在21世纪将达到全智能化;运动员的服装、运动训练的营养和恢复手段将更随人意;训练条件和训练手段将更加科学化和现代化;兴奋剂和反兴奋剂的斗争将更为

激烈；运动员的职业竞技生涯将比现在要长得多。

四、竞赛规则将给予更大的发展空间

伴随着田径运动项目构架的完成，各项目的运动水平和纪录将有新一轮的冲击。在各项运动水平越来越接近"人类极限"时，可能会在规则上给予更大的发展空间。例如，短距离跑的成绩和纪录的演进可按 1‰ 秒计取，田赛项目可按小于厘米的计量单位计取。

五、田径运动的普及程度越发提高

随着很多国家经济的快速发展和闲暇时间的日益增多，人们的生活水平大大提高，促使人们对生活品质和生命质量的追求越来越高。田径运动作为最具广泛性和有效性的健身项目，将吸引更多的人参与田径运动的不同项目。不仅如此，为了能通过田径运动更好地达到健身的效果，人们还将更多的健身元素与传统田径项目相结合，产生了新的、更加富有健身效果的运动，如健身走、手杖走、不同距离的"迷你"马拉松等。这些丰富多彩的田径项目使过往人们印象中的那种略显单调和乏味的走和跑的面目焕然一新，被更多的人所接受。

六、女子田径运动成绩提高的趋势

自 20 世纪 80 年代以后，女子田径运动项目数量不断增加，这就使得女子田径项目已经同男子项目日趋接近。经过科学研究和实践表明，在田径运动中，一些男子从事的田径项目，女子也都能适应，而且表现出了高水平的发展势头。这就使得女子田径运动逐渐进入一个崭新的发展阶段，女子田径运动将在此基础上不断发展。

七、田径运动技术"更快、更高、更远"的发展趋势

田径运动中的走、跑、跳、投等项目分别追求着属于自身的最高境界,而且朝着各自的"更"的方向努力,这也是各个项目在未来的重要发展趋势。

(一)走跑类技术"更快"的发展趋势

1. 短跑技术发展趋势

从短跑技术发展可以看出,短跑技术的发展以途中跑技术为核心。如今人们更充分地认识到现代短跑技术正由传统的后蹬型技术向快摆型技术发展,跑动中更加重视摆动技术,认为摆动是短跑技术中的重要环节,强调"以摆为主、摆蹬结合",技术规格上要求蹬摆动作协调配合,臂腿摆动速度快、幅度大、跑的向前性好。因此,现代短跑逐渐向注重臂与臂、腿与腿、臂与腿的摆动与配合在高速运动中整体运动环节的协调性方向发展,强调高速跑动中的肌肉放松技术,认为只有具有很好的放松能力的肌肉才能在较长时间内以最高速度进行工作,不仅有利于提高步频,而且对肌肉和关节的灵活性和柔韧性提高具有很大的作用。

现代短跑技术还有一个特征就是全程跑各段的速度变化具有明显的节奏和规律。这使运动员在全程跑中以最少的能量消耗,最佳的步频、步幅的配合,最短的时间,获得最佳的效果,即获得全程整体最佳化。目前,世界短跑运动员全程速度变化均表现出有序的节奏和规律。它有利于运动员动作放松,减少能量的过分消耗,节省体力,发挥速度,提高速度耐力,使全程跑形成步幅与步频的最佳匹配,达到"更快"的目标。

2. 跨栏跑技术发展趋势

从完整技术的角度来讲,现代跨栏跑的跨栏步和腾空动作幅

度略有减小,使跨栏步与栏间跑的步子接近,这也就使每个跨栏周期各步均匀化,跨栏跑技术在很大程度上呈现出"跑"与"跨"融于一体的倾向。跨栏技术可以从以下四个角度来看。

从身体重心的运动轨迹的角度来看,过栏和栏间步身体重心的高、稳、移动快、上下起伏小,接近直线性运动,技术呈现出快而平稳的高支撑起跨和高重心下栏技术以及高重心高频率的栏间跑技术发展趋势。

从摆动腿技术的角度看,屈膝高摆攻栏技术成为跨栏发展的新热点。所谓的屈膝高摆是指使摆动腿的膝盖尽可能地接近并高于栏板,从而摆动腿超过腰部高度,人体以较高的体位带动同侧髋积极前移,两腿夹角加大,形成了整个身体集中向前攻栏的姿势。

从起跨腿技术的角度看,"起跨腿主动提拉过栏"的发展势头更加明显。具体而言,这种技术是由于栏前的一个短步,使身体重心投影点较近,这使起跨腿能迅速经垂直转入后蹬,并使身体重心沿着距地面较高的"平直轨迹"向前移动。蹬地结束后,摆动腿迅速向栏攻摆,从而使人在无支撑阶段快速移动。当摆动腿下扒着地时,起跨屈膝外展,大腿高抬,脚尖朝外,大小腿夹角小于直角,以大腿带动小腿的姿势迅速经体侧向前提拉,在空中与下压的摆动腿形成一个有力的剪绞动作。"起跨腿主动提拉过栏"的快速发展,与1980年以前"跨腿侧平拉被动过栏"形成鲜明的对照。

从跑跨的连续性技术的角度看,跨栏跑技术主要向加快栏间跑频率、缩短跨栏时间、提高平跑速度、增强专项耐力和提高跑跨结合的专项速度方向发展。

3. 竞走技术的发展趋势

竞走技术的发展趋势是:技术规范、结构合理、动作柔和、形态舒适。现代竞走技术正向着步长大、步频快、身体重心上下起伏小、前倾角与着地角适中、两大腿夹角日趋变大、髋关节灵活性较高和摆动积极的方向发展,表现为步速高,身体重心平稳,强调摆动腿的低平摆动,以缩短脚的摆动路线,减少腾空时间,支撑腿着地角比过去略有减小,后蹬角也较小。

(二)跳跃项目技术"更高"的发展趋势

1. 助跑与起跳动作更加连贯

助跑与起跳动作更加连贯就是指助跑与起跳的过渡更自然,动作结构变化较小,放脚起跳更加积极快速,以适应较快的助跑速度。从跳远、三级跳远的"跑过"起跳板,到撑竿跳高的跑进竿下,从俯卧式跳高到"力量型"背越式跳高再到"速度型"背越式跳高,无一不体现着上述特点。

2. 助跑速度不断提高

在跳跃技术的发展中可以看出,随着跳跃项目技术的不断演进,助跑速度得到了很大的发展和提高。从历史数据中可以看出,在20世纪的50年代一些世界级的优秀跳高选手助跑速度的最高值为7米/秒(俯卧式);1968年出现的背越式技术的最大优点便是能充分发挥助跑速度;20世纪80年代朱建华三破世界纪录,助跑速度已达8.73米/秒;当今世界纪录保持者索托马约尔(2.45米)的助跑速度更是已达8.90米/秒。从跳远项目来看,运动员鲍威尔在东京创造8.95米跳远世界纪录时,他的助跑最后一步甚至达到了12米/秒左右的极高速度水平。我们知道,三级跳远助跑速度的获得及其在三跳中保持率的大小依然是影响其成绩的最为关键的因素。跳远优秀运动员爱德华兹在创造世界男子三级跳远纪录时,他的每跳脚放置的位置在身体重心投影点的正下方,从三跳动作外观上看很像"三跑",也就是人们所说的"跑跳型"技术。由此可见,虽然撑竿跳高的技巧性很强,很大程度上是由撑竿的质量来决定其成绩,但是他的助跑速度也是影响其成败的重要因素。所以,在未来的跳跃项目技术发展过程中,加强助跑速度,尽可能地减少水平速度损失,加强腿部力量负荷承受能力就成为现在跳跃技术发展的主要途径。

3. 强调助跑最后一步的作用

强调最后一步的重要性就是强调摆动腿在助跑最后一步支撑及其后继摆动过程中的作用。根据当前跳跃项目技术的发展特点可以看出,起跳的内涵不再只是从起跳脚着地到离地的这一过程,摆动腿最后一步支撑以及后继的整个摆动过程,对起跳的效果都有非常重要的影响,并成为起跳技术中的一个重要组成部分。助跑的最后一步及起跳全过程中都要求两大腿的快速剪绞,起跳积极伸髋着地,与之相配合,摆动腿积极快速前摆的时机要早,要求大幅度、快速度的摆动。

(三)投掷项目技术"更远"的发展趋势

1. 掷铁饼的发展趋势

掷铁饼的发展主要有三个方面:重视投掷臂动作的最后用力,强调投掷臂的放松;重视头部动作在整个技术结构中的作用;重视最后用力阶段非投掷臂的作用。

2. 推铅球的发展趋势

推铅球的发展主要有两个方面:加长铅球出手前的做功距离;提高滑步时铅球的移动速度。

3. 链球的发展趋势

从链球技术的发展历程来看,高速旋转是掷链球技术的主要发展方向,更加重视第一圈的旋转技术,四圈旋转技术将普遍被优秀运动员采用。

4. 掷标枪的发展趋势

掷标枪的发展趋势主要有:进一步提高助跑速度,突出投掷步加速的节奏;缩短交叉步步长以减小交叉步右脚着地时的制动;进一步强调身体重心快速前移,形成对器械的超越动作;加长最后用力的工作距离,最后出手爆发力强,沿标枪纵轴用力好,获得合理的标枪冲击角;更加重视个人技术风格,讲究技术的实效性,争取达到人与器械运动系统的最大效益;最后用力时间提前,转体幅度加大,注重整体用力。

第二章　田径运动健身与教学文化审视

田径运动因其特殊的特点与优势,在全民健身与学校教学中开展广泛。本章对田径运动健身与教学文化进行审视,通过对其开展现状的分析,更好地指导田径运动健身与教学,充分发挥其在全民健身与学校体育教学中的作用。

第一节　田径运动与全民健身

一、田径运动在全民健身中的优势

(一)田径运动是其他运动项目的基础

田径健身锻炼项目主要由走、跑、跳跃和投掷等项目组成,而这些项目都起源于人们自然本能的动作,人们在从事其他健身锻炼项目时所进行的练习主要是由这些基本练习组合而成,因此可以说,田径运动项目是其他体育运动的基础。人们通过经常从事田径健身锻炼,可以有效提高自己的身体素质,为从事其他健身项目提供了必要的素质基础,有助于各种运动项目技能水平的提高。

(二)田径运动简单、易学,便于开展

田径运动源于古代人们的生产实践,在远古时代人们为了获得必要的生活资料,在和大自然及兽禽的斗争中,不得不走或跑

相当远的距离,跳过各种障碍,投掷各种石块和使用各种工具。在劳动中不断重复这些动作,便形成了走、跑跳、投掷的各种技能。由于田径健身锻炼项目中的许多基础动作相对简单易学,在人们从事田径健身锻炼时,无需从头学习运动技术,只要掌握一定的锻炼原则,就能进行自我锻炼,一方面节省了人力和物力,一方面更易于取得较好的锻炼效果。

(三)田径运动项目和形式多样,适应全民健身需要

田径健身锻炼项目较多,活动形式多样,能全面、有效地提高人们的力量、速度、耐力、灵敏和柔韧等身体素质,提高人体对疾病的防御能力,从而达到增强体质、防病治病的健身目的,并且人们可以根据个人情况选择适宜的运动项目进行锻炼,有目的地增强自身的身体素质。

作为锻炼身体的练习方法很多,如散步、跑步、掷垒球,各种跳跃练习,跨越障碍等。其中仅跑步一项就有几十种练习方法,如慢跑、快跑、加速跑、变速跑、行进间跑、追逐跑、越野跑、接力跑、蛇形跑和后退跑等。人们在从事田径健身锻炼时项目多选择余地大,不同年龄的人都可选择适合自己的项目进行锻炼,因而能吸引众多的人参加。

(四)田径运动锻炼限制条件少,便于大众健身,适于在全国范围内开展

所有的走跑类项目都可以在较为平坦的道路上进行,强度较小的中长距离的慢跑和走类项目还可以在河边、树林、山路或沙滩上进行;跳跃类项目可以利用一块沙坑或松软的土地进行锻炼;而对于投掷项目可以因陋就简,就地取材,因地制宜地进行锻炼。

(五)运动量可根据情况进行自我调节和控制

人们在进行田径健身锻炼时,由于各方面的情况有着较大的差异,人们可以根据自己的情况选择适宜的运动项目,而在进行锻炼时则可以通过对锻炼的强度,锻炼的时间进行控制,进而达到适宜的运动状态和最佳的健身效果。

(六)个人练习为主,不易出现伤害事故

同球类等一些对抗较为激烈的运动项目相比,田径健身锻炼主要是以个人参与为主的运动项目,人们在进行锻炼时,既可以个人为单位进行锻炼,也可以两人或多人同时参与,通过比赛的方式进行锻炼。不管人们以哪一种方式进行田径健身锻炼,参与锻炼的人员之间同参与激烈对抗性运动项目相比没有身体冲撞和身体接触,进而最大限度地减少了人们在锻炼过程中受伤的可能,使人们在取得良好的锻炼效果的同时尽可能地体会到比赛带来的乐趣。

二、田径运动全民健身的开展指导

(一)田径健身锻炼的基本原则

1. 目的性原则

人们在参与田径健身锻炼时,首先必须在主观上充分意识到全民健身运动和田径健身锻炼的价值和意义,从而有目的、有计划地投身于全民健身锻炼过程中,通过有意识地进行田径健身锻炼,增强体质,以获得健身、健心和健美的结果。

2. 个性化原则

由于不同地区的环境、气候以及场地设施明显不同,并且参与锻炼者的年龄、性别、职业和身体素质都有着较大差异,对于田径健身锻炼的项目要求也不同,因此在进行田径健身锻炼时,一方面要考虑田径健身锻炼的项目内容、难度以及锻炼方法与手段的选择;另一方面还要考虑锻炼者自身的差异,根据锻炼者的年

龄、性别、职业和身体素质状况选择合适的锻炼项目和适宜的运动负荷强度和运动量。

3. 科学性原则

对于田径健身锻炼,还要加强田径健身锻炼的指导工作,通过有计划地指导,使锻炼者了解掌握参与体育锻炼的基本常识,学会田径健身锻炼的手段与方法。在指导人们参加田径健身锻炼过程中,还要结合田径运动项目的特点,认真贯彻田径健身锻炼的基本原则。使人们在锻炼时做到全面锻炼、持之以恒、循序渐进、因人制宜,从实际出发进行锻炼,进而收到更好的田径健身锻炼效果。

4. 系统性原则

在田径健身锻炼中,要把田径健身锻炼的技术练习和田径健身锻炼的身体素质练习结合起来。既要克服只练技术不练身体素质,也要克服只练身体素质而不练技术的倾向,按照促进健康、增强体质和完善人体的目标和要求进行,并且在实践中要注意田径健身锻炼的运动量和运动强度。

5. 全面性原则

由于田径健身项目较多,而不同项目对人体的运动负荷刺激和锻炼效果也有着较大的差异。健身走的运动强度较小,对骨骼和肌肉的负荷不大,因而可以持续较长的运动时间,对健身锻炼来说具有更好的效果;短跑的练习强度大,持续时间短,故在健身效果上不如长跑,但它可以有效地提高人体在缺氧状态下的工作能力,发展人们的无氧代谢能力;长跑由于代谢特点是以有氧代谢为主,运动强度较小,持续时间长,能量消耗大,能有效增强和提高心血管、呼吸、神经等系统的功能,有助于减肥,对一些慢性病也有体疗作用;跳跃运动主要反映人的爆发力、协调性、速度和力量,经常从事跳跃练习可以有效地提高神经系统的灵活性和支配肌肉收缩与放松的能力,改善位觉器官和前庭器官的机能,提高平衡与协调能力;投掷项目表现出的是人的力量素质和灵敏协调能力,经常参与投掷练习,不仅对发展上肢、躯干和腿部力量有积极的作用,而且可以加强肩带力量,提高上肢活动幅度,有助于塑造健美的体形。

6. 适宜负荷原则

虽然田径健身锻炼的趣味性、娱乐性占有很大的比重,但适宜的运动负荷也是必不可少的,否则田径健身锻炼就失去了意义。人们在参与田径健身锻炼时,运动量过小,人体得不到必需的负荷刺激,很难体会到锻炼过程中全力以赴的感觉,进而使田径健身锻炼显得平淡无味;运动量过大,则容易造成锻炼者身体的过度疲劳,容易发生伤害事故。因而在进行田径健身锻炼时,人们要根据个人的年龄、性别、身体健康情况以及自身的体能状况选择合适的运动项目和适宜的运动负荷,在取得很好的健身效果的同时,可以不断培养参与田径健身锻炼的兴趣,为更好的从事终身锻炼打下基础。

7. 渐进性原则

由于大部分田径健身锻炼项目在锻炼时有一定的负荷,人们在参与田径健身锻炼时有必要遵循渐进性原则,逐渐增加锻炼的运动量和强度。在进行田径健身锻炼时,要依据个人的身体健康状况和身体素质,选择适宜的运动量和运动强度,随着锻炼时间的增加,逐渐增加锻炼的运动量和运动强度。对于田径健身锻炼的运动量和强度的控制,宜首先增加锻炼的运动量,随着锻炼时间的延长,当身体能够适应较大的运动量时,再增加锻炼的强度。

8. 安全性原则

由于一些田径健身锻炼项目在完成过程中有一定的难度,在失败的情况下有可能对参与者造成一定的伤害,因此人们在参与田径健身锻炼时,首先要充分估计参与者自身的客观条件选择适合于自己参与的健身锻炼项目,进而保证在锻炼过程中减少运动损伤的发生;其次田径健身锻炼主要在户外进行,并且练习某些项目有着一定难度,这就要求在进行锻炼时选择相对平整的场地,在登上较高的器材时,应在旁边放置保护性垫子,避免使用一些尖状、刺状和带利刃等物体作为道具;最后在进行锻炼时,要注意参与者之间的保护与帮助,尤其在进行一些具有一定难度和一定危险的项目时,更要加强相互保护与帮助,确保锻炼者的安全。

(二)田径健身锻炼的注意事项

田径健身与田径运动训练,在基本原理上是相同的,但由于各自的目标不同,在控制上应有所不同。田径运动训练旨在发展人体各项素质的最大潜能,提高专项运动能力,达到尽可能高的水平。而田径健身运动,以培养人的锻炼习惯、体育意识为目标,在广泛进行全面锻炼的基础上,保持良好的体能,增进健康,达到一定的运动水平。鉴于这种认识,在对田径健身锻炼过程的指导中,应当与运动训练有所区别。

1. 明确锻炼目标,根据个体特征选择设计适宜的练习手段与方法

对广大学生来说,参加田径运动锻炼,是为了全面增强体质,促进其健康成长。在确定目标时,要特别注意学生的运动承受能力和心理适应能力。必须遵循因人而异的教学原则,帮助学生选择适合其身心发展的锻炼项目,合理设定锻炼目标,选择适宜的练习手段与方法。田径健身运动的练习手段与运动训练不完全相同,因此,进行健身运动时要充分考虑不同的性别、年龄、身体状况等因素,并且要根据这些因素来设计练习手段。

2. 培养良好的体育习惯,树立终身体育意识

有资料表明,学生有随年龄增长体育兴趣下降的趋势,这一现象在女生中尤其明显。青少年时期能否形成良好的体育习惯,

不仅对身体的生长发育水平、个性形成和社会化的程度有直接关系，而且对是否能够终身进行体育锻炼有重要意义。因此，培养青少年良好的体育习惯，树立终身体育意识，将锻炼身体形成自觉的行动，是体育健身指导中的重要问题。

3. 合理控制锻炼负荷

田径健身锻炼与运动训练的原理是一样的，都是以人体适应性原则为依据。但健身锻炼负荷的量与强度均要小于运动训练。运动生理学研究表明，以有氧阈心率（140～160次/分钟）控制练习负荷，对发展有氧代谢能力效果最佳。在控制健身锻炼负荷时，还应遵循循序渐进的原则，应使练习者感到难度不大，稍加努力便可达到练习要求。这样，使练习者始终对所练项目充满兴趣与信心，从而有助于养成自觉锻炼的习惯。

4. 针对不同对象科学合理安排运动量

在健身锻炼中，练习的具体目的和手段确定后，就涉及运动量的安排。只有安排的运动量适宜，才能达到目的。运动量太小，效果差。运动量太大，不仅没有效果，还会导致机能下降，甚至发生损伤。由于参加锻炼群体的性别、年龄、身体素质等不同，所以，对于不同组别的锻炼群体合理安排运动量是决定健身运动效果的关键环节。

老年人的锻炼强度不宜过大，以中小强度为宜。在设计老年人的锻炼安排时，安全性应放在首位，如果安排强度过大的项目，则易发生伤害事故，应多以发展柔韧、协调和中小强度的力量素质为主。

中年人的锻炼强度可适当加大，以中等强度为主，在锻炼项目的安排上，可适当增加组数，以增加锻炼的量，对中年人同样也要把安全性放在首位，仍以发展柔韧、协调素质为主，适当增加力量素质和速度素质。

青年组则可增加到大强度，以发展力量、柔韧、协调、耐力、速度等素质为主,可在项目设计中增加趣味性和竞争性的内容,以更好地吸引青年人参加田径健身的锻炼。少年组应把发展协调、柔韧素质放在首位,适当发展力量素质,要在项目设计中增加锻炼的趣味性和多样性。青少年早期身体各器官正处在生长发育时期,此时不宜进行大强度的力量训练,而多进行协调、柔韧、耐力等素质的锻炼对青少年早期身体发育有较大的好处。

在设计项目时,要充分考虑到男、女性别差异,以及女性和老年人这两个特殊锻炼群体,根据各自不同的生理及心理特点,设计不同的健身项目,以满足其锻炼的需要。竞争是人们的天性,无论老人或小孩,成年人和青年人更是如此。因此,在健身的同时,也融进一定程度的竞争,使得健身项目更具魅力。在制定评价标准时,我们考虑到健身群体的实际情况,制定弹性范围较大的评价标准,即锻炼效果的上限和下限,供锻炼时参考。

第二节 田径运动与学校体育教学

一、田径体育教学对学生的影响

开展田径运动对于学生各方面的素质提高有着很大的帮助,它的作用具体表现在以下方面。

(一)全面发展学生各项身体素质

现代健康观对健康的定义不仅仅只是人的身体健康,还包括了人的心理健康。就是不仅要求人能具有从事正常生活、学习、工作、抵抗疾病、精力充沛的体魄,而且还要求人要具有适应社会、适应生活、适应自然的、良性且稳定的精神状态。通过田径运动的锻炼,不仅能够进一步比较直接地改善人的身体素质,包括肌肉、骨骼、神经系统和循环系统等,还能提高人的心理稳定性,从而使身心素质都能得到全面的增强。

人的身体素质主要表现为力量素质、速度素质、耐力素质、柔韧素质和灵敏素质等。通过不同的田径项目锻炼，能够有针对性地集中提高某一种素质。比如，短跑不仅能够锻炼大腿肌肉和爆发力，还使人体最大摄氧量提高，对中枢神经系统兴奋和抑制的灵活性有积极的促进作用；有氧运动包括田径项目中的长跑和竞走，这些运动对于人体肌肉的耐力、心血管系统和呼吸系统的工作能力的提高具有重要意义；跳跃项目的锻炼能够进一步加强和提高人的感觉机能和爆发力量；投掷项目对于人体上肢肌肉的发达、力量的增强以及人体灵活性、协调性的提高都具有积极的促进作用。

(二)增强学生锻炼的趣味性

田径运动包括的单项较多，各种项目几乎可以涉及身体各个部位的运动。其运动本身也充满了技巧性和观赏性，因此，亲自参与其中或在一旁观赏，都可以感受到田径运动的魅力和趣味性，达到愉悦身心的效果。在高校的体育课上，教师可以设计一些以田径运动为主的游戏或比赛，如分为两队的折返跑、接力跳远等。学生能够自娱自乐，参加者在游戏竞赛的愉悦氛围中改进自身技术、提高运动水平，极大地满足心理要求，使身心都得到健康发展。

现在田径运动的转播媒体形式繁多，再加上优秀运动员优美的技术动作，都会让观赏者得到消遣、愉悦娱乐和振奋，满足人们追求的一种精神享受。除此之外，近年来，国际田径联合会以人们的需求为主要依据，又开发了趣味性的田径运动。趣味性田径比赛的主要特点就是妙趣横生，娱乐性很强，因此，已经成为人们生活中重要的组成部分。

(三)使学生的压力得到释放

走、跑、跳、投是人类在历史发展过程中与自然环境相适应、做斗争中产生的技能,通过田径运动的锻炼,能够使学生在自然环境下的身心舒适程度得到进一步的提高。在现代社会压力和环境污染的背景下,人们逐渐产生了远离喧嚣、回归自然的渴望。学生选择回到自然环境中进行田径运动锻炼,不仅能够起到积极的健身效果,还能够减少环境污染给身体带来的伤害。由此可以看出,利用自然、贴近自然、回归自然,积极开展自然环境下的田径运动对于人们生存能力和基本体能的改善和提高具有积极的促进作用。通过在自然的环境中进行田径运动锻炼,能够改善身体技能,使学生的生活和工作学习压力得到充分有效地缓解,从而达到身心俱受益的目的。

(四)培养学生良好的意志品质

人们在生活中会不可避免地遇到这样那样的挫折,这就要求人们必须具备良好的意志品质。由于现代学生的生活相对较为安逸,在不知不觉中,他们适应自然界和社会的能力有所下降,心理素质水平慢慢降低。田径运动是一种不论任何性别、年龄的参与者都会在不同程度上得到意志锤炼和精神升华的运动。这项运动培养意志品质的主要表现在以下几个方面。

(1)田径运动一般为个人项目,运动员要想取得好的成绩,就必须通过自己的努力,探寻相应的方法和艰苦的训练手段来不断完善自己,提高运动水平。通过田径运动的锻炼,能够形成良好的积极向上的个性,增强心理素质。另外,田径运动的技术动作变化小,单一重复的动作较多。田径运动相比其他运动项目较为枯燥,因此,通过练习田径,有助于培养学生吃苦耐劳、坚韧不拔的精神。

(2)田径运动的进行是在严密的组织和严格的规则与要求的基础上完成的。因此,通过田径运动锻炼,有利于学生纪律、责任感和集体主义精神的培养。

(3)田径运动中的任何一个项目都对运动员提出了较高的要求,要求他们不仅要在一定限制的条件下表现出最大的能力,也要始终保持必胜的信心,而且还要有克服一切困难和正视一切挑战去实现自己目标的勇气。因此,通过田径运动锻炼,能够使人的勇敢顽强、拼搏进取的意志品质得到较好的培养和提高。

(五)使学生的运动技能得到提高

田径运动是体育运动中项目最多、奖牌最多的运动项目,现代奥运会田径项目占有46项,是奥运会的第一运动,素有"得田径者得天下"之说。在综合性竞赛活动中,田径是必设项目。近些年随着田径运动的发展,一些女子田径项目增设为奥运项目,这也在一定程度上提高了田径运动的地位。因此,人们对田径的关注度较高。

在国内,不管是在全国运动会、省市区运动会上,还是在各级学校的运动会、企事业单位的综合运动会上,田径运动仍然是主体竞赛项目。通过田径运动竞赛,场上的运动员努力拼搏,场下的观众摇旗呐喊,这些都能够充分地反映出一个学校或企业的团队凝聚力和竞争力。田径运动项目多、内容丰富,走、跑、跳、投等基本动作不仅具有较高的竞技作用,而且还各自具有不同的技能特色。例如,短跑项目能够使人在短时间内进行高强度竞技的能力得到有效提高;竞走、超长跑、马拉松项目能够使人在长时间运动过程中提高身体耐力和超负荷运动的适应能力;跳高、撑竿跳高对于人征服高度、勇攀高峰的竞技能力的提高具有积极的促进作用;投掷项目则对人的爆发力和协调性的竞技能力的提高有着重大意义。

二、田径运动教学现状及存在问题

随着教学改革的不断深入,田径运动教学也随之不断发展,大多数的大学体育教师能够根据新的改革发展方向进行田径体育教学的改革和建设,并取得了明显的成绩。田径教学发生了新的变化,表现出了"学生喜欢上"的喜人现象,大学生的身心健康水平逐步得到发展和改善,广大高校体育教师的教学观念发生了新的变化,涌现出一大批勇于实践、勇于创新的优秀教师,出现了一大批优秀实验成果,学生学习田径的积极性、主动性和创造性有了较大的提高,学习方式也有了新的变化。这些成绩是客观存在的,是广大高校体育教师艰苦探索、认真实践的结果,应该给予充分的肯定。但是,田径教学中还存在着一些问题。

(一)田径课教学方法单一,内容重复

在传统的体育教学模式中,高校田径教学最常使用的教学方法就是被称为"填鸭式"的教学方法,这种方法常常表现为教师在台上讲解、示范,学生在台下机械地按教师的要求练习。这种单一的教学方法,造成学生的智力得不到有效的开发,思维受到限制,更加做不到发散性思维。虽然到目前为止,高校田径教学改革已经进行了一段时间,也取得了一定的成效,但是当前我国普通高校的田径教程教学的方法仍然主要是这种教师的讲解示范,学生进行听、看、模仿的教学方式。所以,高校田径教学方法单一。

此外,调查发现,我国普通高校田径教材的主要内容是田径运动的技术内容,且教材的重复率非常高,缺乏弹性,很少有发展学生个性、健身以及田径运动技能的内容,这在很大程度上造成学生不能树立一个相对正确的体育观念。现实中普通高校田径教学不仅不能体现高校体育教学的特征,大部分的高校学生也没有感觉到高校田径教学"高"在什么地方,田径教材的枯燥和乏味使得很多高校学生对田径运动避之不及,不仅达不到强化学生体育意识的目的,建立终身体育观念更是无从可谈。

(二)田径选项课乏人问津

随着高校体育教学改革的不断发展,"自主教学形式"的体育教学改革在高校的得到广泛的普及与开展,这也为在校大学生提供了一个较为宽松的能够自主择课,自主择师的教学环境,大学

生可以按照自己的爱好以及自身的发展需求自主地选择想要学习的体育科目及内容。有赖于此,大多数的高校学生都会根据自身的能力、素质选择球类或者一些比较简单,容易学习的运动项目,田径教学作为高校体育的基础学科,由于其趣味性较低和难度性较高,所以很少有大学生会选择田径选项课。特别是随着近些年来,我国高校田径教学改革的不断发展,部分娱乐性、休闲性及时尚性较强的体育运动项目被逐渐的引入到高校体育教学中来,很多大学生都积极地参与到这些新兴的体育选项课中,而传统性较强、趣味性较少的田径选项课,则少有人问津,致使田径教学遭遇"冷场"的尴尬处境。从缘由上来说,造成这种现象的原因十分繁杂,但总体而言其主要因由在于田径教学比其他项目的教学更加缺少对大学生的吸引力,处于大学阶段的学生对于游戏性和趣味性较强的运动项目具有较强的热衷性,对于不仅传统,而且相对较为枯燥、乏味的田径运动则并不热衷,且田径运动还具有一定的危险性,这就使得大学生很容易对田径运动产生厌烦、畏难的情绪,从而造成高校田径选项课遭遇冷落的现象的产生。

(三)田径实践课中存在重竞技或轻竞技的现象

传统形势下的高校田径教学主要偏重的是竞技田径教学,这种过分追求田径竞技性的教学方式,严重偏离了高校体育教学的大目标,造成传统田径教学走进了一种误区。近年来,随着高校体育教学改革的发展,改革传统的这种注重竞技性的教学方式的趋势已经越来越明显,部分学校为了顺应改革,在教学中将田径教学的竞技性进行了过分地弱化,只一味单纯地、片面地追求大学生身体素质的锻炼,这种行为也是不可取。以部分高校公共体育课取消田径课程为例,如同上文所说,田径教学不再作为公共课出现,同时大多数的高校学生对田径教学的态度也并不热衷,田径教学遭到冷遇。但事实上田径运动的健身性应是不被忽略的,我们知道大多数的田径运动项目都可以增进大学生的身心健康,所以只要把田径运动项目进行合理地加工、改造,将田径运动科学、有效地融入其他体育项目教学的过程中，使之符合高等教育的目的、符合高校的教学条件、符合广大高校学生身心发展的需要，那么加工改造过的田径项目的竞技运动还是完全可以为高校体育教学服务的。

(四)体育投资较少,教学条件较差

鉴于当前高校体育教学现代化程度的不断提高,高校田径教学的条件得到了很大的改善和提高。但是相比其他学科,高校田径教学还存在一定的差距,田径教学的投资和教学条件明显比其他学科要低,由于社会对田径教学和教学条件的不重视,致使很多高校的田径课程仍然停留在传统的教师教,学生学的被动态势,田径教学水平受到明显的限制。

三、田径运动教学改革

(一)田径教学改革要突出素质教育

随着我国社会经济快速发展,人们生活水平也越来越高,家长在孩子的成长过程中也倾注了大量的财力和精力。家长长时间的呵护,逐渐让现在的大学生养成了不爱运动、怕苦怕累、爱好享乐的习惯,不利于大学生身心健康的发展。相关调查指出,近年来我国大学生的身心综合素质逐年下降,大学生在走上竞争日趋激烈的社会后,难以面对和战胜挫折及失败,对困难容易退缩和回避。鉴于此,我国教育部在《全民健身计划纲要》中明确指出:"高校体育课程应将促进大学生身心和谐发展及进行思想品德、文化科学、生活与体育技能教育集中于大学生的田径教学的过程中,以促进素质教育和培养全面发展的人才的目的。"

相对来说,田径运动比较枯燥,缺乏趣味性,因此田径运动学习训练要比球类运动等项目艰苦、困难。但正是因为如此,田径运动才具有诸如球类运动等项目所不具有的功能。比如在进行跳高练习或者跨栏练习的时候,学生不但能够发展自身的速度、弹跳力、灵敏性和柔韧性等多种身体素质,还会面对各种阻碍、障碍、困难,甚至危险和失败。所以进行田径运动项目练习能够培养大学生勇敢顽强的意志品质和努力拼搏的精神,高校体育教育应该将其视为大学生全面素质教育的重要手段。

由此可见,要使我国的高校田径教学走出困境,并不断发地展,必须重建田径教学在体育教育中的影响力,拓展田径运动素质教育功能。

(二)田径教学改革要重视学生体质发展

有一些田径专家们认为:学生不喜欢田径的原因是因为他们在基础教育教学中已经进行了田径运动项目的学习,到了大学后再次学习同样的内容自然而然的就会产生厌倦的情绪,觉得高校田径教学无聊乏味。然而事实上,这种观点具有一定的片面性,举例来说,有很多的大学生自从小学起就喜欢踢足球或者打篮球,到了大学之后,他们对足球或篮球的喜爱仍然没有丝毫的减退,训练起来的时候还是相当认真的。从另一方面来说,当前大部分高校都采用全国统招的方式招收新生,所以就算是本地区的生源,他们来自的地区、学校仍然不尽相同,同时不同的地区、中学之间的体育教学和田径教学的情况又有很大的差别,部分大学生虽然在基础教育阶段学过部分易于开展的田径项目,但由于训练环境和训练条件的限制,他们不仅没有掌握到自己所学习的田径运动项目的基本技术以及练习方法,而且也没有对田径形成浓厚的兴趣。其中一大半以上的学生基本上都没有进行过非常正式的田径练习。所以,对于缺乏田径基础的大学生而言,一年级进行田径运动的基础知识学习,二年级进行选项课学习是一项更加合理的教学课程模式。

自 2002 年起,我国教育部和各省市教育厅提出了要求各高校进行大学生体质健康测试的决定,测试中所包含的 1 000 米、50 米、立定跳远等内容基本上都和能够发展学生耐久力、速度、弹跳力等的一些田径运动项目教学以及田径运动健身练习相统一,面对这种一、二年级的高校生都选择体育选项课而造成没有人选报田径选项课的学校而言,这些学校就可以结合每年一次的大学生体质健康测试,将田径运动项目练习贯穿在其他各项体育课程中。这样做不但有利于大学生的身体素质以及多种心理素质的持续发展,而且也可以为他们进行其他项目的学习奠定坚实的物质基础。此外,部分运动项目像健美操、武术、散打等练习形式也较为沉闷单调,篮球、足球等项目尽管可以对大学生身体素质进行比较全面的锻炼,然而学生也对自身身体素质量化缺乏较为全面的了解,如果在学生进行排球、网球、羽毛球等运动项目练习,而大学生又没有完整的掌握这些运动项目基本技术的时候,就会造成练习的经常性中断,从而使得学生的实际运动负荷表现出明显的不足。可以在大学生进行这些项目的教学中适当贯穿一些简单易学且有一定的运动负荷的田径项目的练习或测验,就能够调节学生的情绪,弥补这些课程上大学生运动量不足的缺陷,或使大学生们对自己能有更多的了解。最后,可对参加不同体育运动项目课程的大学生进行相对统一的要求,这样一来就可以避免部分大学生由于怕苦怕累的特点,而造成过分集中在一些过于简单和轻松的体育运动项目上的现象出现。

(三)田径教学改革要健身性和竞技性相结合

我国传统体育运动教学,往往比较偏重于竞技性,而轻视健身性,田径运动更是如此。强调竞技性,给高校田径运动教学带来的是枯燥、单一、乏味之感,因而损害了大学生进行田径运动学习的兴趣。毕竟高校的田径运动教学不是培养竞赛的冠军,过于强调田径运动竞技性的教学与训练,并不能促进高校田径运动发展。因而在田径课程设置改革中,应该适当弱化田径运动的竞技性教学,而适当重视田径运动的健身性。但过于强调田径运动的健身性,也难免过犹不及。有很多运动项目都具有健身功能,一味地只看重田径运动的健身性功能,那么田径运动完全可以被一些其他的项目替代。事实上,田径运动除了健身功能之外,还具有一些特有的功能,比如发展学生吃苦耐劳、勇于超越自我极限的精神,能通过田径运动的竞技性特点体现出来。因而高校田径课程教学也不能就围绕一些田径运动游戏开展,将健身性视为唯一的目标。综上所述,高校田径课程改革,应该将田径运动的健身性和竞技性相结合,保证"健康第一"的同时,也要培养学生的全面素质。

(四)田径教学改革要加强教学管理

体育教学中,教师对教学方面的管理是非常重要的一环,对教学效果有着重要的影响。

首先,田径教学应该发挥学生主体作用,教师根据学生的需要和教学目标、要求进行合理的引导。在田径课程教学中,只有学生主动思考问题,发现自身缺陷和不足,从而去寻找解决这些缺陷和不足的办法,才能有效地提高学习训练的效果。但在田径课程教学实践中,必须看到大部分大学生还处于发展阶段,并不成熟,特别是田径运动基础不好的学生,难以全面意识到田径运动学习和训练对其自身发展的重要意义。所以,教师在田径课程教学中,应该从学生的特点出发和体育需要出发,注意学生在学习中的缺陷和不足,从而选择适合的教学训练方法和手段来引导学生学习训练。

其次,在田径教学中,教师不能够因为学生们怕苦怕累就立刻减少教学训练中的运动负荷,也不能因为学生兴趣一味安排趣味性较强的田径运动游戏。教师应该做到从学生"健康第一"的角度出发,让学生进行一定运动负荷强度的健身练习。所以在进行田径课程教学管理中,可以按田径项目特点适当提高训练的趣味性,但不是放弃一定运动负荷强度的训练。

除去以上两方面的管理外,高校田径教学改革应该要求教师重视课堂训练安全、组织纪律等方面的管理。

第三节 田径运动教学的相关理论

一、田径运动教学的规律

(一)动作学习的阶段性规律

在田径运动的动作技能学习过程中,学生所学习的技术动作会呈现出较强的阶段性特征。在动作学习与控制理论的指导下,通常可以将其描述为三个阶段。

(1)认知阶段(动作学习前期阶段)。

(2)联系阶段(动作学习中期阶段)。

(3)自动阶段(动作学习后期阶段)。

在高校田径运动教学中,动作学习前期阶段的教学都是以试图通过各种手段让学生获得正确的田径运动技术概念或者了解田径运动动作的基本协调方式为共同特征的。在这一阶段,田径技术动作的学习会表现出动作活动粗糙、缓慢、不稳定和紧张等特征。学生在此阶段的注意范围表现得较为狭窄,完成动作也不够协调,在动作的时间和空间上都把握得不够准确。

随着高校学生田径技术动作学习的不断深入,其认知和行动之间的联系会逐渐紧密起来,技术动作的学习也开始进入联系阶段。在这一阶段的教学方法和手段的选择应呈现出多样化的特点,并应提高各练习手段的相似性和联系性。学生在做动作时,会表现得更加准确连贯,稳定性也得到了增强,对总体动作形式有了比较清晰的认识。同时,学生还会在运动过程中对动作的细节进行修正和调整,将动作方式与特定的环境和动作任务需要适应和联系起来。

在经过长期、大量的技术动作练习后,许多学生能够逐渐进入到以自动产生动作为特征的动作学习阶段,也就是所说的自动练习阶段。在这一阶段,学生做运动田径技术动作时会表现出动作准确性高、轻松省力、动作迅速且节奏感强的特征。同时,学生的自我控制动作能力有了明显的提高,并对运动中所出现的错误动作进行及时的发现和纠正。

在高校田径运动教学中,教师应根据动作学习不同阶段的规律性特点,对学生当前所处的动作学习阶段进行准确的定位,并针对学生在不同学习阶段所表现出的特点,选择出适宜的教学方法和手段。

(二)动作技能形成规律

1. 动作技能的形成阶段

在田径运动教学中,学生在学习技术动作时,一般要经历从不会到会,从泛化到分化,再到巩固提高的一个发展过程。而在这一过程中,学生动作技能的形成主要有三个阶段。

(1)技术动作的粗略掌握阶段

高校学生在学习田径动作技术的初期,主要是通过教师的讲解和示范以及自己的运动实践,来获得一种对动作技术的感性认识,对于其动作技术内在的一些规律并没有完全的理解。学生在这一阶段所表现出来的主要特点是其大脑皮质兴奋与抑制扩散,处于泛化阶段,条件反射联系不稳定,表现为动作僵硬、不协调,不该收缩的肌肉收缩,出现多余动作。体育教师应将帮助学生建立正确的动作表象,抓住动作的主要环节和提示学生在掌握技术动作时存在的问题作为这一阶段的主要教学任务,同时,在这一阶段的教学过程中,教师不应过分强调学生完成动作的细节。

(2)技术动作的改进与提高阶段

在高校田径运动教学过程中,学生通过不断的练习,会对所学技术动作的内在联系产生一个初步的了解,动作技术运用的准确性逐渐增加,减少了许多不协调和多余的动作。此时,学生大脑皮质的活动开始由泛化阶段逐渐转入到了分化阶段,兴奋相对集中,特别是分化抑制得到发展,因此,练习过程中的大部分错误动作得到纠正,能比较顺利、连贯的完成完整技术动作。但是学生在此阶段并没有形成较为稳定的动力定型,遇到新异刺激时,多余动作和错误动作又会重新出现。教学中应特别注意纠正错误动作,让学生体会动作的细节,促进分化抑制进一步发展,建立动作的动力定型。

(3)技术动作的巩固与自动化阶段

学生在通过长时间的反复练习后,会逐步建立起运动条件反射系统,其动力定型也会得到巩固,动作的稳定性得到了很大程度的增强,大脑皮质兴奋与抑制在时间和空间上更加集中和精确。在此阶段,学生的动作不仅协调、准确、优美,而且还会出现动作的自动化现象,即使周边环境条件发生变化,也不会对技术动作产生较大影响。但需要注意的是在巩固阶段的动力定型还是会出现消退现象,因此,高校教师在田径动作教学中,应进一步提高学生动作学习的要求,不断精益求精,促使学生所形成的动力定型更加完善。

2. 各阶段的教学特点

在高校田径技术动作的粗略掌握阶段,由于学生大脑皮层兴奋过程扩散,处于泛化状态,内抑制尚未建立,对于技术动作的各个环节认识不清,条件反射的建立很不稳定,控制动作的能力较差。因此,在这一阶段教师只需要求学生能够粗略掌握一般的田径技术动作即可。在教学过程中应以鼓励性方式来对学生进行教学,多激励学生,不能急于求成。并将培养学生学习田径运动兴趣和自信心作为主要目的,来提高学生学习的积极性。

在高校田径技术运动的改进与提高阶段,由于学生大脑皮层逐渐进入分化阶段,因此,虽然在对技术动作的了解和认识上有一定的进步,但是其技术动作还是会表现出不稳定的现象。高校教师在此阶段应注意对学生的错误动作进行及时的纠正,加强对正确动作的反复练习,促进学生形成一定的动力定型,使其取得更好的练习效果。

在高校田径技术运动的巩固与自动化阶段,学生在经过前两个阶段的学习后,其大脑皮层已经逐步建立起对技术动作较为稳定的条件反射。而高校教师在教学过程中,要充分利用这一点,加强对田径技术动作的完整练习,使学生各种条件的联系达到自动化程度,提高学生的兴奋过程,形成较为稳定的动力定型。在此阶段中,学生对田径技术动作的运用可以做到轻松自如,并逐渐会产生一定的表现力,在追求技术和运动成绩方面会表现出较为强烈的欲望。教师要充分利用这特点,加强学生的完整技术练习,进一步巩固学生已掌握的技术动作。

将高校田径运动教学过程划分为三个阶段是学生学习和掌握田径运动技能的一个普遍规律。但是,在教学实践中,学生在完成这三个阶段所用的时间并不是一致的。一些学生学习能力较强,各方面的素质较高,完成这一过程的时间也就会缩短;相反,接受能力差,运动素质不高的学生,在完成这一过程时所需的时间就会延长。从不会到学会并掌握,是一个量变到质变的过程,由于学生个体能力的差异,不仅量变到质变的时间有所不同,而且,所需要的练习量次也不可能完全相同。因此,教师要根据学生的实际情况,区别对待,将整体要求和个别辅导相结合,给那些进步较慢的学生布置课后练习任务,增加练习数量,以使这些学生能够跟上教学进度,实现在规定课时内完成学习任务。

(三)动作技能迁移规律

1. 动作技能迁移的基本概念

在高校田径运动教学和训练实践中,经常可以看到,学生在学会和掌握某一运动技能后,在学习其他运动技能时会产生一定的促进或干扰。而这种运动技能之间的相互促进和干扰现象,也就是我们常说的运动技能的迁移或转移。

已经形成的某种技能可以影响另一种技能的掌握。这种影响可以是积极的,也可以是消极的,而这种影响我们也可以将其称为迁移,也可以说是广义上的迁移。

已经形成的技能对新技能的形成发生积极影响,叫技能的正迁移,也就是狭义上的迁移。而如果产生的是不积极的影响,则被称为技能的负迁移。

技能的迁移一般可分为心智技能的迁移和动作技能的迁移。动作技能的迁移对运动技术的学习有直接的指导意义。

2. 动作技能迁移的原则

在高校田径运动教学中,教师在指导学生进行技术动作学习时,如果可以充分认识到各动作技能之间的相互关系,那么在利用迁移规律时,往往可以收到事半功倍的效果。

(1)安排田径练习内容时的原则

在高校田径技术教学中,可以通过以下原则来安排练习的内容,以实现对迁移规律更好地利用。

①保持两个练习任务在训练条件上的高度相似性,实现最大量的动作技能迁移。

②认真分析在相同刺激下,各练习之间的反应相似性,实现运动技能的正迁移。

③两个任务的反应如果不同,刺激越相似,正迁移就越小。

④通过对一些有关联任务的连续练习,来提高学生的学习能力。

⑤对序列性相关任务进行大量练习可使顿悟发生更频繁。

⑥先前任务的练习量越大,迁移量就越大。

⑦理解两个任务或更多任务所共同具有的一般原则,即对两个任务建立认知关系之后,迁移量可能加大。

(2)理论的指导性原则

著名心理学家贾德曾提出过"已有经验的概括水平,是技能发生迁移的重要条件"的相关理论,这也成为理论指导性原则形成的主要依据。在动作技能的迁移过程中,应该认真贯彻好理论的指导性原则,只有在实践中做好对该原则的运用,才能保证动作技能迁移的科学性。在动作技能迁移的具体过程中,高校教师应注意将技术原理的讲授放在技术教学之前,技术动作讲解应在练习之前进行。

(3)内容的相关性原则

内容的相关性原则同样是动作技能迁移中必须遵守的一项基本原则。在高校田径运动教学过程中,教师所采用的相关练习方式都应该与所学技术动作的结构、肌肉用力感觉、时间、空间特征等方面具有相关性联系。教师要注重田径技术动作学习和练习的具体效果,合理选择教学方法和手段,要果断抛弃那些与教学内容毫无关联的内容,对于没有针对性、华而不实的练习要果断的抛弃,实现高校田径运动教学方法和手段的最优化选择。

(4)练习的程序性原则

根据学习的迁移规律,在高校田径运动教学过程中,我们提出了练习的程序性原则。高校田径运动的各个项目都有着其独特的教学顺序和练习安排,都是需要在一定程序下进行的,从而实现所学知识和技能向下一知识和技能学习的有效迁移。因此,在教学过程中,同样要遵守练习的程序性原则,要与程序教学和模式训练的基本含义和要求达成一致。高校教师在进行田径运动教学时,应该结合总体的教学大纲,来科学地制订教学进度,选择合理的教学组织形式,使整个教学过程保持程序化的特征,并尽量避免前面所学知识和技能与后面将要学习的知识和技能形成干扰。

二、田径运动教学的原则

(一)自觉积极性原则

在高校田径运动教学中,学生作为教学过程中的主体,只有他们自觉积极地参与到教学活动中来,教师才能最终完成田径运动教学任务,因此,高校教师在教学过程中必须认真培养学生的学习兴趣,调动学生学习田径运动的自觉性和积极性。而由于田径运动的各项技术包括了人体走、跑、跳、投的基本动作,初看有些项目的技术并不复杂,初学者也会感觉田径技术教学比较单调和枯燥,学习起来缺少积极性。对一些难度较大的项目,如跨栏、撑竿跳高等技术,学生又会认为太难,无法掌握而失去信心。所以,贯彻自觉积极性教学原则,对于提高教学质量有重大意义。

在高校田径运动教学中贯彻自觉积极性原则,主要是指教师应通过各种教学方式和手段来启发学生学习田径运动的自觉性,调动学生学习的积极性,以帮助学生达到最佳学习效果。在教学中教师要以培养目标的要求和田径课的任务教育学生,使学生能自觉积极地学习。为了使学生对田径运动产生兴趣,教师要端正态度,认真备课,给学生讲明田径教学课的意义、作用,使学生充分认识到田径项目的锻炼价值。教材内容的讲解要简明扼要,要尽可能结合生活中的动作,把动作的前因后果运用力学知识加以分析,多提出一些"为什么"启发学生的思维,教学手段的选择、教法的运用、运动量的掌握等都要符合学生的实际情况。教师要采用亲切、耐心、热情的态度,并配合生动、趣味、清楚流畅的语言进行教导。更重要的是要使学生感到每次课都学有所得。只有这样才能使学生能够自觉积极地投入学习,才能保证教学任务的顺利完成。也可以用优秀田径运动员刻苦训练,勇于拼搏,为祖国荣誉献身的事例教育学生,激发学生为提高我国田径运动水平而努力学习,刻苦练习。

此外,高校教师还应在教学过程中建立平等、民主的师生关系,要努力创造出一个生动和谐的教学环境。教师应成为田径教学活动中具有主导作用的一分子,平等对待学生,坚持正面教育和以表扬为主,发扬教学民主,宽严适度,尤其对基础较差的学生要倍加爱护和帮助,使每一个学生的学习潜力都得到发挥。

(二)直观性原则

在高校田径运动教学过程中,学生主要是通过观察来获取相关的知识信息,而在观察过程中,学生必须借助各种直观手段,例如,动作示范、模型和现代的声像、计算机多媒体等直观教学手段。它们的有效运用可以极大地提高田径运动教学的效果。而在高校田径运动教学中要想贯彻好直观性原则,需着重做好以下几个方面。

1. 要有明确的目的和要求

高校教师要根据田径教学的任务和教材的特点以及学生的实际情况,有目的地使用直观教学方法。例如,教师在对一些初学者进行田径运动技能教学时,应多使用动作示范、技术动作图片等来加强教学的直观性。并且还可以将学生的动作进行录像,通过重放、慢放来纠正学生练习过程中不正确的技术动作。而对一些有运动基础的学生进行教学时,应通过画写板来进行具体的位置移动演示,或者教师通过生动形象的语言对田径运动的具体技术动作要点进行详细的讲解。

2. 要帮助学生形成正确的表象

通过直观的教学方式,可以帮助学生形成正确的田径运动技术动作表象,教师要充分利用学生的视觉、听觉和肌肉本体感觉,通过示范、电影、录像、图片等来辅助学生形成明晰的田径运动技术动作表象。然后,将这种表象与积极的思维和实践进行有机的结合,以取得更好的田径运动教学效果。因此,在教学中,遵循直观性教学原则,要善于启发学生思维,并与田径运动技术练习活动紧密结合起来。

(三)循序渐进原则

在高校田径运动教学中,循序渐进原则主要是指教师针对不同项目的技术特点,采取由慢到快、由浅入深、由易到难、由简到繁的方法,循序渐进地安排教学内容和练习的原则。

从认识论的角度看,整个高校田径运动学习过程都是一个特殊的认识过程。在这个过程中,学生的智力、能力和全面素质不断得到发展,这是一个渐进的过程,教学中必须遵循教育的规律、人体运动机能变化的规律、运动技能形成的规律和人体运动适应性的规律。因此,在高校田径运动教学过程中,教师在安排教学内容、选择教学方法、确定运动负荷时,必须考虑学生的身心发展水平,教学进度由浅入深,运动负荷由小到大,要大、中、小相结合。同时,在贯彻循序渐进原则时,教师还要注意教学内容的系统性。根据教学大纲的要求,安排好教学进度和课时计划,使教学进度符合田径运动教学的规律,使课时计划既系统又综合,由易到难、由简到繁、从无对抗到有对抗,运动量逐渐增加。

高校教师还要注意教学方法的系统性,要根据动作技能形成的规律,从认知定向阶段(泛化阶段)、巩固提高阶段(分化阶段)到熟练阶段(自动化阶段),都要依据动作技能形成的阶段性特点来组织教学。例如,在田径运动技能的初学阶段,要通过讲解、示范和试做,使学生建立动作概念、视觉表象和初步的运动感觉,通过不断练习使正确的技术动作巩固下来,然后加大练习难度,使动作达到熟练并能在实战中运用。因此,教学中必须注意教学的阶段性特点,并针对不同阶段采取不同的教学方法。

(四)理论联系实际原则

从实际出发的理论联系实际原则是田径技术教学中必须贯彻的教学原则。要考虑主观和客观条件的可能,不能只从主观愿望出发。从主观方面,要求教师要认真备课,教材内容的深度和广度、讲解与示范、教学手段的选择与运用、运动量和具体要求等,都要符合学生的实际情况,要尽最大努力使学生对田径课产生兴趣。并认真分析自己的长处与不足,在教学过程中扬长补短,培养自己的教学特点和教学风格。另外,从客观方面,要从学生的实际情况和具体的环境条件两方面分析,学生实际情况包括身体健康水平、身体素质水平、接受能力和学习的自觉积极性等。具体的环境条件,包括场地和器材的数量与质量、学生的人数、天气变化等。根据以上因素,要因人而异、因地制宜地采取合理的教学方法和教学手段。以完成教学任务,取得好的教学效果。各项田径技术的掌握是以一定的身体素质为基础的,在教学中应避免追求过高而不现实的技术要求。

(五)全面发展性原则

在高校田径运动教学过程中,要始终坚持全面发展性原则,以实现学生全面、协调的发展。而要想在高校田径运动教学中贯彻全面发展性原则,就必须满足以下几个方面的要求。

(1)要树立现代高校田径运动教学价值的新观念,现代田径运动教学具有多方面的价值。例如,生理学价值、社会学价值等等,这些价值也是衡量高校田径运动教学质量的重要依据。另外,在田径运动教学设计中,要保证学生身心都得到全面的发展。

(2)在高校田径运动教学的准备、实施、复习、评价等阶段中,不管是制订教学任务、选择教学内容,还是各种教学手段和方法的运用,都应将增强学生体质,促进其全面发展放在整个教学过程的中心位置。

(六)合理负荷性原则

合理负荷原则是指在田径教学中要根据学生具体情况合理安排运动负荷量的原则。合理的运动量能使学生较好地掌握技术动作,提高运动能力和身体健康水平。运动量太小,达不到锻炼的效果,掌握不了技术。运动量太大,学生身体受不了。而对一些有先天隐性疾病的学生,不合适的运动负荷量还会引起意外事故,影响身体健康。因此,合理安排田径课上的跑、跳、投项目练习的次数、距离、组数和强度是十分重要的。而在高校田径运动教学过程中,合理安排负荷原则的要求主要有以下几个方面。

1. 服从高校体育教学目标

在高校田径运动教学过程中,合理的安排运动负荷是实现特定的身体锻炼和技能,达到田径运动教学目标的前提。保持学生身体活动量的科学性,能够很好地促进田径运动教学目标的实现。教师既不能忽略运动量对田径运动教学目标的决定性作用,也不能一味地追求统一的运动量或大运动量而忽略各种特殊课型的需要。

2. 合理安排运动间歇和心理负荷

在进行田径运动教学时,科学、合理的安排间歇时间,可以有效地消除学生在连续运动中所产生的身体疲劳和恢复自己的身体机能,在学生调整运动状态方面发挥着非常重要的作用。同时,合理的安排心理负荷,对田径运动教学也会产生一定的影响。心理负荷的安排主要指的是情绪、注意、意志三个方面,要做到合理安排,就需要将其与整个田径教学过程和生理负荷进行紧密的结合,以保持其良好的节奏,提高田径运动教学的效果,最终实现教学目标。

3. 负荷安排要充分考虑个体的差异性

学生的个体差异性是高校田径运动教学过程中所必须考虑的一个部分,应该得到教师的重视。特别是在运动负荷的安排上,教师要充分考虑不同学生的身体情况、心理情况等方面,然后针对每个学生的不同特点进行运动负荷的调整和安排。教师要根据所了解的学生身体的强弱等具体情况来因材施教地安排运动量,要把整体要求和区别对待结合起来。

(七)巩固提高性原则

在高校田径运动教学中,巩固提高性原则主要是指教师让学生在学习理解技术过程中加强反复练习,重视复习,以达到技术熟练和巩固的原则,也可以归纳为"精讲多练"。技术教学中教师的教,主要是通过讲解和示范;学生的学主要是"听、看、练",而练是关键,只有通过练才能使学生真正掌握技术动作。因此,在每次课上适当的练习是非常必要的,在多练的基础上才能熟练掌握技术,熟能生巧,从而达到巩固提高的目的。而在具体贯彻巩固提高性原则的过程中,主要应做到以下几个方面。

(1)利用讲解、示范、练习、提问、评价等方式,保证师生间及时传递信息。根据信息有效性的原则,信息传递得越及时,损耗越小;信息的准确度越高,所产生的教学效果越好。也可以通过提问、考查、竞赛等方式,巩固提高田径运动知识、技术和技能。

(2)增加运动密度和动作重复的次数,反复强化,不断巩固运动条件反射,提高技术水平、身体素质和运动能力。

(3)教师要给学生布置适量的课外体育作业或家庭体育作业,将课内课外结合起来,达到巩固提高的目的。

(4)不断提出新的学习目标,培养学生参与田径运动的兴趣和进取动机。

(八)安全教育原则

在高校田径运动教学过程中,安全教育原则是必须时刻遵循的一个重要原则,它的深入贯彻,可以为学生在运动过程中提供有效的安全保障。在田径运动中,不管是高速的奔跑、跳动,还是器械的投掷都具有一定的危险性。特别是青年学生在面对激烈运动所展现出的热情,很容易在注意力分散时发生运动事故。因此,在高校田径运动教学活动中,安全教育原则的贯彻好坏,将直接影响学生在运动过程中的人身安全。可以说安全教育是学校体育教学过程中的一个重要教学任务,是每一堂体育教学课程所必须重视的方面。而做好高校田径运动教学的安全教育,主要应该满足以下几个方面的要求。

1. 体育教师要认真分析所有的可预测危险因素

体育教师应根据自己长期以来的教学实践经验,来找出可能对田径运动教学产生影响的一些危险因素,并及时解决。在高校田径运动教学过程中的大部分危险因素都是可以被预测到的。而对于这些可以预测的危险因素,体育教师在上课前必须逐一地进行思考和检查,以消除一切可以消除的潜在危险。

2. 要进行充分的学生运动安全教育

要想在教学过程中更好的贯彻安全教育原则,必须得到广大学生的积极配合。因此,高校体育教师要对学生进行充分的运动安全教育,要时刻提醒学生注意在运动过程中可能存在的危险因素,让他们都绷紧运动安全的这根弦。同时,体育教师还应该组织进行运动安全知识、要领的专题教育活动,让学生学会运动过程中的一些保护技能。

3. 要对所用体育教学设备进行及时的检查

由于在田径运动教学过程中,经常会用到一些体育教学设备,例如,场地、器材等。因此,为了提高在田径运动教学过程中的安全防范,教师应定期和提前对所用体育设备进行仔细的检查和维护。避免学生在练习过程中,因为教学设备存在的危险因素,而发生运动事故。并还要在一些危险地带贴好安全提示标志,以时刻提醒学生运动危险的存在。

三、田径运动教学的方法

(一)常用教学方法

1. 语言教学法

(1)讲解法

讲解法是高校田径运动教学中运用最为频繁的一种教学方法,作为一种基础的教学方法,它几乎贯穿于整个田径运动教学过程中。讲解法主要是教师通过语言描述的方式向学生说明教学的任务、内容、要求、动作名称、动作要领等，以达到一定的教学效果的方法。在田径运动教学的初期，讲解法是最主要的教学方法，教师通过讲解法向学生描述出田径运动技术的基本动作和难点要点，让学生对所学的田径运动技能产生一个初步的认识和了解，其目的也是为今后的实践教学打好基础。教师在运用讲解法进行教学时，要注意其科学性和艺术性特点，以提高自己的教学效果。教师应在教学过程中要不断进行经验的总结，在语言表达上要做到精益求精。

（2）口头评讲法

在高校田径运动教学过程中，口头评讲教学法是体育教师在一定的标准和要求下，对学生的练习或比赛进行一定客观评价的方法。口头评讲主要是教师对学生掌握田径运动技能的情况和思想作风等方面表现的一种反馈，通常以口头形式的即时反馈为多。即在学生结束练习后马上进行指导或提出新要求。因为一般对动作的记忆大多是在大脑皮层的短时间储存，超过25~30秒就会消退25~30%，因此口头评讲最好在完成动作后的25~30秒内。

在高校田径运动教学中，语言法是一种行之有效的教学方法，它可以通过有效的语言反馈，使学生从外部获得自身所做动作正确与否的信息，对学生掌握田径运动技能提供了有利的帮助。这种对某一特定技能的正确理解方式有利于大脑对动作的记忆和动作定型。因此，正确有效的运用语言教学法，可以有效地加快学生学习田径运动技能的进程。

2. 直观教学法

直观教学法是指教师在高校田径运动教学中，充分动员学生的各种器官使其感知动作的教学方法。这种教学方法主要有以下几种具体的形式。

(1)动作示范

动作示范是高校田径运动教学中帮助学生认识和了解技术动作的一种基本方法。它是教师(或学生)以具体动作为范例,帮助学生对所要学习的动作规范、结构、要领和方法进行充分地了解。学生可以通过正确优美的动作示范建立正确的动作表象,提高学习的兴趣。例如,蹲踞式起跑、滑步推铅球等技术的动作示范。

(2)教具和模型

教师在高校田径运动教学过程中经常会使用一些教具和模型来进行辅助教学,主要形式就是通过挂图、图表、照片等直观教具来对教学内容进行诠释,帮助学生建立正确、完整的动作表象。动作示范往往是一晃而过,而教具则可以长时间的观摩,而且还可根据情况突出某个细微的环节,所以应充分利用图表、模型和照片等直观教具。采用该方法有助于学生建立正确的动作形象,了解技术动作的全过程。

(3)电化教育

随着现代化技术的不断发展,越来越多的现代化技术被运用到了学校教学过程中。在田径运动教学过程中,高校教师就经常会利用电视、录像、多媒体等现代电化教学手段来进行教学,这是一种生动、形象、富有真实感的一种教学方法。通过电视、录像等电化教学手段可弥补在实际训练或比赛中对动作印象不深的缺点。特别是通过对一些经典赛事的重放和慢放,可以更加清楚和形象的帮助学生理解田径运动技术动作在实践中的运用方法。灵活运用这种教学方法,可以调动起学生学习田径运动的兴趣,有助于学生明确技术的进程,还可以根据教学的需要放慢动作,甚至定格,对动作进行深入的分解和剖析。

3. 练习教学法

在高校田径运动教学过程中,练习教学法与语言教学的地位同等重要,它是在讲解与示范的基础上进行的。根据不同的划分标准,我们可以将练习分为以下几个方面。

(1)按形式可分为:完整练习、分解练习、简单条件下的练习和复杂条件下的练习。

(2)按田径运动的技术特点可分为:个人技术练习、配合性练习等。

教师在使用练习教学法时,还应该注意所选的练习方法要讲求实效,并对练习的负荷进行严格的把控,避免学生在练习过程中出现运动损伤。

4. 预防和纠错教学法

在高校田径运动教学中,学生难免会因为各种原因,而产生这样或那样的错误动作。而这些错误的动作如果不能得到及时的发现和纠正,学生就很容易形成错误的动力定形,最终影响学生掌握正确的技术动作和技术水平的提高,更严重的还会造成学生的运动损伤。因此,在教学中,教师必须采取积极有效的措施,来预防和纠正学生所出现的一些错误动作。

(1)预防教学法

预防教学法是指高校教师在进行田径运动教学时,利用有效的预防措施和手段防止学生在学习中犯错的教学方法。在高校田径运动教学实践过程中,教师应根据具体的教学内容、教学目标、教学对象合理组织教学,对学生可能产生的错误给予提醒,防止和减少学生产生错误动作或错误的理解。

(2)纠错教学法

高校体育教师应对学生个人出现的错误或班组集体存在的共性错误以及战术配合中形成的错误,积极采取相应的纠错手段和方法。其中,教师常用的纠正错误动作的方法有正误对比法、矫枉过正法、降低难度法、附加条件法、限制教学法等。

预防教学法和纠错教学法都是为了防止学生在田径运动练习中出现错误的教学方法,两者往往结合使用。所不同的是预防法具有超前性特点,需要教师能够预见学生在操作过程中可能出现的障碍和错误,而纠错法则具有实时性特点,需要教师针对学生出现的错误进行及时准确的纠正。

5. 游戏教学法

游戏教学法是指以游戏的方式,在规则允许的范围内,充分发挥学生的主动性和创造性,以达到高校田径运动教材内容所规定的目标,而组织学生进行学习的一种方法。游戏教学法可以充分发挥个人的主动性和创造性,其运用起来也较为简单,且非常容易被学生接受,也是最受学生欢迎的教学方法之一。合理组织和运用游戏教学法,有助于提高学生的学习兴趣,提高学生的身体活动能力,全面发展学生的身体素质,充分调动学生的主动性和创造性,使学生在愉悦的运动体验中掌握田径运动技术的运用方法。

6. 竞赛教学法

在高校田径运动教学中,竞赛教学法不仅是一种教学方法,也是一种检查教学的手段,是达到检验教学效果和提高田径技能运用能力的一种教学方法。这种教学方法不仅能促进学生最大限度地发挥机体功能,而且还有利于学生的比赛应变能力和比赛时对心理的调控能力的提高,更能达到培养学生果断勇敢、机动灵活、团结协作、不骄不躁等的优良意志品质的形成。通常我们可以根据以下不同形式来对比赛教学法进行分类。

(1)根据内容:专门性的技、战术比赛、实战性比赛。
(2)根据比赛的分数:规则规定的比赛、特定比分比赛。
(3)根据比赛的规模与气氛:内部比赛、公开比赛。

(二)现代教学方法

1. 掌握学习教学法

掌握学习教学法是以传统的集体教学方式为核心,以基本能力和能力倾向各有差异的学生组成的学习集体为前提,而进行的合理性个别化教学活动。这是一种开放性的教学方法,可以帮助绝大多数学生达到既定的教学目标,实现教学的大面积丰收。群体教学是掌握学习法的实质,在掌握学习教学法的运用过程中,它会予以每位学生频繁所需的反馈信息和个别化的矫正与帮助。而高校教师要想在田径运动教学中运用好掌握学习教学法,还必须掌握教学过程中目标分类体系的基本原理。

在高校田径运动教学过程中,目标分类体系是教师以田径运动教学的目的与任务和初始测量的结果为主要依据,将所教授的田径运动教材内容分解成为具有不同层次的目标体系。在确立好教学的目标体系后,教师应以此为依据制订出相应的教学评价标准。在教学的开始、过程之中和教学结束,分别对教学状态进行评价。开始阶段为初始评价,过程之中为形成性评价,结束时为终结性评价。然后将评价所得的结果作为反馈信息提供给教师和学生,使教师始终了解教学目标的达成度,通过重复教学、调整、强化和个别辅导等具体措施,分层次地实现教学目标,最终达到所有学生都得到提高和发展的教学目的。

2. 指导发现教学法

在高校田径运动教学中,指导发现教学法是指在教师指导下,学生身临教师创造的学习情境,通过主动的观察、分析、体会、归纳等学习活动,独立发现问题、解决问题的过程,并在知识的定向作用下,通过有序的练习形成运动技能,培养良好的发现学习习惯,使知识、技能和能力都得到发展的一种方法。

3. 程序教学法

程序教学法是一种典型的现代教学方法,它也被称为学导式教学法或小步子教学法。它依据认知规律和技能形成的规律,将田径运动不同项目中的不同技术教学内容分解成为若干个相互联系的小步子,使之组成便于学习的逻辑序列,并且还建立相应的评价信息反馈系统。在教学开始以后,学生依据小步子进行学习,学习后及时进行评价,依据评价结果对学习效果进行即时反馈。如果没有达到标准,则返回去重新学习,并配以相应的校正措施;如果达到了预定的标准,那么进行下一步学习。

4. 合作学习教学法

根据社会学习理论,教师可以将田径运动教学组织作为一个社会活动的过程来进行。教师可以在自愿原则的前提下,将学生分为人数不等的若干学习小组,练习时要以小组为单位结成"伙伴对子"。并在小组内选出技术骨干,做到优生帮助差生。在教学过程中,教师要多运用小组练习、小组竞赛和小组评价等方法组织学生进行田径运动具体技术的练习活动,在小组和伙伴的合作活动中学习掌握田径运动基本技术教学的内容,使学习成为学生之间合作的活动,在和谐的人际关系和愉快的合作学习环境中完成学习任务。

第三章　田径运动训练与竞赛文化审视

田径运动训练是提高田径各项运动技术的关键环节。因此，对于田径运动训练的研究，特别是对田径后备人才的训练培养的研究是确保我国田径运动水平不断提高的关键。另外，对于田径运动的正确欣赏也直接关系到田径竞赛文化的传播。本章主要就以上内容进行研究。

第一节　田径运动训练发展与理论

一、田径运动训练的基本理论

田径运动训练理论，是指人们在田径运动训练与竞赛的实践过程中通过联系实际推演出来的概念或原理。田径运动的训练理论，对于田径运动的发展和运动员运动成绩的提高都起到非常积极的作用。其中，比较常见的几种主要的训练理论有以下几个方面。

(一)周期理论

周期理论有着较为丰富的研究内容，其中较为主要的有：竞技状态形成发展的规律、竞技状态构成因素、竞技状态表现方式、竞技状态的调控等几个发展阶段。

1. 竞技状态形成发展的阶段

竞技状态形成发展的阶段主要包括初步形成阶段、提高与保持阶段、暂时消失阶段等。

2. 竞技状态构成因素

竞技状态构成因素，是指运动员的形态、机能、素质、心理等相对稳定的因素，以及思想、精神状态等相对不稳定的因素。

3. 竞技状态表现方式

竞技状态表现方式包括保持时间长短、一般和专项、个体和集体、局部和整体等多个方面的状态。

4. 竞技状态的调控

竞技状态的调控要以个体和训练因素，以及训练时间长短为依据来进行安排，在调控时根据训练的任务采用不同的调控方式。

(二)专门理论

这里所说的专门理论，就是在运动技能训练中，要围绕专项竞赛来考虑所有的训练目标、任务、方法、手段和负荷等，并对其进行适当的安排，换言之，就是专门化的竞赛是计划实施运动技能训练的出发点和归宿。

专门理论包含着多方面的内容，具体来说，其主要由以下几个方面组成。

第一，项目制胜规律原理，其主要对项目的竞赛特性、制胜因素和制胜系统等因素进行研究。

第二，项群训练理论，是从项群层次研究项目制胜规律的理论，具体来说，就是以决定项目成绩的竞技能力主导因素为依据对运动项目进行分类。

(三)负荷理论

所谓负荷理论，就是对负荷的概念、分类、特性、安排和调控等理论与方法进行阐述的理论。具体来说,负荷理论主要涉及以下几个方面的内容。

第一,负荷的分类。通常情况下,可以根据不同的标准来对负荷进行分类。比如,可以分为辨别训练、比赛、教学和健身负荷,可以分为内部负荷、外部负荷和相对负荷,还可以分为负荷强度和负荷量。

第二,负荷的特性。负荷有着一定的特性,具体来说,主要体现在目的性、选择性、应激性、定量性、动态性、对应性、延缓性、个体性、综合性、渐进性、极限性、实战性、等级性、控制性等几个方面。

第三,负荷的安排。在安排负荷时,要具备一定的依据和基础,即训练任务要求,其中,恒定型、波浪型、阶梯型、渐进型、跳跃型等是几种比较常见的方法。

第四,负荷的调控。要在充分考虑多种因素的基础之上,来借助于同升同降、一升一降、一升(降)一稳定、相对稳定等方法来对负荷进行适当的调控。

(四)选材理论

通常情况下,选材理论主要是由两个部分组成的,一个是选材的科学原理,而这又可以具体分为两个方面:一方面是应用人体遗传学基本理论阐述运动才能与遗传因素的关系,另一方面是阐述运动员选材时需要考虑的人体遗传因素。另一个是选材的科学方法,具体来说,应该对遗传、年龄、个体、专项等选材步骤和程序等进行重复的考虑。

选材是必须根据相应的阶段和步骤而进行的,一般来说,可以将选材分为初选、复选、定向和优选三个阶段;选材步骤则主要包括遗传与家族谱系调查、发育程度鉴别、运动潜力测试诊断等几个方面。

(五)恢复理论

所谓恢复理论,就是着重对运动性疲劳的诊断方法和症状、运动中能量代谢过程和恢复过程、恢复与超量恢复原理、恢复的方法与手段等方面进行介绍的理论。

一般来说,每一方面所包含的内容是有所差别的。运动性疲劳症状方面的研究内容主要是疲劳类型和程度,具体来说,可以将其分为显性和隐性疲劳,轻度、中度和极度疲劳,并从心理、生理以及训练学上对疲劳的表现特点进行研究;运动性疲劳诊断方法研究的内容主要是定量科学诊断和定性经验诊断方法;运动中能量代谢过程和恢复过程主要以生理生化原理为主要依据,对人体运动过程中器官和系统工作与恢复的特点规律进行研究;恢复与超量恢复原理主要对恢复的机制、特点,以及运动技能训练中恢复的基本规律进行研究和阐述;恢复的方法与手段研究的主要内容则是生物学、心理学、物理学、训练学、医学等多个学科的恢复方法与手段。

二、田径技术训练的基本方法

田径技术训练方法要根据实际情况和需要进行有针对性地选择,以保证训练的效果。田径技术训练的方法有很多,其中比较常用的有以下几种。

(一)重复训练法

1. 重复训练法的分类及其主要特点

在不改变动作结构和运动负荷数据的情况下,按照一定要求反复进行练习,每次(组)练习之间的间歇时间能够使机体基本恢复的方法,就是所谓的重复训练法。通常情况下,可以将重复训练法分为三种,即短时间重复训练方法、中时间重复训练方法和长时间重复训练方法。下面就详细分析和阐述一下这三种重复训练法各自的特点。

(1)短时间重复训练法的特点主要表现为：一次练习的负荷时间短(约在 30 秒内)，负荷强度大，动作速度快，间歇时间充分，单一动作或组合动作的各个环节前后稳定。

(2)中时间重复训练法特点主要表现为：一次练习的负荷时间应较长(30 秒~2 分钟)，负荷强度较大(心率在 180 次/分钟以上)并与负荷时间呈现负相关性，单一练习动作的各个环节或组合技术的基本结构前后稳定。

(3)长时间重复训练法的特点主要表现为：一次练习负荷时间保持在 2~5 分钟之间，负荷强度与负荷时间呈现负相关性；无氧和有氧混合供能性质明显。一次练习完毕后，要有充分的间歇时间。

2. 重复训练法在田径技术训练中的应用

在田径技术训练中，重复训练法对于周期性和非周期性运动项目的训练较为适用。下面就对其具体的应用范围及其主要特点进行详细的分析和阐述。

重复训练法对于田径中的周期性和非周期性运动项目的训练是较为适用的，是既可作为身体训练，也可作为技战术训练的一种主要训练方法。在周期性项目中可用 90%~100%的强度，练习的距离以各专项特点为主要依据，可采用短、中、长 3 种形式。非周期性项目可用 90%的强度。每次重复练习之间要有充分的休息时间，待机体基本恢复，再进行第二次练习。通常情况下，休息时间为练习时间的 2~3 倍。心率一般恢复到 110 次/分钟以下。

运用重复训练法进行技术练习时，由于练习的目的不同，在练习的数量和强度上也会有一定的差异性。如果将学习和掌握技术作为主要目的，那么在重复练习的数量和强度上就不宜有过多的要求，而在动作技术规格方面严格要求；如果将巩固提高技术作为主要目的，那么不但要严格要求技术的规格，而且也应使练习的数量和强度得到有效的提高。

(二)循环训练法

1. 循环训练法的类型与特点

以训练的具体任务为主要依据,建立若干个练习站(或点),运动员按照规定的顺序、路线,依次完成每站(或点)所规定的练习和要求,周而复始地进行训练的方法,就是所谓的循环训练法。具体来说,循环训练法是一种综合形式的练习方法,其总的特点主要表现为比较生动活泼,能够使运动员的情绪和练习的积极性得到有效的提高。

通常情况下,循环训练法对于身体训练较为适用,往往可以将循环训练法分为三种类型,即循环重复训练、循环间歇训练和循环持续训练。每种类型都有着各自不同的特点。

(1)循环重复训练方法的特点主要表现为:可使各种练习设置为若干个练习站,练习动作应熟练、规范,练习顺序与比赛的特点相符,对各站之间和各组循环之间的间歇时间没有特殊规定,这样,能够使机体的基本恢复得到保证。

(2)循环间歇训练方法的特点主要表现为:各练习站的负荷时间至少在 30 秒以上,站与站之间的间歇不够充分。

(3)循环持续训练方法的特点主要表现为:各个站练习的平均负荷强度相对较低,各组循环内各站之间无明显中断,一次循环的持续负荷时间至少应在 8 分钟以上,负荷强度高低交替搭配进行。另外,需要注意的是,循环之间的间歇时间可有可无,但循环组数因此相对较多。

2. 循环训练法在田径技术训练中的应用

(1)循环训练法在田径技术训练中应用的范围和作用

在田径技术训练过程中,对循环训练法的应用是有一定的差异性的。每一种类型的循环训练法,其应用范围和所起到的作用也会有所不同。

循环重复训练法主要是用来发展田径项目中的快速收缩能力或爆发力。每站练习的负荷较大（可为本人极限负荷的90%左右），能够提高运动员磷酸原系统的储存和供能能力。短跑、跳跃及投掷项目基本上都采用此方法来发展运动员的爆发力和速度力量。

循环训练法中的间歇训练能够提高田径运动员糖酵解系统及其与有氧代谢系统混合供能的能力，主要用来发展速度耐力及力量耐力。短跑中的400米和中跑项目运用此方法较多。

循环训练法中的持续训练，可提高有氧代谢系统供能的能力、有氧工作强度以及有氧代谢供能状态下的力量耐力。这种方案主要用来发展一般耐力和力量耐力。长跑运动员发展力量耐力和身体素质练习时可运用此方法。

(2) 循环训练法在高校田径运动训练中的具体应用方法

综上所述，可以看出，要以专项训练的需要和具体任务为主要依据来进行循环训练，并且要求预先选定循环训练每站的内容，安排好场地。下面就介绍几种较为常用的，应用于高校田径运动训练中的具体的循环训练法。

作为全面身体训练，每套循环训练一般可安排8～10个左右的站：①俯卧撑；②壶铃半蹲跳；③10秒高抬腿；④肋木举腿；⑤背仰两头起；⑥挺举；⑦跳绳；⑧负重摆臂。以上8个站循环做几组是根据运动员水平差异决定的。循环练习既可设徒手的，也可设带有器械的练习。第一次训练要测验运动员每站练习所能承担的最大负荷，并记录下来。以后以此为依据，以每站最大负荷的1/3、1/2或2/3为准来规定练习负荷，增减或调节负荷从以下六个方面入手：增减循环的遍数；增减站与站之间的间歇时间；增减每站练习的数量或强度；每站内容的安排顺序，一般应使身体不同部位的活动交替进行；增减每一循环之间的间歇时间；为验证一套循环训练的效果，一般应连续使用一段时间，不宜经常变动。

(三)间歇训练法

1. 间歇训练法的分类及特点

在一次或一组练习之后,按照严格规定的间歇时间和积极性休息的方式进行休息,在运动员机体未完全恢复的情况下就进行下一次(组)练习的方法,就是所谓的间歇训练法。一般来说,间歇训练的基本类型主要有高强度间歇训练方法、强化性间歇训练方法和发展性间歇训练方法。下面就对这三种训练方法的特点进行详细的分析和阐述。

(1)高强度间歇训练方法的特点主要表现为:一次练习的负荷时间控制在 40 秒之内;负荷强度大,心率多在 190 次/分钟左右;间歇时间极不充分,以心率降至 120 次/分钟为开始下一次练习的确定依据。

(2)强化性间歇训练方法的特点主要表现为:一次练习的负荷时间略长于该项比赛时间(约在 100~300 秒),负荷强度通常略低于主项比赛强度的 10%~5%,心率控制在 180 次/分钟或 170 次/分钟左右即可,间歇时间以心率降至 120 次/分钟为开始下一次练习的确定依据,动作结构前后稳定。

(3)发展性间歇训练方法的特点主要表现为:一次练习的负荷时间较长,负荷时间至少 5 分钟,负荷强度控制在平均心率为 160 次/分钟左右,间歇时间以心率降至 120 次/分钟为开始下一次练习的确定依据。

2. 间歇训练法在田径技术训练中的应用

间歇训练法在周期性的田径项目中得到较为广泛的应用,通过不同类型的间歇训练,可使磷酸原与糖酵解混合代谢的供能能力、糖酵解代谢供能能力、有氧代谢供能能力、糖酵解与有氧代谢混合供能能力都得到有效的发展和提高。通过较高负荷心率的刺激,可使机体抗乳酸能力得到提高,同时也使有机体的机能得到提升,尤其是心血管系统的机能,从而最终达到使运动素质得到提升的目的。

每一种间歇方法在田径技术训练中的应用都是有所差异的,具体表现在以下三个方面。

第一,高强度间歇训练方法,主要用于田径短跑项目中的速度及速度耐力发展的一种重要训练方法,通过这一方法,能够使糖酵解供能能力、磷酸原与糖酵解混合代谢供能能力得到有效的提高。

第二,强化性间歇训练方法,主要用于田径中跑及非周期性项目中的速度耐力或力量耐力的发展。通过这种训练方法,能够使糖酵解代谢系统与有氧代谢系统混合供能能力以及心脏功能得到有效的发展和提高。

第三,发展性间歇训练方法是田径长跑项目耐力素质的训练的重要方法。通过这一训练方法,能够使有氧代谢供能及心脏功能的能力得到有效的提高。

(四)变换训练法

1. 变化训练法的分类及其主要特点

在练习过程中,有目的地变换练习的运动负荷(时间、负重量、速度等),动作的组合,以及在变换练习的环境、条件等情况下进行训练的方法,就是所谓的变换训练法。以变换的对象的不同为主要依据,可以将变换训练法分为三种类型,即负荷变化训练方法、内容变化训练方法和形式变化训练方法。每一种类型都具有其独特的特点,下面就对这三种具体训练方法的特点进行简要的分析和阐述。

(1)负荷变换训练方法的特点主要表现为:降低负荷强度,对于学习和掌握运动技术是较为有利的。提高负荷强度及密度,可使机体与比赛的需要更加适应。

(2)内容变换训练方法的特点主要表现为:练习内容的动作

结构没有具体的要求,变异组合、固定组合皆可;练习的负荷性质要与专项特点相符;练习内容的变换顺序要与比赛的规律相符;练习动作的用力程度要与专项的要求相符。

(3)形式变换训练方法的特点主要表现为:通过变换训练环境、训练路径、训练气氛、训练时间和练习形式等进行训练。通过这种训练方法,能使各种技术更好地串联和衔接起来,从而将运动员较高的训练情绪激发出来,使训练质量得到有效的提高。

2. 变换训练法在田径技术训练中的应用

变换训练法能够使运动员的兴趣得到有效的提升,但是练习环境和条件的改变,会对运动员的注意力产生影响,往往能把运动员练习的注意力集中到变换的环境、条件上面去,从而使其将练习的主要目的忽略掉。因此,这就要求教练员要注意及时引导,使其注意力集中到变换训练所要达到的目的上。每一种变换训练法有着各自的特点,其各自在田径技能训练中的应用也会有一定的差异性。

首先,内容变换训练方法是田径非周期项目技术训练中广泛应用的一种重要训练方法。通过变换练习内容,可使运动员不同的运动素质、运动技术和运动战术得到系统训练和协调地发展,从而使之具有多种运动能力和实际应用的应变能力,能够满足更接近实际比赛的需要。

其次,形式变换训练方法的运用主要在场地、路线、落点和方位等条件或环境的变化上得到体现,如田径项目中技术最为复杂的撑竿跳高项目,随比赛场地、环境的变化,运动员要不断适用不同的空间及环境、比赛场地。

再次,变换训练法能够使运动员的兴趣得到有效的激发,但是练习环境和条件的改变,往往能把运动员练习的注意力集中到变换的环境、条件上面去,而使练习的主要目的被忽略。因此,这就要求教练员要做好及时的引导工作,从而使运动员的注意力集中到变换训练所要达到的目的上。

第二节 田径运动后备人才选拔

一、田径运动后备人才的成长规律

(一)顺势成才规律

唯物辩证法认为,事物的变化受内外因两方面作用的结果。一般认为,外部形势是一种动态性客观存在,正确认识外部形势的变化规律,抓住合理时机,有助于促进事物的发展。这就是顺势成才规律的基本特征和内容。所顺之"势"就是指人才成长的外部形势。

田径竞技后备人才是在身体、心理上具有运动能力的潜力,在接受科学、系统的田径训练和参与运动竞赛并取得优异成绩可能性的个人。对于田径后备人才来讲,影响人才成长和发展的外部形势主要有两种,即常态和动态。具体如下。

1. 常态

外部形势的常态是这样一种形势,即外部条件处于相对稳定期。常态时期,一切按部就班,科学技术的发展成蚕食状态,在这种形势下成长起来的田径运动人才通常具有线型和平面型思维,此类田径人才在常态的外部形势中更容易成才。

2. 动态

外部形势的动态具体是指外部条例的变化期,这种变化是有序的而不是杂乱无章的,主要特点是稳定中有变化,变化中有稳定。田径运动发展的动态期间常常表现为新兴科研项目相继出现、新的技术方法层出不穷、运动设备设施不断更新、训练理论更加深入等方面,在这样的形势下,任何一种思维类型的田径运动人才都能获得良好的发展,尤其是立体思维的田径人才,是其快速成长的最佳阶段。

田径运动人才要想顺势而为、顺势而上就必须要选准时机,并抓住时机,具体来说应做到以下几点。

(1)善于观察、思考。全面的观察和思考应从两个方面入手,一方面,要学会经常及时地从宏观上观察当下时代发展需要的大趋势,从微观上看准时代需发展要的小趋势。所谓时代发展的大趋势(这里主要是指适应田径运动发展的时代趋势),就是要认清一定时代里对田径运动发展有利的大的方针、政策、竞赛环境、训练模式、选材体制等大趋势,从总体上把握成才的大方向。所谓看准小趋势,就是要善于在认识大的田径发展有利趋势的前提下,选择好自己所喜欢的具体的成才机遇。

(2)要抓住、抓紧"成才突破"的时机。这和体育运动中的铅球、铁饼比赛一样,运动员经过一段时间的准备后,要紧紧抓住突破的最佳时机,方能达到理想效果。

(3)抓住、抓紧得到能被社会公认的时机。在田径运动后备人才的成才路上,需要经过许多艰辛的努力,还有可能遭遇很多挫折,但是要抓住时机,好好表现自己的运动水平,充分发挥自己的优异成绩,以争取得到社会的及时公认,主要表现为在竞技大赛中充分发挥实力争取获得优异成绩,这是田径运动人才成才的关键一环。

基于以上认知,每一个立志成才的田径运动后备人才,都应该善于研究外在的"势"。这里的"势"不仅包括整个国家的发展趋势和当时所处的形势,而且还包括体育事业的现状和走向,要准确判断时势。此外,田径运动员还要根据自身的条件,步步紧跟时势,把握有利时机,充分发挥主观能动性,坚持不懈,顺着时代的东风不断发展、突破。

(二)曲折成才规律

曲折成才,也称"逆境成才",具体来说是在不利于自身发展的环境中,经过自身的不懈努力最终获得社会认可和专业认可。在现实社会中,造成田径运动后备人才不利条件的环境因素有很多,有客观原因,也有主观原因;有物质原因,也有精神原因;有后天原因,也有先天原因。对于影响自身成才的主观原因、精神原因等可以改变的因素要通过自身的努力去克服和改变的,充分发挥主观能动性,创造自己成才的有利条件。

总的来看,逆境成长,整个外部形势是不利于田径运动人才的成长的,种种不利的条件,会给田径运动员的成功之路带来各种不便,但是在困难甚至逆境中成才的人数却实在不少,几乎达到普遍性特征的规律程度。对于逆境和曲折,田径运动员要做到以下三点。

(1)不畏艰辛。面对逆境中的诸多不利因素和条件,要积极努力,相信通过自己的努力一定会克服它、摆脱它。

(2)善于分析。逆境和曲折在正确的认识下,有时反而会变成极为强大的一种驱动力,使人们更能集中精力去工作,并在与逆境和曲折的斗争中,获得特殊的意志品质与战胜困难的能力。

(3)积极努力。在训练过程中,要充分发挥自身的主观能动性,摆脱、克服、弥补、抛弃逆境中的一切不利因素和条件。

观察历史上众多优秀的田径运动员不难发现,大多数优秀运动员的成才之路都是充满了艰辛和坎坷。田径运动后备人才的成长更是要经过"奋斗—失败—再奋斗—再失败—再奋斗"的过程,最终直到取得成功。无论是攀登田径运动技术的高峰,还是做好田径运动科学研究等各项工作,都有一个"实践—认识—再实践—再认识"这样一个多次反复的过程。没有一个人可以实现一步就成功,那都是空想。因此,在成才的路上必然会有困难和挫折,运动员所要做的就是正视它、克服它、战胜它,最终取得成功。

(三)竞争成才规律

现代田径运动竞争激烈,运动员之间的较量是多方面的,人才在发展过程中,能遇到相同水平的对手,使人才产生超过别人的意识和行为。评选先进、体育竞赛、教学评估和科技成果展览等,都是促进体育人才竞争的有力手段。互相竞争有利于早出成果,早出人才。

古人称"并逐曰竞,对辩曰争。"竞争是人类社会和自然界普遍存在的一种现象,在人类社会文化发展的体育竞技领域,体育人才之间的竞争就更加激烈,因此人才的成长是在人与人之间的竞争中实现的,平等的竞争能促进聪明才智的发展和创造能力的提高。人与人的平等竞争能促进人才努力提高自己和完善自己,并更加积极地付诸努力,在更高层次的比赛中大胆创新、获得优异成绩。因此,处于相互竞争环境里的人,容易做出成绩。

特别需要说明的一点是,这里所说的竞争必须建立在公平、公正的基础之上,这样的竞争环境才能从根本上激发竞技人才的斗志,才能踏实地去从事和认真对待每一次训练,每一次比赛,每一次进步。每一个人才个体在成才过程中都面临多次社会选择,通过选择关口的个体由此获得更好的成长和发挥才能的机会。在体育人才群体中,开展人与人之间的比、学、赶、超,是一种十分有益的成才竞赛。通过这种竞赛能把人的积极心理品质和聪明才智调动起来和发挥出来,能形成一个你追我赶、共同提高的群体气氛,必然使人才倍加努力地去完成奋斗目标,从而促进人才早出成果。

对田径运动人才来讲,要想在竞争中尽早、尽快成才,应注意以下几个方面。

(1)要以诚实的态度参与竞争。

(2)竞争要与合作紧密联系。竞争要取得好成绩,合作精神不可少。相互配合,就是一种战斗力,就有可能以少胜多,以弱胜强。合作才可能使竞争取得最佳效果,竞争又为合作提出了更高的要求,竞争增添活力,合作升华竞争,二者相得益彰。

(3)要有勇者的胆识和拼搏精神参与竞争。

(4)要按现代竞争的"游戏规则"参与竞争。

(四)协调成才规律

人才自始至终都生活于集体之中,不可能脱离集体而单独存在。在人才的成长过程中,其始终是处在一个受多种不同因素相互制约和影响的开放的环境和系统之中的,成才的过程需要不断地实现主观与客观的协调一致,即正确判断和利用外部环境的同时,要懂得结合环境反馈调节,不断地适应环境,改造环境,最终创造良好的运动成绩。用一句话简单概括就是"协调的宗旨在于达到成才目标"。具体来说,协调分为"内协调"和"外协调"两大基本领域,这两个领域又分别各有两个层次。

1. 内协调

田径运动后备人才要做好内协调,就必须兼顾以下三个层次。
(1)体力协调:保持健康的体魄,旺盛的工作状态。
(2)智力协调:建立合理、高效的知识结构、智能结构。
(3)精神协调:加强品德修养,力求自我完善。

2. 外协调

田径运动后备人才要做好内协调,就必须兼顾以下三个层次。
(1)大环境协调:即时代协调,要求田径后备人才适应时代潮流、满足社会需要,按照历史前进的方向,为祖国、人民和人类进步事业谋利益。
(2)亚环境协调:即职业协调,要求田径运动后备人才要利用有利条件,发掘潜在有利因素,改变不利条件,形成和谐向上的人才结构和工作气氛。
(3)小环境协调:即家庭协调,要求运动员应正确处理家庭关系,特别是爱情婚姻关系。

近年来,我国竞技体育事业得到了迅速的发展,各类人才的需求量不断增加,培养人才社会环境不断改善,尊重人才、重视人才的社会风气,为协调成才的各方面关系提供了极为有利的条件。

特别要指出的是,优秀田径运动员的成长离不开自身的积极努力,运动员要把自己的实际条件与社会需要结合起来,把自己的创作活动与周围的人际关系协调起来,充分发挥主观能动性,合理利用客观条件,努力成才。

(五)扬长成才规律

所谓"知人者智,自知者明,胜人者力,自胜者强。"人的才能具有质的多样性与量的差异性。这种差别存在于每个人身上,个体的差异性是由天赋素质、后天实践与主观兴趣爱好不同而产生的。成才者是在最佳或次佳才能得到较充分发展的条件下,扬长避短走向成功的。因此,每一个人都应正确认识自己的长处和短处,并且能够正确地分析这些长处和短处,结合周围的成长环境充分发挥自己长处,避开短处,对于竞技体育人才来讲,这一点更为重要。

正确认识自己的长处是"扬长"的重要前提。田径运动人才应科学选择适合自己的运动项目,认准自己的长处,即最佳才能。只有这样才能在竞技运动中不断突破自己,创造优秀的运动成绩。希腊先哲们就曾指出"认识你自己"应该是一条重要的人生格言,他体现了人类的最高智慧。

在《学习战略与成才》一文中,王通讯讲了几条对人才才能的自我认识的情况,具体可分为以下几种情况。

(1)水到渠成:这种情况是最理想的,即把自己的爱好当成自己的终身事业,经过不断钻研和实践,最终有所作为,如我国优秀跨栏运动员刘翔的成功就是典型的事例。

(2)层层剥笋:对自己的长处认识不清,迫于生活环境或由于社会调节而从事某一职业,在从事过程中,朝着一个方向越钻越深,逐渐发现自己的真正长处是什么。如齐白石原是木匠,在做木工的过程中学绘画、写诗、治印,最后发现自己最擅长的是绘画,终于成为著名画家。

(3)忽然发现:长期对自己的长处缺乏认识,只是在一个偶然的机会或一次高度兴奋的情况下,忽然有所发现。通常,性格内向和缺乏自信心的人多属于此类。

(4)次碰撞式:人的一生会有很多选择,在成才的道路上会经历许多曲折、艰难,有些人并不清楚自己的长处是什么,只是在偶然的机会中接触了某一行业,才意识到自己有这方面的天赋,这也是一种成才的形式。

(六)创造成才规律

创造是人类特有的区别于一般动物的特有本领,创造不是凭空出现的,而是大脑周密思维的结果,创造的过程由创造动机开始,进入创造情境,经过创造的苦斗,最终有所创新,豁然开朗而所得。

"主动创新的人,带着时代走;被动创新的人,时代牵着他走;拒绝创新的人,时代踩在他的身上走"。田径后备运动人才应顺应时代潮流,在掌握技能规律的基础上,结合自身的努力,不断创造、敢于创新,才能实现自我的突破,如跳高运动中背越式跳高技术的出现就充分证明了这点。

二、田径运动后备人才选拔的原则与方法

(一)田径运动后备人才选拔的原则

1. 公平公开原则

现代竞技体育选材工作的基础就是保证选材的公平公开,这里所说的公平公开原则主要是针对选拔方法来说的。田径运动员选材的方法必须建立在公平公开原则的基础之上,选材过程应由主持公道、公正无私的人来负责。同时,在青少年田径选材过程中要重视选材标准的客观性,要做到实事求是,择优

选用。

在我国,青少年田径运动员的选材是一项非常严肃认真的工作,只有做到公平合理,才能分辨出"英才"和"庸才",才能真正做到择优录用,避免选材工作中的以假乱真、埋没人才等现象的出现。实践证明,只有在选材工作中遵循公平公开的原则,才能保证青少年田径运动员的选拔更加准确合理。

2. 德才兼备原则

优秀的田径后备人才不光需要具备良好的运动技能,还需要有良好的道德品德,德才兼备原则是人才的基本素质,也是选材工作者识别和发现人才的重要依据,在青少年田径选材中,"德才兼备"是对青少年田径运动员的综合素质的基本要求,是田径运动员选材必须坚持的一项基本原则。

对于青少年田径运动员选材来讲,"德才兼备"既要重视"才",又要重视"德",具体分析如下。

首先,"德才兼备"中的"才"是田径运动员选材的必备条件,具体是指其专业运动素质,包括田径运动的专项运动能力,还包括田径运动员应具备的基本形态、体能素质、生理机能、心理素质、田径技战术、智力和情感等多方面素质。对于田径后备人才的"才"的选用要求,要求田径选材工作者应选用那些具备与提高田径专项成绩相关的重要指标进行系统的选材。

其次,青少年田径选材的"德"的标准具体是指田径运动员选材的政治标准,它是选拔人才的重要前提,被选的青少年田径运动员一定要达到一定的政治标准,并有较高的品德素质,否则即使其具备再好的田径专项运动素质,也不能录用。录用有才无德的人不仅会对当前的田径运动员的选材工作造成损失,还不利于我国田径运动事业未来的良好、可持续发展。

3. 注重潜力原则

注重潜力原则是针对田径后备人才的发展而言的。潜力是青少年田径运动员未来发展最重要的条件之一,青少年田径运动员运动潜力的大小决定了田径运动人才成长的高度,选拔具有良好发展潜力的青少年田径运动员是当前我国田径选拔单位最重要的任务之一。在选材过程中遵循注重潜力的原则是对田径运动员选材工作负责的表现。

青少年田径运动员的未来发展空间较大,青少年田径运动员的选拔工作,不仅要重视当下运动员综合素质的发展,还用重视其未来几年的田径运动生涯过程中潜在田径运动能力的发展预测,因此要求选材人员在具体的选材工作中,不能只看青少年田径运动员目前的表现,还要考虑到其未来的发展程度,注意发现和挖掘具有潜力的人才,只有这样,才能为我国田径运动未来的持续发展奠定良好的基础。

4. 有利发展原则

有利发展具体是指青少年田径的科学选材应有利于整个竞技田径运动的发展。现代田径运动竞争激烈,归根结底就是各国田径运动人才之间的竞争,田径运动发展的最重要的基础就是人才的发展,因此田径运动选材应为本国田径运动事业的发展奠定基础。

在具体的田径运动选材工作中,田径选材的有利发展原则要求选材工作者在选材的同时应充分考虑整个运动队未来的发展以及我国整个田径运动未来的发展。田径运动需要引进什么样的人才,引进人才的比例,这些问题都是需要考虑的。通过将田径运动员的选择放入整个田径运动的宏观计划中去,可以使田径运动后备人才的选择更加明确、具体和具有针对性,也更有利于田径运动人才的选拔。

(二)田径运动后备人才选拔的方法

现阶段,我国选拔、评价、预测田径运动员常用的方法主要有调查法、测量法、测试法、观察法、比较法、数学法等,具体分析如下。

1. 调查法

田径运动后备人才的调查选材法主要是通过对受选对象的父母的身高、形态及运动历史、爱好、有无疾病等方面进行调查了解受选对象的身体形态和身体健康状况。具体可细分为以下两种方法。

(1)遗传力选材法

通过对组成运动能力性状的遗传力研究,了解备选对象直系或旁系亲属有关性状,据此来评定运动员在某方面运动能力。该方法主要用于最佳选材指标的优选。

(2)家族调查法

调查某个选材对象的某个指标(性状)时,调查这个人家庭中若干代直系和旁系与这个指标的关系和表现,再对调查结果进行分析研究。该方法对影响运动员运动能力的某个或某些因素(性状)的遗传规律、遗传方式和遗传情况进行了解非常适用。

2. 测量法

田径运动后备人才的测量选拔方法主要可细分为目测法和体型测量法两种,在具体的选材过程中可将二者结合起来使用。

(1)目测法

教练员根据已有的经验,通过眼睛目视进行选材,了解具有一定体育基础的学生的外形特征和一般体育能力,对其建立初步认识。一般用于田径人才的初期选材。

(2)体型测量

对运动员的身高、坐高、手长、脚长、上下肢的长度及比例等指标进行测量,常用直尺或卡尺来测量。并据此预测未来。

3. 测试法

测试法是一种科学有效的选材方法。在同等条件下,通过公平竞争,裁判出优胜者并加以录用的方法。一般是对运动员的主要身体素质及各项田径专项技术进行测试,预测其发展的可能性。

测试法以成绩论高低,优胜劣汰,同时也注重考查学员的未来发展的潜力,通过了解影响受选对象成才的各种积极的和消极的因素,对其进行全面、综合分析,再进行合理的取舍。

4. 观察法

通过一个阶段的集训和比赛,对运动员各项身体素质增长情况、运动能力、比赛中的反应、运用技术的能力、心理素质、思想品质、作风、对运动的感受和接受能力等方面进行详细系统的观察,通过训练观察其表现,考察运动员是否适合从事竞技田径训练。

5. 访问法

在田径运动后备人才的选拔过程中,通过面访或信访的方式向教练员、家长了解运动员的学习情况、运动项目成绩、爱好、性格和与同学的关系及学校的表现等。

考试问卷法是一种比较特殊的访问方法,主要是通过答卷、问答以及难题求解(包括文化课考试和专业理论、专业技术)等方法选拔田径人才。由于具有考试性质,因此选拔出来的大多是智力水平高、运动技术好、基础知识扎实、具有较强的分析和解决问题能力的儿童少年。该方法具有严格的考试和录取制度,遵循了公平公开的原则,是一种较为公平而准确的田径选材方法。

6. 比较法

在同一条件下对所选对象进行集体训练,通过一段时间的系统训练之后,比较各运动员进步的幅度、速度,分析各个运动员的发展前途,以便于择优选拔。

7. 数学法

青少年田径选材的数学法主要是对遗传信息、身体发育、心理、智力的各种测量数据进行数学计算,具体来说,主要是运用现代数学理论等方法进行分析、判断、综合计算,预测出运动员将来某一年龄的运动能力。

8. 综合考查法

综合考查法是指通过对被选拔者的摸底预测、综合信息的分析等方法选出田径后备人才。具体选材方法有以下两种。

(1)摸底预测法

根据竞技田径人才应有的素质要求,较大面积地对应选人员的有关指标进行测定,预测出运动员的未来发展潜力。运用摸底预测法选材科学性较强,难度较大,需要有科学的理论做指导,有专门的仪器进行测检,有相关专家的配合,运用这种方法选出的田径运动员成才率较高。

(2)信息跟踪法

对田径后备人才输出的信息(对发现者来说就是信息输入)进行收集、整理、分析和判断。该方法选拔客观,可全方位地考查被选拔者的整体情况,但操作复杂,费时费力。

三、田径运动后备人才培养的基本原则

(一)遵循田径运动规律原则

田径运动后备人才的培养必须要遵循田径运动员个人成长和田径运动训练的基本规律,具体来说主要有以下几个需要注意。

(1)身心发展的基本规律。随着运动员身体各系统功能的逐步成熟,各种运动素质也不断得到发展和提高。但不同时期的生长发育特征存在着一定的差异,有的运动员生长发育快,有的生长发育慢;有的系统发育早,有的系统发育晚,这是正常现象。因此,运动员在训练时要遵循机体生长发育的基本规律,合理安排

训练的量与负荷。教练员在进行教学训练时要根据运动员的身心特征及发展规律,因材施教,进行有针对性的田径训练。

(2)运动竞技能力的规律。田径竞技能力是指运动员参加田径比赛的能力。田径运动员竞技能力的发挥不仅取决于球队本身,也要受制于对手竞技水平的发挥。一般来说,田径运动员竞技能力的构成要素主要包括技术、战术、身体素质和心理素质四个方面。其中,技术和身体素质是战术的物质基础,战术的发展有赖于身体素质与技术的发展,同时战术又对技术和身体素质具有强大的反作用;心理素质为技术、战术和身体素质提供保证,它影响着训练和比赛中竞技水平的发挥,因此运动员竞技能力构成要素的四个方面之间是相互影响、相互融合的关系,缺一不可。

(3)田径训练的实战性规律。田径运动员进行训练的目的无非就是提高自己的技战术能力,为取得理想的比赛成绩服务。在田径训练中,要注意以下两个方面。一方面,田径运动员技战术能力的培养要全面而系统。田径比赛异常激烈,在比赛中往往会发生一些突发状况,因此运动员在赛前,要仔细分析对手的技战术特点、同伴以及球的运动变化等各种因素,从而选择出合理的技战术行动。田径运动员首先要全面了解和掌握田径运动的技战术知识,然后才能投入到训练实践中。运动员在训练中获得的技战术经验,是形成合理判断和对策的基础。因此,要全面而系统地培养运动员技战术的能力,使他们的技战术水平得到更好的发挥。另一方面,田径运动员的技战术发展要适合田径运动的实战性需求。田径技战术训练具有阶段性特征,在技战术学习的起始阶段,大多数教练都采用分解和完整练习法,使运动员形成正确的技术概念和技术动作。但是,运动员技战术水平的发挥是通过实战来检验的,因此采用的技战术训练的手段和方法要结合实战进行。运动员在进行技术训练时,技术运用能力在原有基础上会得到不断地发展和提高,因此在训练中要不断地修正技术动作,使运动员运用技术的能力得到不间断持续地发展。战术训练要遵循战术发展的一般规律,从局部战术逐步过渡到整体战术。

各个不同时期的训练要结合实际情况,恰当选择训练方法和负荷强度,循序渐进地在训练中引入比赛因素。超越年龄阶段引入比赛因素对青少年成长不利,可能会使他们身体承受负荷过大,不利于身体素质的发展和提高。

(二)重视体育道德培养原则

职业道德教育是青少年健康成长的保证。从小就要教育青少年树立坚定的事业心,拥有强烈的祖国荣誉感、责任感,培养公正竞赛,团结拼搏的职业道德。从小就使青少年田径运动员养成优良品质和良好的文明习惯,勤学苦练,奋发图强,全身心投入到提高比赛技能和专业理论知识的学习中去。

这里需要特别强调的一点是,田径运动员的职业素质应与田径运动技战术发展相统一。运动员的职业素质在田径运动训练中也有着重要的地位,在训练的过程中,要加强运动员职业素质的培养。同技战术一样,职业素质也要有一个发展和完善的过程。运动员的职业素质反映在训练比赛中的纪律性,以及与同伴的交流、合作等方面,只有职业素质提高了才能更好地应对复杂的社会环境,处理好遇到的突发状况。因此,对运动员职业素质的培养要贯穿于训练的始终,运动员职业素质的培养应注意以下几个方面。

(1)热爱田径事业:运动员要以饱满的热情积极地投入到田径训练当中,享受田径带来的乐趣,这样就能承受长期高负荷的训练和比赛,同时还能利于聪明才智的发挥,利于高水平技能的掌握。

(2)注重责任感、交流沟通能力的培养:运动员在比赛中要敢于承担责任,及时的同队员做好沟通和交流。只有这样,才能建立起具有集体主义精神的团队。

(3)加强自律:在田径运动训练中,运动员要虚心听取教练员的指导意见,严格要求自己,不能在取得暂时的成功后而降低对自己要求。只有这样,才能使得自己的田径训练水平不断得到提升。

(三)突出个性原则

在田径运动训练过程中,运动员在体能、技能、智能等方面都存在着一定的差异,这就要求在训练中要根据运动员的不同特征,进行针对性的训练。做到区别对待、因材施教,只有这样才能达到理想的训练效果。

国外大多数优秀田径运动员的训练都充分考虑到了田径运动的特点和个人技术的需要。田径比赛场上的每名队员都有自己的特定位置,其基本技术也存在很大的不同,只有在个人训练的情况下才有利于个人基本技术的提高。

(四)因材施教原则

田径运动后备人才的因材施教原则是由田径运动员个体之间的差异性所决定的。在现代运动训练中,实施因材施教原则能够使运动员的积极性得到充分的调动,更好地培养优秀运动员。具体来说,因材施教原则必须在田径运动训练计划中体现出来,并在整个的田径运动训练过程中进行贯彻,以使整个田径运动训练安排符合运动员自身的特点,做到有的放矢。

现代田径运动训练中,要想实现优秀运动员综合竞技能力的不断提高,教练员只有对运动员进行充分地观察和了解,掌握运动员的详细情况,才能在现代运动训练中实施区别对待,做到对症下药,扬长避短,有针对性地提高运动员的薄弱环节,促进其运动技能快速提高。

总之,在田径运动后备人才培养过程中,坚持因材施教原则能发挥人才的优势,提高职业的主导力,缩小"不对口夹角",使人才能以其长处发挥更大工作效益,促进人才发展,使他们能在自己的领域做出较大的贡献。

(五)继续学习原则

继续学习是指人在成长过程中。不断地刻苦学习,吸取各种新的知识。善于继续学习的人,容易成才。立志成才者要成才,首先必须学习,特别是学习一些与成才目标关系密切的学科知识,满足了成才目标的知识需要,才能成才。

实践证实,一切想成才的人都必须有继续学习的过程,即便是接受过高等体育专业学校教育的人,要想成才也得继续学习。

在当前科学技术迅猛发展,知识的陈旧率不断提高的情况下,迫使立志成才者必须更新知识,继续学习,才能做出较大贡献。如今我国体育人才的知识水平整体不高,如要肩负起体育事业发展的重任,还需要运动员保持刻苦学习、艰苦奋斗的精神和行为习惯,以成为更高级的人才,不断地提高我国田径运动的整体水平。

(六)社会需要原则

体育人才的培养要遵循社会需要的原则,竞技人才要有再就业的能力,这对优秀体育人才延长自己的运动生涯,同时很好地解决退役后的转业问题具有重要作用。

近年来,我国退役运动员失业情况严重,运动员退役后如何适应社会,在社会中有立足之地成为社会越来越关注的问题;体育院校的毕业生的就业问题日趋严峻,不光是因为就业岗位不足,培养出的体育人才不能胜任岗位的情况也是影响体育人才就业的因素。不难看出人才培养与社会发展之间的矛盾越来越严重,这些问题都将成为我国体育事业能否继续发展的障碍,是我国竞技体育急需解决的社会问题。

对于田径后备人才的培养也应具有长远的眼光,田径后备人才的培养一定要顺应社会的发展趋势,要重视拓宽田径后备人才的知识面,丰富田径后备人才的知识结构,开阔田径后备人才的视野,使我国的田径后备人才站得更高,望得更远,使我国的竞技田径运动和田径运动事业能平稳快速地发展下去。

第三节 田径运动竞赛文化与欣赏

一、田径比赛的欣赏

(一)人体美在田径比赛中的体现

田径运动中蕴含着非常丰富的人体运动美,这点从公元前5世纪古希腊大雕塑家米隆所雕刻的《掷铁饼者》艺术作品中就能看到。这足以证明从古至今,人类不断地追求着健康的体魄并把它一直作为奋斗目标。田径运动能体现出人类的力量、速度、柔韧、平衡和协调等素质美。"运动员经过长期锻炼形成了匀称、协调、漂亮的体形,他们的体质、肤色、动作、姿势,无一不显出健康之美。例如,1988年第24届汉城奥运会100米、200米金牌获得者乔伊纳在冲向终点时轻松、妩媚地微笑给人以难忘的速度美感。背越式跳高运动员的过杆"背弓"动作,投掷项目中运动员出手后的缓冲平衡,跳远中的腾空步动作等让人看到动中取静、飘逸、舒展的美丽画面;三级跳远中,运动员犹如"蜻蜓点水","嗒—嗒—嗒"三次踏跳如同和谐的音乐节奏;投掷项目中,下肢蹬地、转体送髋,使力量由根而生,给器械以最大的外力,是上下肢协调配合的表现。

(二)动态美是田径比赛中的体现

在田径运动中,动态美主要表现在动静结合上。从整体上来看,田径运动是动,但动中有静。动是活力之美,是人体生命力的最好体现。强壮结实的肌肉的线条透出的豁达大度的"气质"为人们所仰慕,特别是在运动中通过高速摄影集捕捉到的画面更是将这种美展现得淋漓尽致。例如,进入美国奥林匹克纪念堂的世界体育名人之一的美国著名跳远运动员鲍勃·比蒙,1968年10月18日下午在墨西哥城奥林匹克体育场进行的第19届奥运会男子跳远决赛中以百米速度冲向起跳板,几乎没有缓冲便起跳,腾空高达1.70米,两腿在空中交替地走了两步半,像一只巨鸟飞了起来,最后落在了沙坑的末端,8.90米的成绩,被誉为"神话般的世界纪录"。比蒙的这一跳,动作简练、平衡协调,给人们留下了深刻的印象。在田径运动中静为动而准备,如在短跑比赛中,运动员的起跑由静到动,就像一枚整装待发的火箭,蕴含着无穷的威力,给人以朝气蓬勃和奋发向上的活力之美。

(三)构造美是田径比赛中的体现

竞技体育运动从产生、发展到现在,具有悠久的历史,田径运动的动作技术也在历史的长河中不断取得进步和发展。在田径比赛中,运动员所表现出来的技术动作是科学化的体现,这些技术动作遵循人体的科学规律。在观看田径比赛的过程中,人们不但能观看到赏心悦目的表演,如协调的动作、完美的交接棒(接力跑)、欢腾的场面等,内行或细心的观众还能分析和发现技术动作的改进。其实,正是因为广大的体育工作者具有无穷的创造力和锲而不舍的钻研精神,才使田径运动员突破一个个生理极限,造就了运动成绩上的一次次超越、世界纪录一次次被刷新。例如,跳高项目经历了从跨越式、剪式、滚式、俯卧式到背越式的演变过程,跳高成绩也随着动作技术的不断改进而逐渐提高。古巴名将哈维尔·索托马约尔创造2.45米男子室外世界跳高纪录时惊人的一跳,是田径比赛构造美的完美体现。从跳高来看,背越式跳高是目前最优越的姿势,助跑动作节奏独特、背弓动作舒展协调、过杆柔和平稳,整个动作过程在空中划过一道美丽的弧线。

(四)竞争美是田径比赛中的体现

激烈的比赛对抗是田径比赛竞争美的最好体现,竞争是田径运动发展的动力。除个人身体和心理存在差异外,任何不平等都不被田径运动所承认。它不徇私情、不论资排辈、不以运动员过去的辉煌论英雄。每个运动员要凭自己的实力竞争,通过多轮筛选和角逐,最后取胜的运动员才被人誉为真正的英雄。运动场上的竞技者必须通过技术和战术的较量、时空的争夺去战胜对手,而田径运动的竞争之美就在比赛时运动员之间的相互对抗中呈现出来了。而且,竞争对手之间的竞技实力越接近,竞争就越激烈,就更能全面地展现出运动员的体能、技能和智慧,因而审美价值就越高。此外,竞技运动的美不仅能从激烈的竞技场上得以体现,更能从比赛后运动员口中、身上展现出来,运动员乐观、自信的心态让广大观众啧啧不已。人们从田径比赛的竞争中认识竞争,学习和适应竞争,竞技体育比赛在培养人们的竞争能力,激发人们的竞争意识方面有着独特的作用。摩洛哥运动员坎努奇在芝加哥马拉松赛中以2小时5分42秒的成绩夺冠后说:"我一直在努力,我相信自己总会在哪一刻实现理想,以后也一定会有人超过我的成绩,这是不可避免的"。永远的超越,永远的不确定,这大概就是体育的魅力所在。

二、欣赏田径比赛的角度

(一)对田径比赛中运动员的能力和运动精神的欣赏

从人体能力和运动精神的角度来欣赏田径比赛可以得到外在美的享受。竞技体育运动是最大限度地挖掘人体运动潜能。通过平时训练的积累,运动员在体育比赛中所表现出来的大大越过常人的运动能力和水平是非常吸引人的。例如,9秒多就能跑完100米;高高跃过超过自己身高的横杆;把7.26千克的铅球推出20米开外等。运动员在比赛中顽强拼搏,勇于进取的意志品质以及团结协作、密切配合的集体主义精神会使人们受到极大的启迪和教益。

(二)对田径比赛中技、战术的欣赏

从技术、战术的角度来欣赏田径比赛,是享受田径运动外在美的最直接方式。竞技体育比赛中运动员的技、战术动作和配合是经过长期刻苦训练和多次比赛的磨合而形成的。有的技术已经达到炉火纯青的境地,有些战术配合已经达到天衣无缝的程度,从这个视角去欣赏田径比赛就要抓住不同项目的特点去欣赏。百米跑的快速起跑和强有力的冲刺;投掷项目中的最后用力;跳高中起跳和过杆的一刹那;跳远的起跳与腾空,所有这些精彩的部分,都会给欣赏者带来一种健与美的视觉享受。另外,人们还可以欣赏到变幻莫测的战术配合,如长跑比赛中根据对手的特点采用的领跑或跟跑战术;接力比赛的传、接棒技术以及不同特点的运动员的接力位次安排等。

(三)对田径比赛场地、裁判规则的欣赏

世界优秀的建筑大师们独具匠心设计的大型田径场能吸引更多的世界顶级田径运动员同场竞技,吸引更多的观众到场观战,还能为东道主国家举办更多的国际性大型比赛,提高该国在世界上的声誉。另外,田径场地布局合理、色彩鲜艳,器材摆放整齐、有序,裁判员和工作人员着装整齐、统一,比赛中严格的执法,这些都为运动员提供了良好的比赛环境,保证了运动员在比赛中创造出优异的成绩。

(四)对田径比赛体育文化的欣赏

从体育文化的角度来欣赏田径比赛会感受到一种无形的内在美。体育是人类几千年发展过程中所创造出来的宝贵的文化财富,是现代社会发展的重要部分,现代竞技体育比赛已经成为一种影响最大的全球性的活动,体育比赛的内涵和外延更加深刻丰富,它的意义已超出比赛的本身,充满了时代精神和人生的哲理。所以,从体育文化的角度来欣赏田径比赛,会使人们在观念、

思维、情趣等方面得到净化和升华。

(五)对田径比赛中现代科学技术的欣赏

现代科学技术的进步和人类体能、素质的不断提高,促进了田径运动技术水平的发展。田径运动员在比赛场上,每1秒、每1分、每1千克、每1厘米的提高,都是运动员、教练员的长期艰苦努力和科研人员共同配合的结果,体现着现代科学技术的发展。如今,科学技术已广泛运用于田径运动的发展过程中,科技对于田径运动员的"覆盖"甚至细密到了难以复加的程度。田径运动员夺目的运动装备,也越来越多地体现出高科技含量。轻便贴身的运动衣,弹性十足、造型新颖的跑鞋也不断地吸引着人们的目光。此外,科技含量极高的场地器材、电子计算机、激光测距仪、遥控和比赛现场的大屏幕显示等技术的应用,也使田径比赛在运用现代科技成果上发挥得淋漓尽致。

三、观看田径比赛的礼仪

田径运动赛事属于雅致却又不乏激情的类型。田径比赛的观众在场下与运动员之间的互动也会给比赛增添更多的情调。为此,观众在观看田径比赛时需要拥有良好的观赛礼仪,具体来看主要礼仪如下。

(1)在田径比赛开始前,应提前入座,这既是对参赛运动员的尊重,也不会影响他人观看比赛。

(2)在田径比赛项目颁奖奏歌时,应起立并保持肃静,以表示尊重,不能谈笑或做其他事情。

(3)当田径运动员出场时,观众应给予掌声,以示鼓励。在鼓掌时,不能只给予本国的和自己喜欢的运动员,而且还应给予其他运动员掌声和鼓励。

(4)在田径比赛项目开始前,当对每一位参赛运动员进行介绍时,观众应报以热烈的掌声和欢呼声,以表示对运动员的喜爱

第三章　田径运动训练与竞赛文化审视

和支持。对于跑类项目来说，当裁判员发出"各就位"口令后，即运动员俯身准备起跑时，赛场应保持绝对的安静，观众不要鼓励呐喊，而应该在心里默默地位运动员加油，以免使场上运动员由于场外因素而分神。当发令枪响后，观众就可以完全释放出自己的活力和激情为自己的偶像呐喊助威了。

（5）当运动员开始跳跃、投掷项目助跑时，观众可以根据运动员的助跑节奏鼓掌，注意不要在看台上随意走动。

（6）在跳高等高度项目比赛中，即使运动员水平再高，最终都要以自己所不能逾越的高度而告终。所以当运动员成功越过某一高度时，我们应该向运动员表示祝贺。但是，当运动员最终未能越过更高高度的杆而结束比赛时，观众也应该向运动员报以热烈的掌声。

（7）在进行短距离径赛项目时，当运动员站在起跑线后，宣告员开始介绍每位运动员时，观众应报以热烈的掌声和欢呼声，以表示对运动员的喜爱和支持。当裁判员发出"各就位"口令后，即运动员俯身准备起跑时，赛场应保持绝对的安静，观众不要鼓掌呐喊，而应该在心里默默地为运动员加油，以免使场上运动员由于场外因素而分神。当发令枪响后，观众就可以完全释放出自己的活力和激情为自己的偶像呐喊助威了。

（8）在一些长距离项目中，如马拉松，当远远落后的运动员坚持到终点时，观众应该把最热烈的掌声送给这些运动员，为其重在参与的精神鼓掌。

（9）在田径运动项目比赛结束时，获胜的运动员一般会绕场一周，以答谢观众。此时，观众一定要用掌声和欢呼声为其精彩表现表示欣赏和鼓励。

（10）在观看整个的田径比赛过程中，应把田径赛场当作自己的家去爱护。在赛场内，应保持手机关机或设置为震动或静音状态。

第四章　田径运动开展的准备

田径运动要顺利开展，需要具备一定的条件，如装备、体能等。本章对田径运动开展的装备准备及体能储备进行研究，并对趣味田径运动的开展进行了论述，为田径运动开展提供指导。

第一节　田径运动开展的装备准备

田径运动开展相对来说较为简便，主要的装备为田径鞋和田径服，并且需要一定的场地和设施作基础。

一、田径鞋

在进行田径运动时，并不是穿普通运动鞋就可以的，要选择专业的田径鞋子，其特点是具有良好的防滑性，因为鞋底具有合金钉，并且采用优质橡胶、布、合金为材料制成，其中田径钉鞋适合各种场地跑步选手使用。田径鞋可以分为两种类型：长筒田径钉鞋和短筒田径钉鞋。而长筒田径钉鞋相对短筒的具有较高的防水能力和保暖作用，因此它适合秋、冬季节穿着。

二、田径服

虽然田径运动的种类有很多，但是对于服装的要求都是要具有弹力、压力、吸湿快干、减少空气阻力，能够提高运动员成绩等各方面的要求。田径服的面料既有弹性，皮肤触觉又柔和，吸透湿等性能极好。随着高科技产品的开发,科技含量更高的人体工程纤维衣料也纷纷出世,打造更出色性能的田径运动装备。

三、田径运动场地与设备

(一)径赛场地

标准田径跑道为 400 米,内突沿外沿半径为 36.5 米。每条跑道宽 1.22 米(包含右侧分道线),分道线宽 5 厘米。跑进的方向为左手靠内场。分道编号应以左手最内侧分道为第 1 分道。赛跑按逆时针方向进行,环形跑道从内向外依次是第 1 至第 9 号跑道。

400 米及 400 米以下(包括接力的第一棒)项目起跑必须使用起跑器。男子 110 米跨栏栏架高度为 1.067 米;男子 400 米跨栏高 0.914 米(女子为 0.762 米);女子 100 米跨栏高 0.840 米。3 000 米障碍赛全程须越过 35 个障碍架,其中 7 个附有水池。每圈设 5 个障碍架,障碍架栏间距约为 79 米,第 4 个栏架后设有水池。比赛时水池应灌满水,水面与跑道地面齐平。

(二)田赛场地

跳远和三级跳远的沙坑宽至少 2.75 米,最宽 3 米。助跑道宽 1.22 米,长至少 40 米。跳远起跳板前沿至沙坑远端的距离至少 10 米。三级跳远起跳线至沙坑近端的距离至少 13 米(女子为 11 米),至沙坑远端距离至少 21 米。坑内沙面与起跳板表面在一个水平面上。起跳板用木料制成,长 1.22 米,宽 20 厘米,漆成白色。

跳高落地区至少长 5 米、宽 3 米。助跑道最少为 15 米,成扇形。跳高架两立柱之间距离为 4.00~4.04 米。撑竿跳高的落地区,至少 5 米×5 米,落地区和穴斗两边铺海绵包。助跑道宽 1.22 米,长最少 40 米。撑竿跳高架两立柱或延伸臂之间距离为 4.30~4.37 米。

铅球、铁饼、链球的投掷圈外围是金属镶边,有 6 毫米厚,顶端涂白。铅球和链球的投掷圈直径 2.135 米,铁饼为 2.5 米。铅球投掷圈的正前方放木质抵趾板,用来防止运动员滑出圈外。运动员可以碰抵趾板内侧,但不能碰其顶部。标枪投掷区是一条宽 4 米,长约 30~36.5 米的助跑道。

助跑道两边有两条宽 5 厘米的边界线,其顶端为金属或者木质的弧形投掷弧,线宽 7 厘米。在所有投掷比赛中,落地区都是草坪或者其他能留下印记的物质构成的平坦扇形区域。每一个扇形区由 5 厘米宽的白线分开(白线 5 厘米宽不包括在落地区之内)。铅球、链球和铁饼比赛的落地区的扇面角度是 34.92°,标枪比赛约为 29°。

(三)田径项目设备

铅球为实心铁、铜或者其他任何硬度不低于铜的金属制成。外形必须是球形,表面必须光滑。铁饼的饼体为木制或其他适宜材料制成,周围镶上圆形的金属圈。铁饼的两面必须相同,平滑,饼心是平的,从金属圈边缘弯曲处至饼心边缘应是直线倾斜。

链球由球体、金属链和把手组成。球体与铅球类似。金属链应以直且有弹性并不易折断的单根钢丝制成。把手为单环或者双环结构,但必须质地坚硬,没有任何种类的铰链连接。标枪分枪身、枪头和缠绳把手。枪身是光滑的金属杆,两端逐渐变细。枪头是固定在枪身前端的锋利金属尖。

枪身表面及枪尾必须自始至终平滑,把手包绕枪的重心,把手表面应为规则的不光滑型,标枪的所有横断面应为规则的圆形。

接力比赛中的接力棒由光滑、中空的金属或木棒制成。

第二节 田径运动开展的体能储备

田径运动开展需要一定的体能储备,主要包括力量素质、速度素质、耐力素质、灵敏素质、柔韧素质。下面对各种素质的训练方法进行阐述。

一、田径运动力量素质训练

(一)走跑项目力量训练

1. 竞走力量训练

竞走运动要求运动员进行长时间的下肢重复动作,在全面发展运动员的力量素质的前提下,应对运动员的下肢肌群的力量耐力以及支撑器官的力量能力进行充分的训练。竞走力量训练不宜过多的采用杠铃练习,应充分利用各种自然条件来发展运动员的下肢力量耐力和支撑器官的功能。其主要的训练方法如下。

(1)原地转髋跳。原地跳起,在空中快速左右转动髋部。

(2)踝屈伸跳。双腿直膝跳起后足尖翘起,反复练习。

(3)直膝大步走,以足踵滚动着地至前脚掌。当身体重心前移超过支撑点的垂直部位时开始后蹬。在后蹬即将结束瞬间,右腿直膝向前迈步,两腿交替前进。

(4)髋左右上下动。站在30厘米的岛台上,一条腿支撑,另一条腿悬空。悬空腿屈膝上提,使该侧髋高于支撑腿一侧的髋。然后下垂到最低点,低于支撑腿一侧的髋。两腿交替练习。

(5)体前屈直膝大步走。上体前屈与地面平行,左腿直膝向前迈步,以足踵滚动着地至前脚掌。当身体重心前移超过支撑点的垂直部位时开始后蹬。在后蹬即将结束瞬间,右腿直膝向前迈步,两腿交替前进。

(6)沙地竞走。在沙地中竞走,两臂自然配合摆动,着地瞬间保持直膝。脚跟着地后迅速滚动至前脚掌,充分后蹬。

2. 跑类力量训练

(1)短跑力量训练

短跑运动员肌肉力量的性质、状态直接影响专项素质,其力量训练包含两方面的内容,即为速度力量训练和力量耐力训练。

提高速度力量的练习方法主要是采用发展力量的练习方法,同时在力量训练时注意加快频率。力量耐力的既要求肌肉具有较大的力量,又要求肌肉具有长时间坚持工作的能力。一般训练方法有持续训练法、训练训练法、间歇训练法等,通过克服自身体重或小负重跑训练,提高其力量耐力。

(2)中长跑力量训练

中长跑距离相对较长,运动员保持高速能力、跑步技术的经济性、战术能力、冲刺时的最大速度等都是影响其成功与否的重要因素。该类运动对运动员的意志品质具有较高的要求,在训练中会进行人体极限的挑战。力量耐力是中长跑运动员的重要基础,其力量训练主要是力量耐力和支撑器官的训练。

(3)跑类力量训练的手段

①原地快速高抬腿。以短跑动作前后摆臂进行原地快速高抬腿,肘关节弯曲约90°。前摆手摆到约肩部高度,后摆手摆到臀部之后。大腿摆到与地面平行姿势。

②高抬腿跑绳梯。双脚在同一格内落地,尽快跑过每格约50厘米间距的绳梯或小棍。

③踮步高抬腿伸膝走。与高抬腿伸膝走相同,但支撑腿需加上踮步动作。踮步动作过程中摆动腿膝关节尽量抬高。

④跑绳梯。双脚在不同格内落地,尽快跑过每格约50厘米间距的绳梯或小棍。

⑤陡坡上坡跑。在20°~35°坡道上跑进4~8秒。

⑥沙滩跑。练习者在松软的沙滩上快跑。

⑦身体前倾起跑。练习者双脚并拢站立,前倾身体直至失去平衡,而后以最快速度加速。

⑧负重跑。穿负重背心或小腿系沙袋快速跑。

3. 跨栏跑力量训练

(1)负重上台阶高摆腿。肩负杠铃,双手扶杠铃杆,用起跨腿蹬上 30~40 厘米高的台阶。摆动腿向上摆动。

(2)原地起跨腿过栏。距肋木 1~1.2 米处放一栏架。起跨腿靠近栏架一侧站立,栏架横放,双手扶肋木。上体前倾、两眼平视。摆动腿和栏架齐平站立做起跨腿提拉练习。

(3)慢跑或快跑过栏。慢跑或快跑过 3~5 个栏,栏间距离 7~8 米,栏间跑 5~3 步。

(4)起跨腿小腿系沙袋过栏。双手扶肋木,躯干前倾,起跨腿在体侧的栏架上持续进行过栏动作。

(二)跳跃项目力量训练

跳跃类运动要求运动员具备速度型爆发力,项目的力量训练包括两方面的内容,即为相对力量训练和速度力量训练。跳跃类运动是克服自身体重的能力的体现,要求运动员的体重不能过大,同时最大力量较大。速度力量则要求运动员提高自身的最大力量,并且应缩短表现最大力量所需的时间。其不同项目的力量训练方法如下。

1. 跳远力量训练

(1)连续蛙跳。双脚重复起跳和落地。起跳和腾空动作与立定跳远相同。

(2)单腿跳。单脚重复起跳和落地。跳起高度不要太高。起跳腿在身体腾空中前摆,大腿与地面平行。

(3)上步起跳上跳箱盖。用一个斜面踏板和一个跳箱盖,以摆动腿支撑在斜面上,起跳腿迈一步在地面上接起跳。以摆动腿落地跳上跳箱盖。

(4)原地负重快速摆腿训练,两臂协调配合摆动,摆动腿快速屈膝向前摆动。

(5)跳深训练。在平坦的地面放置8~10个高60~80厘米的跳箱,两两之间的间距为1米。练习者依次跳上跳下箱子,重复练习。

2. 三级跳远力量训练

(1)负重提踵。肩部负重,脚趾踩在一个约8厘米高的木板或砖块上。重复提起和下降脚跟。

(2)跨步跳练习。起跳腿蹬伸的同时摆动腿以髋发力,大腿向前上方摆起,摆至与地面平行时有一个突停。双臂有力配合向前摆动,上臂摆至与肩同高时突停,以带动躯干向前上方腾起。起跳腿充分蹬直,在空中形成跨步动作。

(3)跳越过障碍。短助跑接连续单足跳越过低的障碍物;短助跑接连续跨步跳越过低的障碍物。

(4)单足跳练习。起跳腿蹬伸后,大小腿尽快折叠,以膝领先向前上方摆出。摆动腿向后摆动。两腿的交换协调有力,并积极落地。手臂摆动的力量与躯干和腿的用力一致。

3. 背越式跳高力量训练

(1)挺身展髋。原地挺身展髋、双脚连续起跳挺身展髋。

(2)5~7步弧线助跑起跳后,用头触及前上方的吊球。

(3)助力起跳练习。练习者腰部系两根弹力胶带,胶带另一端系在身体上方。尽快向上重复跳起。

(4)悬垂摆腿。双手抓住肋木身体悬垂,摆动腿向身体对侧的上方迅速摆动。

(5)肋木提髋。双手抓住肋木,由同伴固定双脚,迅速提髋形成身体满弓。

(三)投掷项目力量训练

1. 掷标枪专项力量训练

(1)原地拉胶带。身体左侧对用力方向,投掷臂手持胶带一端。开始姿势为体重压在右腿上,右腿发力内转并送髋,带动躯干和投掷臂。

(2)仰卧投实心球。仰卧于垫子上,背部垫一个实心球;直臂双手持实心球后摆,充分挺胸;迅速向前上方抛出实心球。

(3)短助跑单手投小球。手持300克以下的小球,三步、五步或短助跑结合投掷步技术投掷。

2. 掷铁饼专项力量训练

(1)肩负杠铃杆原地旋转一周。肩负杠铃杆做出预摆和进入旋转动作。身体压在左腿支撑轴上旋转一周。

(2)原地连续挥片。在身体充分扭紧姿势下开始发力动作,以右腿、右髋的转动为主。投掷臂充分伸展大幅度摆动。

(3)仰卧单臂挥片。将双脚固定,坐在山羊上转体后仰下摆铃片,做出躯干充分扭紧。

(4)正面原地掷铁饼。面对投掷方向两脚左右开立,将铁饼向身后摆动。躯干向右后方扭转,双腿微屈并降低身体重心。随铁饼回摆动作蹬伸双腿并前送右髋,带动投掷臂将铁饼掷出。

3. 背向滑步推铅球力量训练

(1)俯卧撑起击掌。双手撑地,双脚掌撑地,身体成一线。向身体下方屈肘,而后快速撑起身体并击掌,恢复开始姿势重复练习。

(2)前抛铅球练习。身体正对抛掷方向,双脚开立,之间的距离约一肩半宽,手臂伸直,持铅球举过头顶;团身下摆铅球至小腿间接近地面处;随后迅速蹬腿、挺身,挥臂向前上方抛出铅球。

(3)后抛铅球练习。身体背对铅球抛出方向,双脚左右开立,之间的距离一肩半宽,做与前抛铅球相同的动作,最后挥臂向身体后上方抛出铅球。

(4)双手接推实心球。身体正面朝向铅球抛出方向,双脚保持前后开立姿势,双手在胸前位置接同伴传过来的实心球;在接球之后,应顺势下蹲、后移重心,把实心球引到靠近胸部。向前蹬腿,向身体前上方双手推回实心球给同伴,重复练习。

4. 背向旋转推铅球力量训练

(1)跳起转体接实心球。背对接球方向,双脚左右开立紧紧夹住轻实心球。迅速跳起,用双腿将轻实心球抛向空中,身体落地迅速转体接住实心球。

(2)绳梯180°转体跳。身体半蹲,双脚左右开立以前脚掌支撑身体,每只脚站在一个格子里。身体跳起在空中转体180°,双脚各落在前面的格子中。身体跳起向反方向在空中转体180°,双脚各落在前面的格子中,重复练习。

(3)抱头旋转。双手交叉放在头后,上体前倾约与地面平行、低头。快速旋转1~15秒,紧接着沿一直线走8~10米。

5. 掷链球专项力量训练

(1)负重旋转一周。双手持杠铃片于头后肩上进行旋转一周练习。

(2)侧向投壶铃。背对投掷方向,稍做预摆后从身体左侧迅速将壶铃向投掷方向抛出。

(3)脚尖拨铃片旋转一周。徒手成进入旋转预备姿势,在左脚尖的左侧地面放一个杠铃片。进入旋转时用左脚尖将杠铃片迅速拨开后旋转一周,重复练习。

二、田径运动速度素质训练

速度是指人体或身体的某一部位进行快速运动的能力。它包括三方面的内容,即为动作速度、反应速度和移动速度。田径不同项目对体能因素的要求及重要程度如表 4-1 所示。

表 4-1　　　　　　不同项目对体能因素的要求及重要程度

	反应速度能力	加速能力	快速完成单个动作能力	位移速度能力	动作频率	速度耐力	力量	柔韧性及灵活性
60 米跑	3	3	2	3	3	1	3	1
100 米、200 米跑	2	3	1	3	3	2	2	1
400 米跑	1	2	1	3	2	3	1	1
60 米跨栏	3	3	2	3	3	1	3	2
100 米、110 米跨栏	2	3	1	3	3	2	2	2
400 米跨栏	1	2	1	3	2	3	1	2

注:基础条件——1;重要——2;非常重要——3。

(一)动作速度训练

如果运动员能够在较短的时间内完成单个动作或成套动作,则说明其动作速度较快,如投掷速度、扣球速度、踏跳速度等。单位时间内完成动作的量越多,则其动作速度越快。动作速度与动作的熟练程度、协调性、快速力量、速度耐力等有关。其主要的训练方法如下。

1. 负重练习法

对于田径运动项目而言,动作的速度与人体的力量有着重要的关系。动作速度的提高应注重自身力量的发展。因此,在进行动作速度训练时,应对相应的肌群进行负重力量训练,促进动作速度更好地发展。在运动时更加强劲,带动肢体进行更加快速的运动。

2."加速"动作法

人体的各种动作都是平滑的运动,有着相应的运动轨迹,由静止发展到具有相应的速度。为了提高动作速度,应注重由静止到具有一定的速度这一"加速"阶段的训练,通过缩短这一时间段,从而使得整个动作速度提高。在运动训练中对各种技术动作的"加速"进行针对性的训练,能够从整体上提高动作速度。

3. 利用后效作用法

如果长时间拿着较重的物体时,当换拿另一个相对较轻的物体,会感觉这一物体的重量要轻很多。可利用这一后效作用来提高动作速度。在具体训练操作中,可利用第一次完成动作的"惯性"作用来提高下一次动作的速度。研究表明,当人体完成第一次动作后,中枢神经还保留有一定的"剩余兴奋",这可以在一定程度上缩短动作的时间,从而提高动作速度。

4. 完善技术法

在田径运动中,运动员的动作速度与专项技术的熟练程度具有重要的关系,只有全面熟练地把握各项技术动作,对其动作的用力大小、运动幅度、运动时间、运动方向和角度等能够准确感知,才能够在运动中得心应手,轻松、快速、熟练、自然地做出相应的动作,并且这时肌肉不会有多余的紧张,不会造成不必要的能量损耗,能够更好地发挥出自身的动作速度水平。

(二)反应速度训练

具有良好的反应速度的运动员,则其在运动中能够对各种信号做出快速的应答,并作出相应的动作反应。例如,优秀的短跑运动员能够更好地应答起跑信号,从而掌握最佳的起跑时机。运动员反应速度的快慢取决于信号通过反射弧所需的时间的长短。科学研究表明,人的反应速度在很大程度上是先天形成的,后天

第四章　田径运动开展的准备

训练只能将其更好地发掘和展现出来。反应速度的训练方法主要有以下几种。

1. 变换练习法

在运动训练实践中,通过不断改变训练的形式和训练环境使得运动员提高反应速度。需要注意的是,在训练过程中,变换练习法在对运动训练的负荷、训练的内容以及训练的形式、条件、环境等进行变化时,应能够提高运动员训练的积极性,并使其增强不同环境的适应能力,从而能够在不同的竞赛环境下能够快速的应对。变换训练法最常变换的内容有负荷量的变换、训练内容的变换以及训练形式的变换。其具体内容如下。

(1)负荷变换练习

通过改变负荷强度的高低以及负荷安排的密度,使得运动员能够适应不同程度的运动负荷,提高其运动能力,并促进其能量代谢系统的功能的改善和提高。在训练过程中,可对训练的负荷强度、练习的时间、练习的次数(组数)、练习的间歇时间等进行一定程度的变化,其对于发展运动员的反应速度效果明显。

(2)内容变换练习

内容变换训练法是一种重要的训练方法。在训练过程中,通过改变动作的内容结构使得运动员的机体适应不同的训练内容。需要注意的是,训练内容的变换应符合体能训练发展的需要,使得运动员的专项体能得到更好地发展和完善。

(3)形式变换练习

训练内容的形式变换也是一项重要的训练方法,如为了改变训练枯燥紧张的氛围,可增加一些趣味性的训练形式,增加运动员进行训练的积极性。通过对训练的环境、训练的情景以及训练的时间、路径等方面进行变换,不仅能够有效缓解运动员的紧张情绪,对于反应速度的发展效果也十分明显。

2. 分解运动法

分解训练法是在训练复杂的动作技术时常采用的训练方法,

如投掷类运动和跳跃类运动中都会运用分解法对技术动作进行分解学习。在跑类运动中,为了提高起动反应速度,可对应答反应动作进行分解,使其在相对较为简单的条件下进行,提高关节的动作速度,从而提高整体的反应速度。

3. 重复反应法

运用重复反应法进行训练时,教练员反复突然发出相应的信号,要求运动员做出快速的应答反应。在训练过程中,可根据瞬间信号,或通过改变运动方向进行重复应答反应。

(三)移动速度训练

移动速度使人快速位移的能力,在田径运动中一般是指,运动中运动员通过固定的距离所使用的时间的长短。移动速度与多方面的身体速度具有密切的联系,如在短跑类运动中,移动速度与人的力量和协调性具有重要的关系,在跨栏跑运动中移动速度与人的柔韧性以及力量、协调性等具有重要的关系。田径运动员移动速度的训练方法主要有如下几种。

1. 发展力量法

发展运动员的肌肉力量是提高移动速度的重要方法。在力量训练中,应注意运动员力量素质的发展应均衡,注重身体的协调性。在训练时,可采用负重快速训练法,一般可采用40%~60%的强度进行快速训练。

2. 重复法

在对移动速度进行训练时,重复训练法是最为基本的训练方法,指以一定的速度多次重复一定距离的练习。在采用该种方法进行训练时,应注重以下几方面的问题。

(1)训练的强度要合适。对于以提高移动速度为目的的训练,训练的强度是其主导因素,对于其训练目的实现具有重要的

第四章　田径运动开展的准备

作用。

（2）每次练习的持续时间不应太长，一般可保持在 30 秒以内。

（3）在练习时，重复的次数与组数不应过多，如果练习的重复次数过多，在有限的间歇时间里，运动员的机体得不到回复，从而会相应训练的效果。

3. 发展步频、步长的领先装置法

步频和步长是影响移动速度的两个最为主要的因素，通过改善步长与步频能够有效提高移动速度。对于田径运动员而言，如竞走运动员，其步长和步频应进行科学的设置，这样才能够训练出更快的移动速度。

三、田径运动耐力素质训练

（一）有氧耐力训练

（1）运动员在海滩沙地进行徒手快走或负重（杠铃杆或背人）走训练。徒手快走每组 400~800 米，负重走每组 200 米。

（2）运动员进行海滩沙地上进行竞走练习，每组 500~1 000 米，做 4~5 组。在训练过程中应注意动作姿势的标准性。

（3）两人一组，在训练开始时，两人前后相距 10 米；信号响起后开始竞走，后者努力追赶前者。追赶距离为 400~600 米。可互换角色，共进行 4~6 次。在训练过程中，竞走的动作技术应按要求进行，一组结束之后应进行慢跑两分钟放松。

（4）运动员进行大步走、交叉步走或竞走训练。为了避免运动训练的枯燥，训练的环境可选择在公路上，或是野外环境等。每次 1 000 米左右，进行 4~6 组。

（5）运动员在跑道上进行重复跑训练，重复跑的距离、次数与强度应根据运动专项要求而定，强度不应过大。一般重复跑距为

600米、800米、1 000米、1 200米等。

(6)定时跑训练。运动员在跑道、公路或树林中做10～20分钟或更长时间的定时跑。跑的速度不应过快,为了限制在一定的速度内,可进行定时定距跑,在规定的时间跑完固定的距离,如在10～20分钟内跑3 000～4 000米。

(7)在树林、草地、山坡等野外场地进行越野跑训练。距离要求一般在4 000米以上,最多10 000米。在越野跑时应避免意外受伤。

(8)3分钟以上跳绳训练。运动员在跑道上原地跳绳跑或跳绳训练,练习时间在2～3分钟。一次训练结束后,运动员的心率应保持在140～150次/分钟,当其心率恢复至120次/分钟以下后,再开始下一次练习。

(9)连续踩水。在游泳池深水区,手臂露出水面做踩水练习。也可以要求肩部露出水面,加大难度。

(二)无氧耐力训练

(1)运动员在行进间进行后蹬跑训练,每次跑60～80米,重复6～8次,每次之间可间歇2～3分钟。训练的强度为80%。

(2)运动员进行距离为60米、80米、100米、120米、150米等的反复跑训练。在练习时,共进行4～6组,每组应跑3～5次,可在组间间歇3～5分钟。在组间休息时,一般运动员的心率恢复至120次/分钟左右时,可进行下次训练。

(3)运动员进行间歇性行进间跑,间歇性跑的距离为30米、60米、80米、100米等。共进行3～4组训练,每一组进行练习2～3次。一组中每次练习可间歇2分钟;每组可间歇3～5分钟。运动的负荷强度为80%～90%。

(4)运动员进行反复跑训练,在加速跑100米之后,再放松走100米左右,之后继续加速跑。可反复进行8～12次练习,练习的负荷强度为70%～80%。为了提高训练的效果,可进行更长距离的加速跑训练。

第四章 田径运动开展的准备

（5）运动员进行变速快跑与慢跑结合的训练。为发展乳酸性无氧耐力而进行的训练可采用 400 米快～200 米慢，或 300 米快～200 米慢，或 600 米快～200 米慢等的方式进行训练；为发展非乳酸性无氧耐力而进行的训练可采用 50 米快～50 米慢、100 米快～100 米慢等的方式进行训练。在训练时，运动员根据专项情况来进行训练。在训练时，可通过直道和弯道的改变来进行训练。

（6）运动员进行原地间歇性高抬腿跑训练。运动员为发展乳酸性无氧耐力训练时，可进行每组 100～150 次的练习，共进行 6～8 组，每组的时间约为 1 分钟，组间间歇为 2～4 分钟，训练负荷强度为 80％；发展非乳酸性无氧耐力时，可进行每组 5 秒、10 秒、30 秒的快速运动，共做 6～8 组，可在组间间歇 2～3 分钟。

（7）运动员进行反复台阶跑训练，台阶的每级高度在 20 厘米左右，每一步跨 2 个台阶，连续跑 30～40 步，重复进行训练。运动员可进行 6 次左右的训练，每次之间适当休息 5 分钟左右，训练的强度在 65％～70％。

（8）运动员进行侧滑步跑训练。身体侧对身体的前进方向，做侧滑步跑 100～150 米，运动负荷强度为 60％～70％。运动员可进行 5～6 次训练，每次之间可适当休息 3～5 分钟。

（9）运动员 2 人一组，进行追逐跑练习。在跑道上两人相距 10 米左右站立，信号发出后后者追赶前者。在训练时，可要求其在 800 米内追上有效，或是要求其在最后 100 米追上有效。每次训练之间可间歇 3～5 分钟，进行 4～6 次训练。

（10）运动员在跑道上进行跳绳跑（两臂正摇跳绳跑）训练，每次跑 200 米左右，每次之间可适当休息 5 分钟左右，共进行 5～8 次训练。训练的负荷强度应在 60％～70％。

（11）运动员进行综合跑训练。在跑道上，做向前跑、倒退跑及左右滑步跑，每种方式跑 50～100 米，每次共进行综合跑 400 米左右，重复 3～5 次，每次之间可适当休息 3～5 分钟，训练的负荷强度为 60％～70％。

（12）水中追逐游。两人相距 3～5 米，同时出发，进行追逐游。游的姿势两人必须一致。每次50米往返,做3～5组,心率达160次/分钟以上。强度为65%～75%。

四、田径运动灵敏素质训练

运动员发展灵敏素质应从培养运动员视觉判断等各种能力入手,包括视觉反应能力、掌握动作的能力、平衡能力和节奏感等。这要求在结合技术训练和其他专门训练中,运用各种信号和手段,加强反应速度练习。提高运动员神经系统迅速集中和分散的能力,使大脑皮层的灵活性与神经过程的转换能力都得到进一步提高。同时,要熟练掌握各种攻守技术和战术,不断提高机动灵活的战术意识和运用能力。具体而言,其发展灵敏素质的手段主要有以下几种。

(1)运动员做不习惯方向的动作练习。

(2)运动员按有效口令做动作或相反的动作。

(3)运动员2人一组,运动员一对一背向互挽臂蹲跳进、跳转。

(4)运动员做脚步前后、左右、交叉的快速移动。

(5)运动员进行各种站立平衡训练,如俯平衡、搬腿平衡、侧平衡等。

(6)运动员2人为一组,一对一弓箭步牵手互换面向站立,虚实结合互推互拉使对方失去平衡。

(7)运动员在低单杠上做翻上、支撑腹回环、支撑前后摆跳下等简单动作。

(8)在低双杠上作肩倒立、前滚翻成分腿坐、向前支撑摆动越杠下等简单动作。

(9)运动员进行听号接球训练。运动员围圈报数后(应记住自身所报的号)向着一个方向跑动,教练持球站在圈中心,将球向空中抛起喊号,被喊号者应声前去接球。

五、田径运动柔韧素质训练

(一)手指手腕训练

(1)手腕屈伸、绕环。
(2)握拳、伸展反复练习。
(3)左、右手指交替抓下落的小铅球。
(4)用左手掌心压右手四指,连续推压。
(5)两手五指交叉直臂头上翻腕,掌心朝上。
(6)两手五指相触用力内压,指根与手掌背向成直角或小于直角。

(二)踝关节和足背部训练

(1)做脚前掌着地的各种跳绳练习。
(2)坐在垫子上,在足尖部上面放上重物,压足背。
(3)做脚前掌着地的各种方向、各种速度的行走练习。
(4)跪在垫子上,利用体重前后移动压足背。也可将足尖部垫高,使足背悬空做下压动作,增加练习时的难度。
(5)手扶腰部高度肋木,用前脚掌站在最下边的肋木杠上,利用体重上下压动,然后在踝关节弯曲角度最大时,停留片刻以拉长肌肉和韧带。

(三)腿部柔韧性训练

(1)跪坐压脚面。
(2)弓箭步压腿。
(3)摆腿。向内、向外摆腿。
(4)用脚内侧、外侧、脚跟、脚尖走。
(5)踢腿。原地扶把杆或行进,正踢、侧踢、后踢。
(6)前后劈腿。可独立前后振压,也可以将腿部垫高,由同伴帮助下压。

(7)将脚放在一定高度上,另一腿站立脚尖朝前,然后正压、侧压、后压。

(8)左右劈腿。仰卧在垫子上,屈腿或直腿都可以,由同伴扶腿部不断下压。

(四)腰腹部柔韧性训练

(1)站在原地,做向后甩腰练习。
(2)弓箭步转腰、压腿练习。
(3)肩肘倒立下落成屈体肩肘撑。
(4)做后桥练习,在适应后,逐渐缩小手与脚距。
(5)分腿体前屈,双手从腿中间后伸。
(6)站在一定高度上做体前屈动作,手触地面。
(7)双人背向,双手头上握或互挽臂互相背。

(五)肩关节柔韧性训练

1. 吊肩练习

(1)杠悬垂或加转体。
(2)单杠负重静力悬垂。
(3)后吊。单杠悬垂,两腿从两手间穿过下翻成后吊。

2. 压肩练习

(1)手扶一定高度体前屈压肩。
(2)面向墙一脚距离站立,手、大小臂、胸触墙压肩(逐渐加大脚与墙的距离)。

3. 拉肩练习

(1)侧向肋木,一手上握一手下握肋木向侧拉。
(2)背向肋木站,双手反握肋木,下蹲下拉肩。

(3)背对肋木坐,双手头上握肋木,以脚为支点,挺胸腹前拉起成反弓形。

(4)背向肋木屈膝站肋木上,双手头上握肋木,然后向前蹬直双腿胸腹用力前挺。

4. 转肩练习

用木棍、绳或橡皮筋作直臂向前、向后的转肩(握距逐渐缩小)。

第三节 趣味田径运动的开展研究

一、趣味田径运动概述

(一)趣味田径运动的概念

趣味田径是指运用走、跑、跳、投等运动形式进行趣味体育或体育健身的活动。其目的主要是力图把激情和娱乐融入田径运动。它通过特定的方式向人们介绍田径的基本知识和运动技能,以促进田径运动的可持续发展。

趣味田径包括田径游戏和田径健身两个部分。它之所以能够成为全民健身的重要内容和深受大众喜爱并经常从事的体育活动方式,主要原因是它不仅能使人们在任何地方(体育场、公园、健身房以及任何可能的运动场地)参与一些基本的活动,如健身走、健身跑、耐力跑、跳跃、投掷等,还能够较好地将身体活动、心理活动、情感活动、智力活动、教育活动等融为一体。

(二)趣味田径运动的特点

趣味田径是趣味体育的重要组成部分,它具有体育运动的一般特点,同时也有其自身的特点,如娱乐性、趣味性、健身性、随意性、适应性、竞争性和教育性等。

1. 娱乐性

娱乐性是趣味田径的本质属性,也是趣味田径区别于其他生产劳动的标志性特征。趣味田径的主体和客体都是人,它不像其他生产劳动对社会产生直接、具体、可见的价值,它仅仅是为了消遣、健身和娱乐。

2. 趣味性

作为竞技比赛的田径运动大多比较单调,缺乏趣味性。因此,必须转变观念、解放思想、改革教学与训练方法。趣味性是趣味田径运动的显著特征之一。各种趣味田径运动通过把参与者的注意力集中于活动过程的乐趣上,使参与者轻松、自由、平等地参加活动,获得自由表现的机会,进而产生轻松愉快的心境。

趣味田径运动的变通性使得游戏的创编更具灵活性,从而赋予游戏具有引人入胜、精彩纷呈的特色。田径运动游戏过程中的随机性和偶然性能使游戏参与者产生浓厚的兴趣和出乎预料的快感,从而获得情绪和情感上的满足。

3. 健身性

趣味田径是一种以身体练习为基本手段的身心锻炼活动。经常参加趣味田径运动可以提高身体机能、身体素质和健康水平。因此,应充分发挥趣味田径的健身性,注重培养人们的健身意识,养成健身习惯,增强健身能力。

4. 随意性

趣味田径的随意性在于人们在活动中可以更多地将精力集中在过程本身的兴趣上,而不是集中在活动的结果上。由于活动的本身没有直接的外在功利性,因而趣味田径的目标往往可根据参与者自己的意愿提出和制定。更为重要的是,在趣味田径活动中参与者没有外界的制约和束缚,完全可以按照自己的意愿自由地选择玩什么、怎样玩和用什么器械玩,同时参与者也可以通过集体协商确定游戏的规则和具体玩法,以实现自娱自乐的目的。

5. 可变性

趣味田径的可变性在于活动的方法、动作路线、形式、规则等都可以根据参与者的实际情况做出相应的调整和变化。活动场地、器材也可以根据实际情况有选择地变化使用。完成某项活动的动作时,可以根据参与者的具体情况和不同要求做出相应改变,可以是正常的走、跑、跳、投,也可以是各种形式不同的走、跑、跳、投;既可以提出严格的技术规范,也可以淡化动作要求。活动可以是徒手的,也可以是借助器械的。活动路线可以是直线的、曲线的,也可以是螺旋形或弧形等。几乎所有的地方都可以作为趣味田径的场地,所有的生活用品、小生产工具都可以作为趣味田径的道具。

6. 竞争性

如同其他竞技田径项目一样,趣味田径运动在规则的要求下,也具有一定的竞争性。但趣味田径的竞争性具有很大的偶然性,虽然其竞争结果一般也是以某人或某方获得胜利而告终,但其获胜的原因往往取决于多个方面,而且比赛内容也可以按照参加者的意愿随意改变,人们可以比赛体力、比赛耐力、比赛智力、比赛技巧、比赛运气、比赛自己与同伴的配合水平、比赛应变能力等。因此,趣味田径的比赛结果往往是多种多样的,偶然性极强,这种比赛也为弱者的成功提供了可能性。

7. 教育性

趣味田径具有一定的情节和竞赛因素,形式活泼,内容丰富多样,场地器材简单,也便于开展与普及。它要求参与者必须积极地、有创造性地参与其中。田径运动游戏能较大限度地调动参与者的运动积极性,培养其对体育活动的浓厚兴趣,全面锻炼参与者的身心,提高其基本活动能力和基本运动技术,促进游戏者德育、智育和美育的发展。

(三)趣味田径运动的创编

1. 创编原则

(1)创编的趣味田径练习应具有教育价值。应从趣味田径的名称、内容、方法、规则、情节等方面考虑教育性,避免庸俗化、不健康的内容,有利于精神文明建设。

(2)趣味田径练习必须具有趣味性。以趣味性吸引参与练习的学生自始至终全力以赴地参加活动。一般来说,趣味田径内容、形式越新颖,情节发展越生动,其趣味性也越强。

(3)创编的趣味田径练习应有明确的目的性。应根据教育目的任务和教学对象的年龄特征,针对不同年龄组学生的生理、心理特征和班级教学的实际,创编出各种具有实效性的趣味田径练习,才能达到预期的教学效果。

(4)趣味田径练习要注意安全性。借助器材、道具和障碍进行活动时,一要考到场地器材的安全;二要考虑练习动作本身的安全。创编时,要在趣味田径练习动作的设计、规则的制定、组织方法的运用,以及场地器材的选择上,保证练习的安全。

(5)创编的趣味田径练习要方便教学,简单易行,不必花费较多的讲解、示范和组织时间,不需要价钱较贵的设备和器材,使学生很快能投入活动,这样的练习运用价值大。

2. 创编方法

(1)变异法:通过改变器材的使用方式、运动路线,将原田径教材进行改造,使其练习手段多样化。如趣味跑可采用蛇形跑、波浪形跑、螺旋形跑、后退跑、音乐伴奏跑等练习手段;趣味跳可采用跳绳、跳皮筋、跳房子、跳山羊、蛙跳、侧跳、"跛子"跳、图形跳

(跳"蛇形"、跳"山峰"、跳"小河"等);趣味投可采用投远、投准、单手掷、双手掷、跪姿掷、旋转掷,前抛、后抛(实心球、沙包、排球、篮球、足球等)。用变异动作替代习惯动作。

(2)模仿法:以田径运动的基本活动形式为内容,创造出更新颖、更全面地锻炼身体的形式,如推小车、鸭子步走、高低跑、爬行、飞扑等。同时,针对田径运动的一些项目通过分析提取、重组而挖掘出有趣的田径活动,如兔跳、蛙跳、踺子跳、跨越跳等。

(3)故事情境法:利用典故、民间传说、传统文化、情境等内容,把田径活动编成短小的故事,丰富其内容和想象力,在走、跑、跳、投活动中使其故事化。例如,"上花果山""地道战"等。

(4)夸张法:对所用的道具进行夸张,增加其娱乐成分。如所设计制作的"大帽子"5~6人可同时戴;"回娘家"所用的礼品,都大大地超过原礼品的十几倍等,几人一组同时跑、同时跳,渲染夸大气氛,练习中求乐趣。

(5)限制法:即对跑的速度,跳的高度,投的远度施加限制因素,如双膝夹球跑、跨越障碍跑、连足跑;对跳的限制有袋鼠跳、蛇形跳、跳图形(房子、格子);对投的限制有蒙眼实心球或塑料球投准、跪膝投远等。

二、趣味田径运动示例

(一)走

1. 奥运五环

练习目的:发展快速走的能力和身体灵敏性,提高反应速度。
场地器材:在平整的场地上画5个直径约2米的圆,5个圆相交成奥运五环状;秒表若干。
练习方法:参与者站在第一排左侧第一个环的起点处,听到组织者发出"开始"信号后,快速向前走,争取在最短时间内走完5

环。要求游戏者不可走回头路,且只有在两圆相交处才可以走向其他的圆,终点设在第5个圆的右下角。

游戏规则:参与者必须走在圆圈的线上,否则视为犯规;游戏者不可走回头路,每返回走一次,时间多加5秒;通过计时判定优胜。

2. 你是我的眼

练习目的:培养团结协作意识,提高合作能力,平衡身体用力部位,增强腰背肌力量。

场地器材:在场地上画一条长20米的直线,直线一端为起点,另一端为终点,从起点开始,每隔4米依次放置一个标志物(如实心球),秒表若干。

练习方法:参与者两人一组,其中一人背对终点站于起点,另一人面向起点,站于终点。听到组织者发出"开始"信号后,位于终点的参与者通过语言指导起点处的参与者"蛇形"绕过标志物走向终点,到达终点后,双方互换角色。

游戏规则:背对终点的参与者行进间不得回头看,否则视为犯规;参与者行进间不得碰撞标志物,每碰撞一次,时间多加3秒;通过计时判定优胜;每组两名参与者的累计时间计为最终成绩。

3. 马踏飞燕

练习目的:发展脚趾和踝关节力量,提高灵敏性。

场地器材:在松软的地面或跑道上,画三条长约10米,间隔3米的平行线,直线一端为起点,另一端为终点,在每条线的起点前50厘米处用胶带将马蹄状的纸固定于地面,每张纸之间间隔为50厘米;秒表若干。

练习方法:将参与者分成人数相等的若干队,分别以纵队面向标志物站在起点后,组织者发令后,各队排头用前脚掌快步向前走,到达终点后从侧面快速走回起点,与下一名队员击掌后换

第四章　田径运动开展的准备

人重新出发,依次进行,用时短者获胜。

游戏规则:参与者必须用前脚掌踏在纸上,否则视为犯规;只有与返回者击掌后,下一名队员才可出发;通过计时判定优胜。

4. 摇转"呼啦圈"

练习目的:发展髋关节灵活性,提高身体协调性。

场地器材:尽量选择在平整松软的地面进行。

练习方法:上体挺直,目视前方,以中等步幅向前迈进的同时,髋关节做画圆运动,成摇转呼啦圈的姿势。负荷量以身体稍微出汗为宜,具体负荷量和锻炼时间应根据参与者自身情况而定;练习形式既可以采用单独练习,也可采用多人结伴练习,如有条件可配合音乐进行。

5. 背靠背,臂挽臂(螃蟹走)

练习目的:培养团结协作意识,提高身体协调性。

场地器材:在跑道或松软的地面上,画两条长 20 米、间隔 4 米的平行线(线宽 10 厘米),直线一端为起点,另一端为终点;秒表若干。

练习方法:将参与者分成两人一组,双方背靠背,臂挽臂站在起点线后,组织者发令后,每个组沿标志线横着走向终点。

游戏规则:双方在行进时不得松开手臂,要始终保持背靠背姿势向前走,否则视为犯规;行进间双方必须始终走在 10 厘米宽的标志线上,否则视为犯规,每犯规一次时间增加 2 秒;通过计时判定优胜。

(二)跑

1. 小小信使

练习目的:发展快速奔跑的能力,激发跑步兴趣,提高合作能力。

场地器材:在场地上画两条长 6 米、间隔 20 米的平行线,分别视为起跑线和折返线,在折返线处放置纸巾若干;秒表若干。

游戏方法:将游戏者分成人数相等的若干组,每组成纵队面向折返线,站于起跑线后,组织者发令后,各队的排头快速跑向折返线,到达后将纸巾置于胸腹部位,但不做任何固定,松开手,快速跑回起点与下一名队友击掌后,交换进行。

游戏规则:若返回途中纸巾掉落,必须返回折返线处将纸巾重新放好,继续比赛;跑的途中不得用手扶按纸巾,否则视为犯规;通过计时判定优胜。

2. 穿鞋带

练习目的:发展快速跑的能力,提高反应速度和灵敏性。

场地器材:在场地上画两条长 15 米、间隔 4 米的平行线,其中一条线从起点开始,每隔 3 米放置一个标志物,另一条线从距起点 1.5 米处,每隔 3 米放置一个标志物;秒表若干。

练习方法:将参与者分成人数相等的若干组,并将每组队员平均分配于起点和终点处,组织者发令后,各组第一名队员快速向前跑并触摸放在两条线上的每个标志物,到达终点处击掌后,下一名队员出发,依次进行。

游戏规则:参与者在行进中必须触摸预先设置的每个标志物,否则每遗漏一个,时间增加 5 秒;待跑者必须与上一名队员击掌后才可出发,否则视为犯规;通过计时判定优胜。

3. 一二三四

练习目的:提高快速跑能力。

场地器材:田径场或平坦宽阔的场地;秒表若干。

练习方法:参与者 5 人一组,分成若干组,各组成纵队向前跑,跑进的同时排头第一人喊出"一、二、三、四"的口号,然后其他所有人齐声喊"一、二、三、四"。与此同时,处于队尾的队员必须在口号结束之前跑到排头充当第一人,调整跑三步后,重复依次进行,直到每名同学充当一次排头为止。

游戏规则:队尾的队员必须在口号结束前跑到排头,否则返回队尾重新开始,若再次失败,视为比赛失败;通过计时判定优胜。

4. 倒退跑

练习目的:提高注意力和身体平衡性,促进血液循环和肌肉放松。

场地器材:平整宽阔的地面。

练习方法:倒退跑时,膝关节微曲,两臂微曲置于体侧,前后摆动。

注意事项:练习时间不宜太长,应选择平坦松软的场地;练习速度不宜太快;负荷与强度要依据自身体质状况而定。

5. 一杆闯天下

练习目的:发展快速跑的能力和弯道跑技术,培养团结协作精神。

场地器材:在平坦宽阔的场地上画一个直径约为10米的圆;秒表若干;竹竿若干。

练习方法:参与者3人一组,每队3组,分成若干队。要求队员统一用右手持竹竿成一路纵队站在起跑线后,听到组织者发令后,3人配合以最快的速度跑一圈,然后在起点处将竹竿传给同队的下一组队员,依次进行。

游戏规则:跑的过程中要始终保持三人同时手握竹竿,否则视为犯规;在行进中若竹竿掉落,必须由三名队员一起重新捡起竹竿,从竹竿掉落处继续开始比赛;若在传接杆的过程中竹竿掉落,则由传竿的一方捡起,再交给同队的下一组队员;通过计时判定优胜。

(三)跳

1. 双腿夹球跳绳

练习目的:发展腿部力量,提高跳跃能力,培养团结协作意识。

场地器材:在平坦松软的地面画两条长约 6 米、间隔 10 米的平行线,一条作为起点线,另一条作为折返线;跳绳、沙包或小球若干。

练习方法:将参与者分成人数相等的若干队,每队队员成一路纵队站于起点线后,听到组织者发令后,每队的第一名队员将球或沙包夹于两腿之间,以跳绳的方式跳到折返线,脚触线后返回,再跳到起点处,将绳和球(沙包)交给下一名队员,依次进行。

游戏规则:在行进中,球或沙包必须夹于两腿之间,若途中掉落可捡起后倒退 3 步,再继续比赛;若在行进中跳绳失误,必须在原地重新摇绳起跳;只有双脚触及折返线才可返回,否则犯规;先完成任务者获胜。

2. 同心协力

练习目的:提高团队协作意识和能力。

场地器材:在平坦开阔的地面上画两条间隔 15 米的平行线,一条为起点线,另一条为终点线;秒表若干。

练习方法:将参与者分成 4 人一队,成纵队站于起点线后,前一名队员将左腿抬起由后一名队员握住其左脚踝,以此类推,听到组织者发令后,前三名队员单足跳跃前进,最后一名队员握住第三人的左脚踝,配合其他队员快速前进。

游戏规则:在行进中不得松手,踝手分离视为犯规;若行进中被迫踝手分离,则应倒退 3 步重新组织起来后再继续比赛;通过计时判定优胜。

注意事项:行进中要注意安全,避免受伤。

第四章 田径运动开展的准备

3. 交替前后跳

练习目的:发展腿部力量,提高弹跳力和身体平衡性。

场地器材:在平坦松软的地面上画两条间隔15米的平行线,一条作为起点线,一条作为终点线。

练习方法:参与者站在起点,听到组织者发出"开始"信号后,首先面向终点开始第一跳,第一跳结束后转身背对终点进行第二跳,以此前后交替跳到终点。

游戏规则:跳跃次数少者获胜。

注意事项:背对终点跳跃时,注意控制重心,以免受伤。

4. 蛇形跳

练习目的:发展下肢力量,提高身体灵活性和弹跳力。

场地器材:在平坦松软的地面上画一条长为15米的直线,直线一端为起点,另一端为终点;秒表若干。

练习方法:参与者站在起点处,听到组织者发令后,开始成蛇形跳跃,即前后两跳分别落在直线的左右两侧。

游戏规则:前后两跳必须落于直线的左右两侧,否则视为犯规,返回起点重新开始;通过计时判定优胜。

5. 拼字

练习目的:提高奔跑跳跃能力,增强下肢肌肉力量,培养协作意识。

场地器材:在一面较高的墙壁上画一个底边距地面约2.4米的正方形,在墙壁前约2米处画一条直线作为助跑线;粉笔、秒表若干。

练习方法:将参与者分成人数相等的若干组,每组成一路纵队站于助跑线后,听到组织者发出"开始"信号后,排头队员手持粉笔助跑起跳,在预先画好的方块内写某一汉字的第一笔,之后跑回将粉笔交给第二名队员,依次进行直至完成这一汉字。在选择汉字时,汉字的笔画数要与每组人数相等。

游戏规则:参与者必须在助跑线后出发,否则视为犯规;下一名队员必须接到粉笔后才可出发,否则视为犯规;用时最短且所写汉字标准者获胜。

(四)投

1. 看谁得分高

练习目的:发展上肢力量,提高投掷兴趣。

场地器材:在空地上画一条直线作为投掷线,自投掷线向前10米起,每隔1.5米画一个长0.8米、宽0.5米的长方形,共画4个长方形,由近到远分别在长方形内标明数字2、5、8、11,表示得分;实心球若干。

练习方法:将参与者分成人数相等的若干队,并成纵队站于投掷线后做好投掷准备,听到组织者发令后,第一名队员背对投掷方向后抛实心球,依次进行。

游戏规则:实心球只有落在长方形内才可获得相应的分数,否则投掷无效,得分为零;所投实心球超出所画最远区得20分,但实心球必须落在与所画长方形平行的区域内,若球落在投掷线与第一个长方形之间,得分为零,每队各名队员累计得分为最终成绩,得分高者获胜;投掷时不可踩踏或超越投掷线,否则视为犯规。

2. 鱼与熊掌可兼得

练习目的:提高投掷的准确性,发展弹跳力。

场地器材:在单杠或排球网前2米处画一条直线作为投掷线,从单杠或排球网后4米起,每隔1米画一个直径约为1米的圆,共画5个,由近到远依次在圆内标明数字2、4、6、8、10,表示得分;沙包若干。

练习方法:将参与者分成人数相等的若干组,成纵队站在投掷线后,听到组织者发出"开始"的信号后,排头开始投沙包。

游戏规则:沙包只有落在所画圆内,才算投掷成功并可获得相应的分数,若沙包落在第一圆之前,则视为投掷失败,得分为零,若落在第5个圆之后,则可获得15分;参与者必须在投掷线后完成投掷,否则视为犯规;沙包压在线上,不得分;沙包触网,视为犯规,得分为零。

3. 双手头上前抛球接后退跑

练习目的:提高全身用力的协调性,促进血液循环,放松肌肉。

场地器材:在平坦开阔的地面上画一条直线作为投掷线;实心球若干。

练习方法:参与者面对投掷方向站于投掷线后,组织者发出"准备"的口令后,参与者双手持球在头上后举,上体后仰,做好投掷准备。听到组织者发出"开始"的口令后,参与者通过蹬地、展髋、甩臂将球抛出,然后迅速转体,背对投掷方向倒退跑追球,追到球后从两侧返回到投掷线处。

游戏规则:参与者必须用双手从头上将球抛出,否则投掷无效;参与者必须在投掷线后将球抛出,否则投掷无效;投掷距离远者获胜。

注意事项:抛球结束后迅速转体时,要注意控制身体平衡,防止摔倒。

4. 灌篮高手

练习目的:提高投掷的准确性和投掷弧度,培养投掷兴趣。

场地器材:在平坦宽阔的地面上画一条直线作为投掷线,在投掷线前5米处每隔2米并排放置3个盆或桶,将第一个盆或桶直接放于地面,第二个放在5块折叠的小体操垫上,第三个放在8～9块折叠的小体操垫上;实心球若干。

练习方法:游戏者站于投掷线后,听见组织者发出"开始"的口令后,开始投掷实心球,每个人投掷3次。

游戏规则:实心球投入由低到高的每个盆或桶,分别得分为5、10、15,未落入者得分为零;每名参与者必须在每个高度都投1次;必须在投掷线后进行投掷,否则投掷无效;得分高者获胜。

5. 双人抛接球

练习目的:培养团结协作意识,激发投掷兴趣。

场地器材:平坦开阔的地面;垒球若干。

练习方法:将参与者分成2人一组,间隔1米,两臂侧平举,并排站立,一名队员外侧手持球,听到组织者发出"开始"口令后,将球经头顶抛出,争取使球落在另一名队员的内侧手上,第二名队员接到球后再返抛回前者的外侧手,两次抛球结束后改换内侧手抛球。

游戏规则:在抛球过程中,双方可适当调整站位;同组两名队员累计抛接球次数多者获胜。

第五章　田径运动开展的安全保障

田径运动对于参加者的人体机能有着较高的要求,期间甚至可能发生运动疲劳、运动损伤和运动疾病等多种情况。为此,做好充分的安全保障工作就显得非常重要,只有这样才能保证运动的科学性,真正达到增进健康的目的。

第一节　田径运动开展的疲劳消除

疲劳随着体育运动的进行而逐渐出现,这是不可避免的情况。运动者的身体素质水平的高低只能决定疲劳出现的时间及运动后的恢复时间。疲劳有运动疲劳、劳动疲劳和工作疲劳等多个种类。对于运动疲劳及其恢复的了解有助于田径运动参与者更高效地参与运动,因此,本节就对此问题进行研究。

一、运动性疲劳的概念

人类研究疲劳的历史很长,早在1915年就有人提出:"疲劳是细胞内化学变化导致的一种中毒现象"。而对运动性疲劳的专门性研究则始于20世纪的70—80年代。运动性疲劳限制运动者训练的效果、影响运动能力的提高,因此对其的研究一直受到运动医学界的高度重视。1982年的第5届国际运动生化会议上给出了运动性疲劳的明确定义:有机体生理过程不能维持其机能在特定水平上和(或)不能维持预定的运动强度。这个定义将运动性疲劳解释为是由于运动(训练)引起的机体机能水平下降和

(或)运动能力降低,从而难以维持一定的运动强度,但经过适当地休息后又可以恢复的现象。

本质上,运动性疲劳是人体运动到一定的时候,运动能力及身体功能能力暂时下降的现象。作为正常生理现象,对人的身体并无损害。运动性疲劳是一种警报信号,或者说是一种健康的保险阈。生理学家通过研究认识到,运动性疲劳是一种综合性的生理过程,它是以中枢神经系统的作用为主导,在中枢神经系统和周围组织相互影响下发生的神经和感觉系统、运动系统、内分泌系统及内脏器官的活动出现的复杂而相互联系的变化。

运动性疲劳分两个阶段:一是代偿性疲劳阶段。此阶段的运动能力靠增强中枢神经系统的兴奋性和机体其他系统更加紧张的活动得以维持,这时每一工作单位的能量消耗多,动作的结构也发生变化。例如,在步幅缩小的情况下,通过增加动作速率维持跑速。二是非代偿性疲劳阶段。此阶段的特点是运动能力下降,尽管运动者越来越用力,但仍无法克服这种状态。

通常按照其发生的部位和机制不同,将运动性疲劳分为外周疲劳和中枢疲劳。运动性外周疲劳指运动引起的骨骼肌功能下降,不能维持预定收缩强度的现象。运动性外周疲劳的发生与骨骼肌细胞膜特性、骨骼肌细胞内的离子代谢和能量代谢、兴奋收缩偶联和细胞微细结构的改变等都有关系。在较长时间的大强度运动后,可检测到骨骼肌细胞内能源物质的大量消耗和 H^+ 浓度的增加;剧烈运动至疲劳后可检测到血清肌酸激酶(CK)的活性增加。这便说明剧烈运动引起骨骼肌细胞膜通透性增加了,细胞内的酶进入血清的数量也多了。这些变化会影响细胞内能量代谢的正常进行,导致骨骼肌细胞收缩能力和机能的下降。而运动性中枢疲劳指由运动引起的、发生在从大脑到脊髓运动神经元的神经系统的疲劳,即指由运动引起的中枢神经系统不能产生和维持足够的冲动给肌肉以满足运动所需的现象。凡是能限制及影响中枢神经系统向外周肌肉发放特定冲动的因素,如中枢神经系统能量供应的不足,神经递质代谢的紊乱等,都有可能是引起运动性中枢疲劳的原因。

二、运动性疲劳的判断

科学判断运动性疲劳对安排田径运动健身有重大实际意义。评定运动疲劳有如下三个具体方法。

(一)对疲劳的主观感觉

主观感觉,如腿疼、疲乏、心悸、胸闷、头疼、恶心等等,排除染病,则很有可能是运动疲劳。

(二)对身体状态的观察

观察运动者的表现,如出现脸色苍白、表情淡漠、眼神散乱、连打哈欠、精神不易集中、反应迟缓、情绪改变等现象,就可基本判断为疲劳。

(三)对生理指标的测定

1. 呼吸耐力测定

连续测 5 次肺活量,每次间隔 30 秒。肺活量一次比一次下降,则很有可能是运动疲劳已经产生了。

2. 膝跳反射阈法

运动疲劳时,叩诊锤叩击四头肌腱力量加大才引起反射,即反射阈上升。

三、运动性疲劳的产生

研究发现,运动性疲劳的产生是一个综合性的复杂过程,它与人体多方面的因素及生理变化有关。运动性疲劳产生的原因很多:肌肉运动收缩时产生的某些代谢产物的积聚会引起疲劳;体内能源物质消耗过多会引起疲劳;长时间运动时出汗过多,体内水、盐代谢紊乱及内环境稳定性失调等也会引起疲劳的发生。运动性疲劳直接产生原因主要有这几方面。

(1)体内能源贮备的减少和身体各器官功能的降低。研究发现,从事运动导致疲劳时,体内能源物质往往消耗较多。快速运动2~3分钟至非常疲劳时,肌肉内的磷酸肌酸可降低至接近最低点;而长时间的持续运动中,由于糖的大量消耗,肌糖原及血糖含量均大幅度下降。能源贮备的消耗与减少,会引起各器官功能的降低。在加之肌肉活动时代谢产物的堆积及水、盐代谢变化等影响,机体工作能力就会下降,这样疲劳就产生了。

(2)运动能力与身体素质情况。身体素质是人体各器官、系统的功能在肌肉工作中的综合反映。各器官功能的下降,运动能力与身体素质便会受到影响。

(3)精神意志因素。身体疲劳达到一定程度时,主观上会出现疲劳感觉,这是疲劳的主观信号。运动中人体各器官、系统的活动都是在神经系统指挥下完成的,神经系统功能的降低,神经细胞抑制过程的加强都会使疲劳加深。人体在感到疲劳时,其实机体还有很大功能潜力,能源物质远未耗尽,因而良好的情绪意志因素能够起到动员机体潜力,推迟疲劳发生的作用。

(一)疲劳调控链假说机制

疲劳调控链假说机制可以用来解释运动性外周疲劳。在1970~1989年的近20年间,研究者不断完善,提出这个由运动引起肌肉收缩产生疲劳调控链的可能性机理。在疲劳链中,可以将传统的堆积假说、衰竭假说、代谢物生理化学性质改变等适用于运动性疲劳的成果加以结合。运动时血糖下降、肌肉乳酸、H^+堆积、肌糖原几乎耗竭等,都是运动疲劳链中的重要环节。这些环节中的一个因素单独作用或者几个因素的综合作用都有可能导致疲劳的产生。疲劳调控链如图5-1所示。

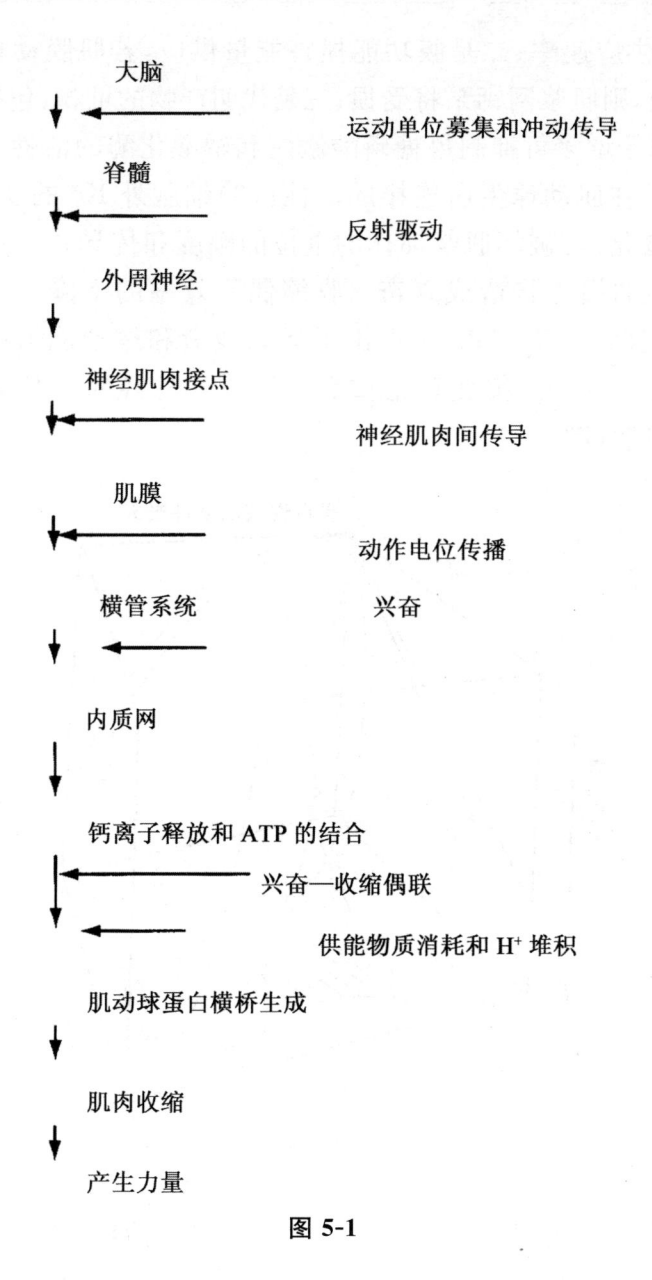

```
大脑
 ↓ ←————————         运动单位募集和冲动传导
脊髓
 ↓ ←————————         反射驱动
外周神经
 ↓
神经肌肉接点
 ↓ ←————————         神经肌肉间传导
肌膜
 ↓ ←————————         动作电位传播
横管系统
 ↓ ←————————         兴奋
内质网
 ↓
钙离子释放和 ATP 的结合
 ↓ ←————————         兴奋—收缩偶联
 ↓ ←————————         供能物质消耗和 H⁺ 堆积
肌动球蛋白横桥生成
 ↓
肌肉收缩
 ↓
产生力量
```

图 5-1

（二）突变理论机制

在 1980 年，Edwards 曾从电刺激、肌电图和能量供应三个方面进行了分析，将疲劳定义为"不能维持需求或预期的力量"。他认为导致疲劳的原因可能有三方面：一是肌肉收缩，能量消耗，限制 ATP 供应速率；二是膜功能损害能量供应，若肌膜动作电位和传导受损，则肌浆网钙泵将受损；三是代谢产物的堆积，包括：(1)细胞内氢离子增多可抑制果糖磷酸激酶和磷酸化酶的活性；(2)可以降低 Ca^{2+} 在肌动球蛋白连接的活性；(3)细胞外 K^+ 的变化（依赖于 Na^+ 变化）可破坏肌浆动作的电位的幅度和传导；(4)横管系统动作电位的损害将造成兴奋—收缩偶联效率的下降。他在这些理论的基础上，于 1982 年提出了运动疲劳和运动能力的生化基础——突变理论。突变理论重点在于描述神经肌肉传导的运动性疲劳机制（图 5-2）。

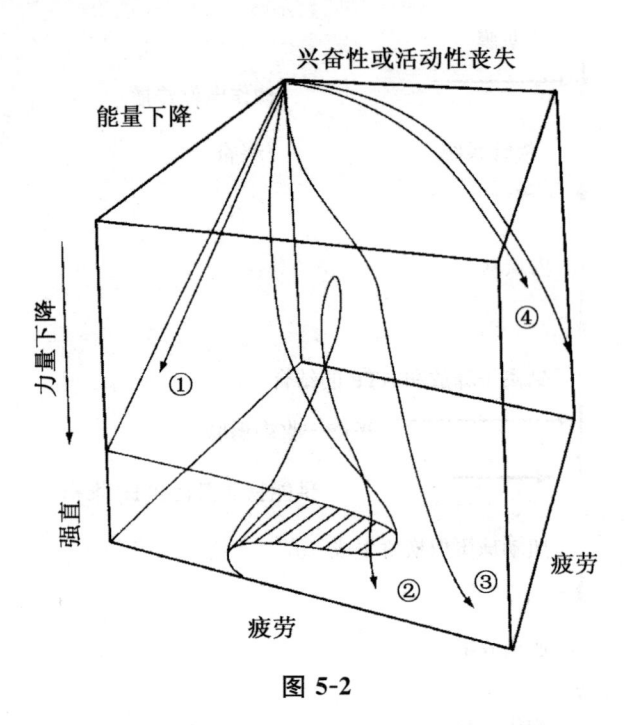

图 5-2

图中各线的意义分别是：(1)单纯的能量消耗，不存在兴奋性下降时，会引起持续的肌肉强直收缩；(2)带突变的综合性疲劳，突然丧失兴奋活动的力量；(3)能量消耗和兴奋性同时受损，但没有突变；(4)单纯的兴奋性、活动性下降，没有能量消耗。

四、运动性疲劳的延缓

能够延缓运动性疲劳的出现,便能增加锻炼的时间,从而可以提高锻炼的效果。延缓运动性疲劳出现的方法有很多,可以从下列几个因素进行考虑。

(一)坚持锻炼

平时注意坚持经常的体育锻炼和运动训练,努力提高自己的身体素质。身体素质好了,运动疲劳也会来得迟。

(二)合理安排锻炼内容

锻炼时,应该注意运动内容的合理安排,以避免因局部负担过重产生局部疲劳,而过早导致全身整体工作能力的下降。因此,在平常锻炼时,运动内容要交替选择,以使身体各部位活动负荷合理变换,而有助于推迟疲劳的出现。

(三)合理饮食

饮食营养的合理安排,对体内能源的充分贮备有积极意义。这也是推迟运动疲劳的一种很有效的方法。

(四)加强心理因素

加强意志品质训练,提高心理素质,有利于疲劳时精神意志因素的改善,从而有助于推迟疲劳的出现。

五、运动性疲劳的消除

疲劳的消除法有两种形式:一是活动性休息,也叫积极性休息;二是静止性休息。这两种方法各有优势和不足,结合使用才是最好不过的。另外,还有一些其他消除疲劳的方法。具体如下。

(一)活动性休息

研究证明,疲劳后做些放松动作可达到疲劳消除的目的。积极性疲劳消除的生理依据及其效益,主要表现如下。

(1)田径健身运动结束后转入低强度、慢节奏的轻活动,肌肉的泵血功能保持持续状态,机体血液循环系统活动无骤然变化,能防止神志昏迷、眩晕及恶心的出现。

(2)乳酸堆积会引起疲劳,通过运动后的整理活动,使流经收缩肌群的血流速度仍不减慢,故能及时地把扩散到血液中的乳酸带走并排泄掉。乳酸蓄积和氧债密切相关,乳酸消除率提高,氧债的消除也迅速。

(3)停止田径运动健身后,由于运动时欠下的氧债过多会发生急促的大喘气。当机体转换到轻运动时,氧债的补偿过程就能达到逐步化,而不致出现过勤换气现象。

(二)静止性休息

最好的静止性休息是保证睡眠质量。有试验让一部分人只饮少量的水,不进食,另一部分人不睡眠。数日后进行测试,发现不眠组身体损害要比不食组大得多。彻夜不眠,一是会使机体循环系统功能衰减;二是能使中枢神经系统功能紊乱和心理精神活动能力减退,并使人非常痛苦等。因此,保证睡眠质量既是维护正常生理功能的必由之路,也是消除疲劳、恢复精力的有效手段。保证睡眠的效果,要注意以下几点。

(1)睡眠有规律,养成定时入寝与定时起床的习惯。

(2)保证有足够的睡眠时间。

(3)睡眠不足时应在白天补足,午睡时间 30～60 分钟最适宜。

(4)优化睡眠环境。适宜的居室温度、湿度以及寝具的舒适程度,对睡眠都有一定影响,应予以注意。

(三)其他消除疲劳的方法

(1)心理调节。例如,欣赏优美的音乐、进行自我心理控制与放松调节等,对体力恢复就有很大益处。

(2)节假日生活的合理安排。工作学习的周期都是一周,因而休息日是消除疲劳、防止疲劳进一步积累的绝好手段,消除疲劳可以合理地安排节假日生活。

(3)从膳食中摄取营养,调节消除疲劳。疲劳的一个重要原因是能源物的耗竭,因此除休息和睡眠等手段外,还要补充必要的营养物质。营养摄取要合理平衡,不能盲目补充,也不能补充过量,防止造成脂肪的堆积。

(4)按摩,以轻手法按摩效果最明显。按摩可以使皮肤和肌肉的血液、淋巴循环加强,穴位刺激还能对神经起作用。按摩时间应限制在30分钟左右,不能过长和手法过重。

(5)沐浴。沐浴能使皮肤保持清洁,改善全身血液循环,加速体内代谢产生排泄和促进疲劳的消除。沐浴以40℃的温水最理想,入浴时间以20分钟左右为宜。

(6)物理性恢复手段。光疗、电疗等对促进疲劳肌肉的代谢过程,加速疲劳的消除具有良好作用。还有吸氧、空气负离子吸入、局部负压法、针灸、气功等方法,也有益于消除疲劳。

第二节 田径运动开展的损伤处理

田径运动中的许多项目较为激烈或是对运动员的爆发力要求较高,如短跑项目和推铅球项目。因此,参加这些项目很可能受到运动性损伤的袭扰。对于包括田径运动在内的所有体育项目来说,运动性损伤都是不能完全避免的,因此,掌握一定的运动损伤处理方法是非常必要的,本节就对这一问题进行研究。

一、运动损伤的原因

(一)运动损伤防范意识薄弱

在进行体能训练时发生运动损伤,与运动员的运动损伤预防意识薄弱有关。在田径体能训练中,运动损伤发生的原因往往是没有积极地采取各种预防措施。特别是对于青少年来说,由于他们缺乏一定的经验,思想上往往麻痹大意,在进行体育锻炼时往往是盲目的或冒失的,还有些时候会情绪急躁、急于求成,往往出现忽视循序渐进和量力而行的原则的情况;器械练习中注意力不集中等思想心理状态;除此之外,他们往往在练习中因困难、恐惧、害羞等因素而产生犹豫不决和过分紧张等不良情绪,都会造成运动损伤。

(二)运动负荷安排不合理

在进行田径训练及其相应的体能训练时,运动负荷安排不合理是导致运动损伤的重要原因之一。通常来说,不合理的运动负荷安排主要体现在准备活动比重过小、体能训练比重过大、专项训练强度过大、运动组织方法不当等。因此在进行田径训练前,首先要了解运动者的身体状况,并根据科学的运动水平检测来选择合适运动量的训练。

(三)外界环境因素

外界环境因素包括的方面很多,大致可以分为两个方面:一个是场地器械方面的因素,一个是气温环境因素。

导致运动损伤发生的场地器械方面的因素主要包括以下几个方面:首先,运动场地不平,有碎石或杂物,运动员不小心就会摔倒;其次,跑道太硬或场地太滑,沙坑太硬或有石块,如果不经检查就试用,往往会造成损伤;再次,器械维护不良或年久失修造成运动时断裂,这种原因导致的损伤往往较为严重。如果有器械安装不牢固的情况出现,就会导致练习时出现倒塌;另外,如果器械的高低、大小或重量与锻炼者的体格和体能要求不相符合,再加上没有在练习时采取适当的保护措施,运动员在运动时没有合适的着装,穿皮鞋、塑料底鞋等,这些都是导致损伤容易发生的因素。

气温环境方面的因素,主要包括以下几个方面:首先,气温过高是导致疲劳和中暑发生的主要原因;其次,气温过低,往往会发生冻伤或由于身体协调性降低而引起肌肉和韧带损伤;再次,潮湿高热容易使运动员出汗量增多,从而导致肌肉痉挛或虚脱的出现;最后,光线不良会影响运动员的视力,兴奋性会受到影响降低、反应迟钝。除此之外,需要强调的是,有害气体的污染也是导致运动损伤发生的重要因素,需要引起重视。

(四)慢性劳损或患病史所致

慢性劳损是运动员身体局部过度活动、长期负重,或者某部受到持续、反复的外力作用而造成的慢性积累性损伤,它在老队员的伤病因素中最为明显。慢性劳损致病多发于人体活动枢纽的腰部和反复受到牵拉、应力作用的髌骨,具有病因较难祛除、伤病不易治愈和队员又不能停训的特点。慢性劳损还和不科学的运动训练、新伤的不彻底治疗以及重复受伤有关。

针对一些过去有过患病史的运动员,要先咨询医生,看根据自己的身体情况是否适合参加田径运动项目,运动是否对自己的身体具有再次伤害和诱发可能性,无诱发或再伤害可能的情况下是否影响运动发挥等。

(五)运动员缺乏医务监督

有些运动员由于对自身条件的认识不够而选择了不适宜自身的运动项目,结果损伤的发生率偏高。例如,在一年龄偏大的运动员中,采用蛙跳来增强腿部肌肉力量,运动负荷安排过大,就容易出现膝关节损伤；进行柔韧性练习时，韧带肌肉被动过度拉伸会造成肌肉撕脱。所以训练要科学，并选择适合于自身条件的运动，运动者必须在训练前进行体检及运动功能评定，以便为教练提供科学的信息从而合理安排锻炼。因此缺乏医务监督也是导致运动损伤的重要原因之一。

二、田径运动中常见损伤的处理

(一)常见急性损伤处理方法

1. 挫伤

损伤原因及征象表现：挫伤是指在钝重器械打击或外力直接作用下使皮下组织、肌肉、韧带或其他组织受伤，而伤部皮肤往往完整无损或只有轻微破损。发生挫伤后，以疼痛、肿胀、皮下出血和功能障碍的症状为主。

处理方法：受伤后应马上进行局部冷敷、外敷新伤药等，适当加压包扎，并抬高患肢，以减少出血和肿胀。肱四头肌和小腿后群肌肉的严重挫伤多伴有部分肌纤维的损伤或者断裂，组织内出血形成血肿，应将肢体包扎固定后，迅速送医院诊治。头部、躯干部的严重挫伤可能会伴有休克症状，应认真观察呼吸、脉搏等情况，休克时应首先进行抗休克处理，使伤员平卧休息、保温、止痛、止血，疼痛甚者，可口服可卡因，或者肌肉注射杜冷丁，并立即送医院诊治。

2. 肌肉拉伤

损伤原因及征象表现：肌肉主动强烈地收缩或被动过度地拉长所造成的肌肉细微损伤，肌肉部分撕裂或完全断裂，称为肌肉拉伤。发生拉伤后往往会表现出的征象为：局部疼痛、压痛、肿胀、肌肉发硬、痉挛、功能障碍。如果肌肉断裂，伤员受伤时多有撕裂感,随之失去控制相应关节的能力,并可在断裂处摸到凹陷,在凹陷附近可摸到异常隆起的肌肉断端。

处理方法:拉伤时应立即采用氯乙烷镇痛喷雾剂等进行局部冷敷,加压包扎,并把患肢放在使受伤肌肉松弛的位置,以减轻疼痛。肌纤维轻度拉伤及肌肉痉挛者,用针刺疗法会取得良好的效果。肌肉、肌腱部分或完全断裂者应在局部加压包扎,固定患肢后,马上送医院诊治,必要时还要接受手术治疗。通常拉伤48小时后才能开始按摩,但手法一定要轻缓。

3. 关节、韧带损伤

(1)指间关节扭伤

损伤原因及征象表现:出现急性损伤时,表现出的征象一般有疼痛剧烈,关节周围红肿,运动功能发生障碍,局部压痛等。如果出现一侧韧带断裂的情况,就会导致轻度侧弯畸形和异常的侧向运动出现;如果发生了关节脱位,就会出现伤指向背侧屈折成畸形的情况。通过X光拍片进行检查,可以看见指骨基底部的撕脱性骨片。

处理方法:如果是急性扭伤,要立即进行冷敷,然后局部外敷新伤药并固定,如果出现指间关节韧带断裂的情况,就应将伤指屈曲位固定3周。另外,还可以用粘膏支持带将伤指与患侧邻近的健指作环形的固定,但是,需要注意的是,如果是拇指、小指尺侧和食指桡侧韧带出现断裂,那么就必须用夹板固定。如果伤情较为严重,比如指间关节韧带断裂后侧向运动比较明显或撕脱骨片嵌入关节时,就应该及时通过手术进行治疗。

(2)肘关节内侧软组织损伤

损伤原因及征象表现:出现急性损伤时,表现出来的征象主要有疼痛,肘关节屈伸运动受限,局部微肿、压痛等。如果出现组织断裂,就会表现出皮下瘀斑、关节肿胀明显、轮廓不清等征象。如果是慢性病例,往往会在准备活动后疼痛消失,重复损伤机制中所述的受伤动作时疼痛,在完成动作时,往往会出现"软肘"

现象。

处理方法：如果是急性损伤，应该采用的处理措施为，损伤局部立即用氯乙烷或冰袋进行冷敷，然后加压包扎，并于屈肘90°角使用三角巾悬吊固定。伤后24小时，可外敷新伤药、理疗或强的松龙与奴夫卡因混合液进行痛点注射等。另外，需要强调的是，肘部急性损伤后运用按摩治疗，但是，一定要慎重处理，防止加重病情。同时，需要注意的是，由于肘关节附近的损伤，常可并发外伤性骨化性肌炎，因此，局部被动暴力活动不宜采用。

（3）肩关节损伤

损伤原因及征象表现：发生急性肩袖损伤后，在肩的外侧往往会产生一定的疼痛感，有一些病例疼痛会向三角肌止点或颈部放射，有部分病人会在夜间有加剧疼痛的现象。另外，该损伤会在一定程度上限制肩关节的活动，主动或被动地使上臂外展至60°～120°角间或内外旋转时会出现疼痛。当上臂从180°角上举位放下时，同样也在120°～60°角间，也会有疼痛产生，这是肩袖损伤，尤其是冈上肌损伤的重要征象。

处理方法：急性期上臂置于外展30°位置，适当休息，理疗、针灸、按摩、外敷中药或痛点封闭，效果都较好。按摩可以用推、揉、搓、滚等手法，配合选用曲池、肩髃、阿是穴等，最后活动运拉肩关节和上肢。如果怀疑有肌腱断裂者，要送往医院做进一步的检查和处理。

（4）膝关节胫侧副韧带损伤

损伤原因及征象表现：在发生膝关节胫侧副韧带损伤后，后膝内侧部会突然出现剧烈疼痛，关节强迫于屈曲位，腘绳肌产生保护性痉挛，拒绝任何活动，勉强用足尖行走。轻中度韧带损伤，如不损伤关节内结构，一般不引起膝关节肿胀，经过简单固定可继续参加比赛；严重的内侧副韧带损伤，内侧副韧带深层损伤，特别是合并有半月板损伤、交叉韧带损伤或关节骨折，膝关节可出现关节肿胀，积血，功能障碍更加明显。

处理方法：损伤早期主要防止损伤加重、固定、止痛。局部立即给予氯乙烷麻醉、降温或冷敷,松软敷料及弹性绷带加压包扎止血固定,抬高患肢,减轻肿胀。3 天后局部热敷或应用中药外敷,并进行股四头肌训练。3 周内局部支持带或支具辅助下扶拐杖行走。6 周后去除支具或拐杖膝关节屈伸活动,渐进性抗阻锻炼。3 个月后恢复日常活动。如患膝疼痛、肿胀明显,外翻应力试验阳性,X 线片有骨折,原则上需手术修复。手术修复断裂的韧带止点或缝合撕裂的内侧副韧带,术后康复训练。合并内侧半月板及前交叉韧带损伤者,也需手术修复。

(5)踝关节扭伤

损伤原因及征象表现:在发生踝关节扭伤后,伤处疼痛、肿胀,韧带损伤处有明显压痛和皮下瘀血。

处理方法:发生踝关节扭伤后应立即用冷水冲洗或冷敷(放上清洁的凉毛巾或冰块),用绷带固定包扎,并抬高患肢。24 小时内不得按摩、热敷等。24 小时后根据伤情进行外敷药、理疗、按摩等治疗。

(6)跟腱断裂

损伤原因及征象表现:跟腱断裂足部表面无异常现象但有剧烈撕裂疼痛,丧失足部活动能力。是一种非常严重的运动损伤。

处理方法:发生跟腱损伤,应快速用冷水、冰块冷敷,固定踝关节,抬高患肢,送医院处理。

4. 腰扭伤

损伤原因及征象表现:腰扭伤在举重、跳水、投掷、体操、篮球、排球等运动中最容易发生。在一些体育活动中,腰部的肌肉还没活动开就猛一用力,肌肉和韧带拉伸过度,或是负荷重量过大,强行用力,脊柱过度前屈,技术动作的错误等,都会造成腰扭伤。

处理方法:发生腰扭伤后,要停止活动,立即休息。如果不休息、不及时治疗,容易反复发作留下病根,变成慢性腰腿痛。躺在床上休息时,为了使腰部的肌肉放松,腰下可垫个薄点的软枕头,以减轻疼痛。腰扭伤后,用热敷疗法较好,并注意适当加强背肌练习,也可去医院接受治疗。

5. 髌骨劳损

损伤原因及征象表现:导致髌骨劳损发生的原因有很多,最主要的有跑跳过多、膝关节长期负担过度或反复微细损伤的积累等,局部遭受一次撞击和牵扯也会导致髌骨劳损的发生。在发生髌骨劳损早期或症状较轻者在大运动量训练后,患者往往会有膝痛和膝软的感觉,但是,经过一段时间的休息后,症状会有所缓解。随着病变的进展,疼痛会有所加重,准备活动后症状又会有所减轻,训练结束后又会出现加重的情况。症状重者走路和静坐时也会感觉到痛,髌骨尖、髌骨周缘有压迫痛,膝关节伸膝至110°~150°之间有较为明显的疼痛感。

处理方法:如果较好地运用登台阶法、直抬腿法、髌骨抽动法、高位静力半蹲法等,往往能够收到较为理想的治疗效果。另外,中药外敷、理疗、中药渗透或直流电导入、针灸、按摩等措施也可以适当采用,能够起到一定的辅助治疗效果。长期保守治疗无效,症状加重的髌骨软骨患病者,应及时进行手术治疗。

6. 运动性昏厥

损伤原因及征象表现:在田径运动中,尤其是在一些耐力和速度项目中,激烈的运动引起呼吸、心跳骤然停止,造成血液循环停止。如果对患者不及时抢救,很容易造成永久性损伤或死亡,因此,要想较好地抢救运动性昏厥,就一定要争分夺秒地进行心肺复苏术,通过人工呼吸和胸外心脏按压,来使血液循环恢复,从而尽可能地使伤亡得到避免。

一般来说,标准的心肺复苏术主要包括三个部分,即判断意识和畅通呼吸道、人工呼吸、人工循环,具体如下。

第五章 田径运动开展的安全保障

(1)判断意识和畅通呼吸道

如果有人昏迷倒地,正确的做法是:轻摇其肩部并高声喊叫受伤者名字并询问病情,如果受伤者没有反应,就应该立即对其人中、合谷等穴位进行掐压。如果仍不见其苏醒,那么就应该立即向周围呼救并打急救电话,然后使其仰卧,头、颈、躯干平直勿扭曲,双手放于躯干两侧,等待医生的救援。

处理方法:要采用仰头抬颌法来开放病人的气道,正确的做法是,抢救者一手置于伤员前额使其头部后仰,另一手的食指与中指置于其近下颌骨处,抬起下颌,这样能够使伤员的呼吸道保持通畅,同时还要及时拨打急救电话或者及时送医院进行抢救。

(2)人工呼吸

使伤员的呼吸道保持畅通后,要立即判断伤员是否有呼吸,正确的判断方法为:抢救者将脸贴近其口鼻,感受是否有气息进出,同时观察伤员的胸部,看其有无起伏,若这些方面都没有反应,那么就说明该伤员已经没有呼吸了,这时候就要立即对其进行口对口的人工呼吸。

处理方法:首先,需要强调的是,只有在保持伤员呼吸道畅通和口部张开的情况下,才能够进行口对口的人工呼吸。正确的操作方法为:用按其前额的手拇指与食指捏住其鼻孔,深吸一口气后,张开口紧贴其口(要将其口全部包住,若有条件可先用一块无菌纱布盖住伤员的口),快而深地向其口内吹气,直至他的胸部上抬。一次吹气完毕后立即与其口部脱离,放松捏鼻的手指,以便他从鼻孔出气,轻轻抬起头部,目视其胸部,同时吸入新鲜空气,准备下一次人工呼吸。通常情况下,每次吹入的气量以 800~1 200 毫升为宜。

(3)人工循环

首先,要将伤员有无脉搏的情况确定下来。正确的方法为:抢救者一手置于伤员前额,使其头部保持后仰,另一手在靠近抢救者一侧触摸伤员的颈动脉,用食指及中指指尖触及其气管正中部位(男子可先触及喉结),然后向旁滑移 2~3 厘米,在气管旁软

· 145 ·

组织处轻轻触摸颈动脉搏动。

处理方法:首先要对伤员有无脉搏进行判断,如果确定已经没有脉搏,这时候就需要立即进行胸外心脏按压。具体方法为:使伤员仰卧于硬板床或地上,在气道开放的前提下先进行两次人工呼吸,然后快速找到心脏按压的部位,以食指、中指并拢沿其肋弓处向上向中间滑移,在两侧肋弓交点处寻找胸骨下切迹(剑突处),以此作为定位标志;然后将食指和中指的两指横放在胸骨下切迹上方,食指上方的胸骨正中部位即为按压区;将一手掌根重叠放在另一手背上,但手指不要接触胸壁。在做人工循环时,需要强调的是,抢救者双臂应绷直,双肩在伤员胸骨上方正中,垂直向下用力按压,并以髋关节为支点,以肩臂用力。一般来说,对成年伤员按压的频率为80~100次/分钟,按压深度为4~5厘米。

一般情况下,可以将心肺复苏术分为两种,一种是单人心肺复苏术,在进行单人心肺复苏术时,首先要将按照上述步骤进行的人工呼吸完成,然后再进行15次胸外心脏按压,换句话说,就是吹气和按压比例是2:15,如此反复进行,直到医务人员赶到或伤员恢复自主呼吸和心跳。另一种是双人心肺复苏术,双人心脏复苏术是在进行完上述步骤后,一人进行口对口人工呼吸,另一人进行胸外心脏按压。需要强调的是,两人必须协调配合,并且将按压与吹气的比例控制为5:1或4:1,这种心肺复苏术对专业水平要求较高,因此,往往是由专业人员操作的。

(二)常见慢性损伤处理方法

1. 滑囊炎

损伤原因及征象表现:凡摩擦频繁、压力较大的部位几乎都有滑囊存在,其主要作用是减少摩擦力。腱鞘炎是局部运动量过大而引起的一种不适应性炎症反应,有疼痛和压痛感,多发生于手腕、掌指关节、脚踝后部、肩前部等部位,是体育运动中常见的一种劳损性伤病。滑囊炎患者的关节附近会出现一个疼痛包块,大小不定,运动受限各异。表浅者可扪及边缘并测出波动,穿刺可得淡黄色、透明、比较黏稠的液体。

处理方法:抽吸出滑液,注射醋酸泼尼松类药物于滑囊内,并加压包扎即可,疗效较好,但易复发。非手术治疗无效且影响训练或日常生活者,考虑手术切除病变滑囊。

2. 腱鞘炎

损伤原因及征象表现:产生腱鞘炎的原因是由于肌腱与腱鞘长期、快速、用力的摩擦,使两者都发生损伤而水肿,同时发生腱鞘炎和肌腱炎;炎症发生时,鞘管相对狭窄,压迫其中的肌腱,反复发作的水肿则会引起腱鞘和肌腱增生。鞘管本来就很小,增生的腱鞘会压迫肌腱,使肌腱水肿、增生,呈葫芦状肿大,阻碍肌腱的滑动,运动时会有弹响或闭锁发生。在最开始发生腱鞘炎的部位在早晨起床时会发僵、疼痛,在活动一段时间后会症状会消失。但如果没有得到患者的重视,发生腱鞘炎的部位会出现持续的发僵和疼痛,严重者有弹响或闭锁,患处局部压痛。若部位表浅,则可扪及一压痛性结节,该结节随肌腱滑动,并可感到弹响由此处发出。

处理方法:腱鞘炎发病早期应注意患肢休息、局部制动、理疗,直到症状完全消失。上述治疗无效时,可用甾体抗炎药(如曲安奈德)局部封闭,以减轻局部炎症反应。局部封闭注射每周1次,3~4次为1个疗程,同时配合理疗。症状完全消失后可逐渐开始恢复训练,但要注意正确的训练方法,避免致病因素,才能防止复发。病情严重者,终日疼痛或闭锁不能解除时,需手术切开狭窄的腱鞘。

3. 肌肉痉挛

损伤原因及征象表现:运动性肌痉挛可能与多种因素有关。如在田径运动中,剧烈的运动会导致肌肉快速连续性收缩,导致肌肉收缩与放松的协调交替关系破坏,特别在局部肌肉处于疲劳时,有大量的乳酸堆积,更易发生肌肉痉挛;运动中大量排汗,使电解质丢失太多,也易发生肌肉痉挛;还有的因准备活动不够,或因情绪过于紧张,也会引起肌肉痉挛。当机体的某个部位发生肌肉痉挛时会出现剧烈的疼痛,局部肌肉变硬,可持续数分钟,缓解后易复发。

处理方法:不太严重的肌肉痉挛,只要向相反的方向牵引痉挛的肌肉,一般都可以缓解。牵引时不可使用暴力,用力宜均匀、缓慢,以免肌肉被拉伤。此外,还可配合局部按摩,重力按压、揉捏和点掐或针刺痉挛肌肉的相关穴位。例如,腓肠肌痉挛时,可点掐或针刺委中、承山、涌泉等。严重的肌肉痉挛有时需采取麻醉才能缓解。处理过程中需要保暖。

4. 腰部肌肉筋膜炎

损伤原因及征象表现:腰肌筋膜炎,也就是通常所说的腰肌劳损,其病理改变是多种多样的,其中,最主要的包括筋膜、神经、血管、肌肉、脂肪及肌腱的附着区等不同组织的变化。一般情况下,大多为急性扭伤腰部后,由于没有经过彻底的治疗就参加运动,逐渐劳损所致的。另外,导致腰部肌肉筋膜炎的原因还有锻炼中出汗受凉。该损伤发生以后,往往会表现为局部酸疼发沉等自发性疼痛,腰椎 3、4、5 两侧骶棘肌鞘部是最常见的疼痛部位,不少患者同时感觉有疼麻放射到臀部或大腿外侧;大部分伤者尚能坚持中小运动量的锻炼,练习前后疼痛是较为常见的表现;在脊柱活动中,尤其是前屈时常在某一角度内出现腰痛。

处理方法:可采用理疗、按摩、针灸、封闭、口服药物、用保护带及加强背肌练习等非手术治疗手段。对顽固病例可手术治疗。

第三节 田径运动开展的疾病治疗

运动性疾病,是指因运动而引起或与体育运动有直接关系的一系列疾病的总称。运动性疾病的种类繁多,发病机制较为复杂,包括由心理引发的和由生理引发的。运动性疾病的预防与处理对于田径健身来说具有很重要的意义,为此,本节罗列了常见运动性疾病及其处理与预防的方法。

一、过度紧张

过度紧张,是指在运动前或运动中由于心理、生理负荷超过了机体承受能力而引起的一种病理状态。

(一)病征原因

(1)运动水平不高。
(2)生理状态不良。
(3)机体过分疲劳。
(4)伤病中断训练后突然参加剧烈活动。
(5)患有心血管疾病,过于勉强完成剧烈运动,更容易发生过度紧张,严重者可导致猝死。

(二)病征症状

(1)恶心呕吐,脉搏快速细弱,血压明显下降。
(2)眼前发黑、面色苍白、头晕、全身无力、站立不稳。
(3)严重者会出现嘴唇青紫,呼吸困难,右侧肋部疼痛,肝脏肿大,心前区痛,心脏扩大等急性心功能不全等症状。

(三)病征处理

(1)轻度时,应使患者安静平卧,注意保暖,经短时间休息后,症状即可消失。
(2)有脑缺血时,应将患者平卧休息,头稍低,同时注意保暖,给以热糖水或镇静剂。
(3)对于严重的心功能不全的患者,应保持安静,平卧,指掐"内关"和"足三里穴"。如果昏迷,可指掐"人中穴"。

(4)对于呼吸或心跳停止者,应做人工呼吸或胸外心脏挤压术,并迅速请医生处理。

(四)病征预防

(1)加强身体全面训练,注意循序渐进。

(2)参加大强度训练前,应做体格检查,若有高血压、心脏病等疾病,则不可参加。

(3)要严格遵守作息制度,注意个人卫生和合理营养。

(4)伤病初愈或因其他原因中断训练,后重新开始训练,应逐步增加运动强度和运动量。

(5)锻炼基础差和患有心血管疾病的人,应根据自己身体情况参加活动,不可勉强。

(6)要加强对体育活动参加者的医务监督。

二、运动中腹痛

运动中腹痛多发生在运动过程中或运动结束时,右上腹痛最常见。

(一)病征原因

(1)准备活动做得不充分。

(2)呼吸与动作之间的节奏配合不良。

(3)缺乏锻炼或训练水平低。

(4)身体状况不佳、劳累、精神紧张。

(5)膳食制度不合理,饮食上存在问题。

(6)运动速度和强度加得过快或太突然等。

(二)病征症状

(1)大多数锻炼者在小负荷和慢速度运动时,腹痛不明显;随运动负荷和强度增加,腹痛也逐渐加剧。

(2)腹痛部位常为病变脏器所在,具体如下。
①左下腹痛,多因宿便引起。
②左上腹痛,多为脾瘀血。
③右下腹痛,多为阑尾炎。
④右上腹痛,多为肝胆疾患、肝脏瘀血。
⑤腹中部痛,多为肠痉挛、蛔虫病。
⑥中上腹痛,多为急性或慢性胃炎。

(三)病征处理

(1)用手按压疼痛部位,或弯腰跑一段距离,一般疼痛即可减轻或消失。

(2)减慢运动速度和降低运动强度,加深呼吸,调整呼吸和运动节奏。

(3)如无效或加重,应停止运动,口服止痛药物,点掐或针刺足三里、内关、三阴交等穴位,进行腹部热敷等。

(4)还没有效果,则需请医生诊治。

(四)病征预防

(1)要充分做好准备活动,运动中注意呼吸节律,中长跑时要合理分配速度。

(2)加强全面身体训练,提高生理机能水平。

(3)田径健身运动时,要遵循训练的科学性原则,要循序渐进地增加运动量。

(4)对于各种疾患引起的腹痛,应就医检查确诊,彻底治疗,疾病未愈之前,应在医生指导下进行体育活动。

(5)膳食安排要合理,饭后须经过一定时间后才可进行剧烈运动,运动前不宜过饱或过饥,也不要饮水过度。

三、岔气

运动时发生与腹痛位置不同的突然性胸壁或上腹近肋骨处

的疼痛现象叫"岔气"。

(一)病征原因

(1)呼吸节奏紊乱或心肌功能不佳。
(2)运动前没有做好准备运动。

(二)病征症状

(1)胸壁或上腹近肋骨处出现疼痛,影响体育运动正常进行。
(2)说话、深呼吸或咳嗽时局部更加疼痛。
(3)疼痛的局部可有压痛,但不红肿。

(三)病征处理

(1)深吸气后憋住不放,握拳由上到下依次捶击胸腔左、右两侧,亦可用拍击手法拍击腋下,再缓缓深呼气。
(2)深吸气憋住气后,请别人捶击患者侧背部及腋下,再慢慢呼气。
(3)可连续做数次深呼吸,同时自己用手紧压疼痛处。
(4)可深吸气后憋住不放,用手握空拳锤击疼痛部位。
(5)用食指和拇指用力捻捏内关和外关穴,同时做深呼吸和左右扭转身躯的动作。

(四)病征预防

(1)健身前要充分地活动开肢体,使身体适应后逐渐加大运动量。
(2)在运动中要掌握正确的呼吸方法和节奏,并养成经常锻炼的习惯。

四、运动性贫血

运动性贫血是指运动导致血液中红细胞数目及血红蛋白含量低于正常生理数值的病征。

(一)病征原因

运动者在田径健身中如果生理负担量过大,则可导致贫血,其类型多为缺铁性贫血,少数为溶血性贫血,个别为混合型贫血。血红蛋白是红细胞的主要成分,机体在正常情况下每天都有一定数量的红细胞在新生、衰亡,两者之间维持着动态平衡,使血液中红细胞数目与血红蛋白保持在相对稳定的水平上。一旦这种平衡受到某些因素的破坏,即可引起贫血。由于血红蛋白减少,血液输送氧的功能不足,以致全身各组织、器官缺氧,从而引起各种临床症状。

(二)病征症状

(1)运动性贫血发病缓慢,主要症状有头晕、易倦、乏力、记忆力下降、食欲差。

(2)主要的身体特征为皮肤和黏膜苍白,心率较快,心尖区可听到收缩期吹风样杂音等。

(3)运动时症状较明显,常伴有气促、心悸等症状。

(4)血液检查时,血红蛋白男性低于120克/升,女性低于105克/升。

(三)病征处理

(1)适当减少运动量,必要时应停止训练。

(2)服用维生素C和胃蛋白酶合剂,有利于铁的吸收。

(3)口服硫酸亚铁片剂,对治疗缺铁性贫血有明显效果。

(4)改善营养,尤其是补充富含蛋白质和铁的食物。

(5)除身体缺铁元素而导致的运动性贫血之外,其他原因引起的贫血则应及时查明原因,对症治疗。

(四)病征预防

(1)遵守循序渐进和个别对待的原则。

(2)合理安排运动量和运动强度。

(3)多补充身体所需的铁元素。

(4)多食含蛋白质丰富的食物,克服偏食习惯。

五、运动性血尿

肉眼或显微镜下见到尿中有血或血细胞,称为血尿。单纯由运动引起的血尿现象,称为运动性血尿。

(一)病征原因

(1)肾静脉高压:运动者肾周围脂肪组织较少,长时间跑跳时,身体震动可使肾脏下垂,使静脉血流受阻,肾静脉压增高,导致红细胞渗出。

(2)肾缺氧:运动时血液重新分配,肾脏缺血缺氧,影响肾脏正常功能,致使红细胞渗出。

(3)膀胱损伤:在膀胱排空的情况下跑步,脚落地震动时膀胱后壁与膀胱底部互相触碰损伤,引起血尿。

(4)肾损伤:运动时腰部的猛烈屈伸或蜷缩体位可使肾脏受到挤压,肾内毛细血管损伤,从而引起肾出血。

(二)病征症状

(1)运动后即刻出现血尿,其明显程度与运动量和运动强度的大小有关。

(2)出现血尿后停止运动,则血尿迅速消失,一般不超过3天。

(3)除血尿外,无其他症状,血液化验、肾功能检查、腹部X线平片等均正常。

(三)病征处理

(1)出现肉眼血尿时,不管有无症状均应终止运动。

(2)仔细检查,排除病理性血尿,以免延误诊治。

(3)对出现少量红细胞而无症状的运动者,应减少运动量,继续观察。

六、低血糖症

血糖浓度一般为 80～120 毫克％,当血糖低于 55 毫克％时会出现一系列症状,称为低血糖症。

(一)病征原因

(1)因运动前体内肝糖原储备不足,又不能及时补充血糖的消耗。

(2)长时间进行剧烈运动时体内血糖大量消耗和减少。

(3)中枢神经系统调节糖代谢的功能紊乱,胰岛素分泌量增加。

(4)患病参加运动等。

(二)病征症状

(1)血糖明显降低。

(2)轻者感到饥饿、极度疲乏、心悸、头晕、面色苍白、出冷汗。

(3)重者可四肢发抖、神志模糊、语言不清、呼吸短促、烦躁不安或精神错乱,甚至惊厥、昏迷。

(4)脉搏快而弱,血压偏高或无明显变化,或昏倒前升高而昏倒后降低,呼吸短促,瞳孔扩大。

(三)病征处理

(1)低血糖症,应使病者平卧、保暖。

(2)神志清醒者可饮浓糖水或吃少量食品,一般短时间内即可恢复。

(3)对不能口服者,可静脉注射 50％葡萄糖 40～100 毫升。

(4)对昏迷不醒者,可针刺人中、百会、涌泉、合谷等穴,并迅速请医生前来处理。

(四)病征预防

(1)进行运动量大的运动时,应准备一些含糖的饮料,供途中饮用。

(2)平时缺乏锻炼者,或患病未愈及空腹饥饿时,不要参加长时间的激烈运动。

七、肌肉酸痛

活动量较大的健身运动往往会出现肌肉酸痛,这种肌肉酸痛不是即刻发生在运动结束后,而是发生在运动结束后1~2天,因此称为延迟性酸痛。

(一)病征原因

其主要原因是运动时肌肉活动量大,引起局部肌纤维及结缔组织的细微损伤,以及部分肌纤维的痉挛所致。酸痛后,经过肌肉内局部细微损伤的修复,肌肉组织变得较前强壮,以后同样负荷将不再发生损伤。

(二)病征症状

(1)局部肌肉纤维细微损伤及痉挛。
(2)整块肌肉仍能完成运动功能,只是存在一定的酸痛感。

(三)病征处理

(1)热敷局部酸痛肌肉,促进血液循环及代谢过程,有助于损伤组织的修复及痉挛的缓解。

(2)对酸痛局部进行静力牵引练习,保持拉伸状态2分钟,然后休息1分钟,重复练习。

(3)按摩局部酸痛肌肉,使肌肉放松,促进肌肉血液循环,有助损伤修复及痉挛缓解。

(4)补充微量元素锌元素,锌元素有利于损伤肌肉的修复。

(5)口服维生素 C。维生素 C 有促进结缔组织中胶原合成的作用,有助于加速受损组织的修复和缓解酸痛。

(四)病征预防

(1)准备活动中,注意使即将练习时负荷重的局部肌肉活动得更充分。

(2)锻炼时,尽量避免长时间集中练习身体某一部位,以免局部肌肉负担过重。

(3)根据不同体质、不同健康状况科学地安排锻炼负荷。

(4)整理运动除进行一般性放松练习外,还应重视进行肌肉的伸展牵引练习,这有助于预防局部肌纤维痉挛。

八、中暑

中暑是因高温环境或受到烈日暴晒引起的疾病,多发生在长跑、越野跑及足球等运动项目。

(一)病征原因

(1)在炎热的天气下进行长时间耐力运动。

(2)对热环境适应能力差。

(3)身体疲劳、失眠、失水、缺盐。

(二)病征症状

(1)逐步发展为体温升高,皮肤灼热干燥。

(2)早期有头晕、头痛、呕吐现象。

(3)严重者可出现精神失常、虚脱、痉挛、心律失常、血压下降。

(4)过于严重的,甚至会昏迷,危及生命。

(三)病征处理

(1)有先兆或轻度中暑时,迅速撤离高热环境,至通风阴凉处休息。解开衣领,并服用清凉饮料、浓茶、淡盐水和解暑药物等。

(2)病情较重者,立即移到阴凉处,让其平卧。根据不同的病情,分别处理:中暑痉挛时,牵伸痉挛肌肉使之缓解,并服用含盐清凉饮料;中暑衰竭时服用含糖、盐饮料,并在四肢做重推按摩。

(3)症状重或昏迷患者,可针刺人中、涌泉、中冲等穴,并应迅速送往医院进行抢救。

(四)病征预防

(1)高温炎热季节运动时,应当减少运动量和运动时间。

(2)准备清凉消暑或低糖含盐饮料,并准备急救药品,发现中暑症状,立即停止运动,及时处理。

(3)夏天在室外锻炼时,应戴白帽,穿浅色、宽松、通风性能好的运动服。

九、昏厥

脑部暂时性血液供应不足,出现突然知觉丧失的现象,称为昏厥。

(一)病征原因

(1)跑动后立即停止,由于下肢血管失去肌肉收缩的挤压作用,加上血液本身的重力关系,大量血液积聚在下肢舒张的血管中,造成回心血量减少,因而心输出量减少,使脑部突然缺血,而发生晕厥。这种昏厥也叫"重力性休克"。

(2)长时间站立或过久下蹲后骤然起立,使脑部缺血,容易引起昏厥。

(3)神经类型欠稳定的人,一旦受惊、恐惧、悲伤,或者看到别人出血,都可反射地引起广泛的小血管急性扩张,血压下降,从而导致脑部血液供应不足而发生血管抑制性昏厥。

(二)病征症状

(1)昏厥前,病人面色发白,感到头昏眼花,全身软弱无力。

(2)昏厥时失去知觉,突然昏倒。

(3)昏倒后,面色苍白、出冷汗、手足发凉、血压下降、脉搏慢而弱、呼吸缓慢。

(4)经过短时间的平卧休息,脑缺血消除,知觉迅速恢复,但精神不佳,仍有头昏,全身无力的感觉。

(三)病征处理

(1)让病人平卧,头部稍放低,松解衣领,注意保暖。

(2)用毛巾擦脸,自小腿向大腿做重推摩和揉捏。

(3)病人没有苏醒,则用指针掐点人中穴。

(4)禁止给任何饮料饮用或服药。有条件的话,应给氧气和在静脉注射 25%～50%葡萄糖 40～60 毫升。

(5)如呼吸停止,应立即进行人工呼吸,醒后可给以热饮料,注意休息。

(6)急救同时,应该尽快联系医生。

(四)病征预防

(1)坚持锻炼,增强体质。

(2)跑后不要立即站立不动,应继续慢跑并做深呼吸。

(3)久蹲后要慢慢站立起来。

(4)当有昏厥的前期症状时应立即平卧,或由同伴扶着走一段路,可使症状减轻或消失。

十、休克

(一)病征原因

(1)身体生理状态不良。

(2)运动量过大。

(3)肝脾破裂大出血、骨折和关节脱位的剧烈疼痛等。

(二)病征症状

(1)早期常有烦躁不安、表情紧张、呻吟、脉搏稍快、呼吸表浅而急促等症状。

(2)发作时精神萎靡不振、面色苍白、畏寒、口渴、头晕、四肢发冷、出冷汗、脉速无力,血压和体温下降。

(3)严重者出现昏迷。

(三)病征处理

(1)使病人安静平卧。对伴有心率衰竭的严重病人,应保持安静,使其平卧。注意保暖。

(2)可给服热开水及饮料,针刺或点人中、足三里、合谷等穴。

(3)由骨折等外伤的剧痛而引起的休克,应给以镇痛剂止痛。

(4)急救的同时,应立即送医院。

第六章 走跑类运动文化与开展研究

田径走跑类运动主要包括竞走、短跑、中长跑、跨栏跑、马拉松等项目。本章对走跑类运动文化与开展的研究主要针对上述项目进行,涉及其运动文化与开展的技术指导,并对走跑类运动游戏的开展进行了研究。

第一节 竞走运动文化与开展

一、竞走运动文化

竞走运动的起源地是英国,由于英国在欧洲的地位较高,因此经过一段时间的发展,这项运动逐渐在欧洲大陆传播开来。1870年,世界上第一个竞走世界纪录诞生,创造这一纪录的是英国人托马斯,这项纪录的项目长度为20公里。托马斯完成20公里竞走所用的时长为2小时47分55秒。到19世纪90年代初期,竞走运动在德国受到了民众的广泛欢迎。20世纪初,竞走运动逐渐走向了"现代化",使得更多的人愿意选择这种运动作为健身的方式,竞走获得了进一步的发展。竞走运动第一次被列入到奥运会正式比赛项目中是在1908年举行的第4届奥运会上,随后的奥运会比赛中竞走学生的比赛成绩不断被刷新。到20世纪90年代,恢复训练、训练负荷等竞走训练理念获得了较快的发展与提高,一些新型的训练方式应运而生,这对提高运动员的竞技水平有着非常明显的帮助。在训练方法上,越发看重在高原条件下的训练。女子10公里竞走项目在1992年举行的巴塞罗那奥运会上被首次设立。

与世界竞走运动的发展相比,竞走运动在19世纪末传入我国。由于当时我国正处在社会动荡期,致使这项运动并没有得到大规模的普及和发展。1935年10月10日到20日,上海举办了第6届全国运动会。在这届运动会上,竞走运动被列为表演项目,当时的竞走比赛距离为50公里。1959年10月15日,我国在北京举办了第1届全国竞走比赛,这次赛事也是我国首次举办的竞走单项比赛,竞赛距离为10公里。1961年后,我国中断了竞走比赛的发展,直到20世纪80年代初才恢复全国竞走比赛,在随后的比赛中涌现出了许多优秀的竞技运动员。2012年伦敦奥运会上,我国运动健儿陈定获得男子20公里竞走金牌,打破了中国男子竞走项目零金牌的记录。2015年北京田径世锦赛上,中国选手刘虹在女子20公里竞走项目中,以1小时27分45秒夺冠,打破了该项目的世界纪录。

二、竞走运动开展技术指导

(一)姿势

对于竞走运动员来说,采用正确的动作姿势有着非常重要的意义。在向前迈步的过程中,身体应始终保持放松、正直,后背保持平直,在迈步时,不能向前或向后倾斜骨盆(图6-1)。为了便于更好地保持身体姿势的正确性,运动员的头部应始终保持处于自然的位置,并且能够看清楚前下方的路面。

(二)髋部运动

推动人体向前运动的原始动力是通过髋部的运动而产生的。通过将髋部向前转动(即横轴与地面相平行),后腿便被推离开地面。髋部如同一台发动机,通过髋部的转动来带动膝关节和脚快

第六章 走跑类运动文化与开展研究

速地向前运动。在之后的摆动动作阶段,膝关节便与向前运动的髋部的位置相接近。在脚接触地面时,脚后跟要稍稍超过膝关节。

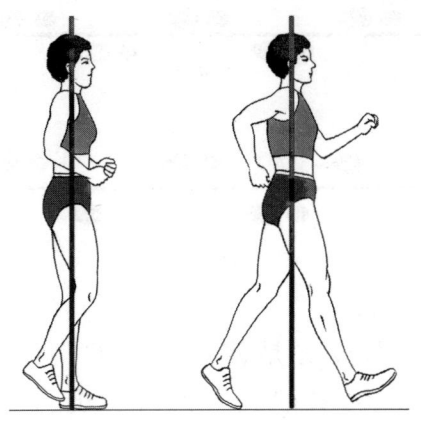

图 6-1

(三)步长

髋部动作的正确与否对步长有着较大的影响,正确的动作能够使步长增大(图 6-2),同时也是保持走的直线性,形成一个一条直线的正确放脚(图 6-3a)。由于受到骨盆柔韧性的限制或者未能充分地转动髋部,会造成脚的落点在一条直线的两侧(图 6-3b、c)。

图 6-2

图 6-3

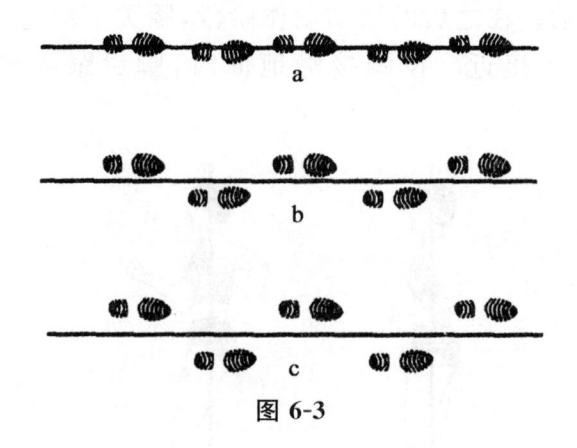

最为理想的放脚姿势是使运动员的脚始终指向身体的正前方。对于放脚姿势,有的人习惯将脚尖自然地指向外侧,或者根据自己创造出来的方式来放脚的放置。对于这些运动员不能着力对他们的放脚方式进行改变,而是通过纠正他们的髋部动作,来使他们将脚的着地点放置在一条直线,但他们脚不会保持平行。虽然这种放脚方式的效率非常低,但若是强制运动员将脚放直、放正,就可能会使腿、膝关节和脚处于紧张的状态(图 6-4)。

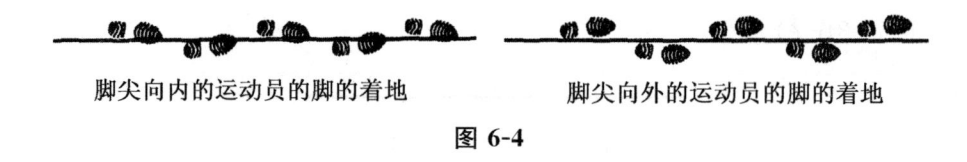

脚尖向内的运动员的脚的着地　　脚尖向外的运动员的脚的着地

图 6-4

(四)膝关节动作

从脚跟触地的瞬间一直到支撑腿达到垂直部位为止,膝关节应始终处于伸直的状态(图 6-5)。在摆动的过程中,由于膝关节保持弯曲,从而使得转动半径大大缩短,使得摆动的速度得到进一步加快。由于运动员之间存在一定的差异性,所以后退开始弯曲的时机也会稍有不同。其中,膝关节的柔韧性、结构以及运动员的力量共同决定了弯曲的最佳时机。

图 6-5

(五)脚的动作

脚着地时,首先要用脚跟着地,脚尖翘起,而不是用全脚掌着地。当脚接触地面的刹那,人体便开始向前进行运动,在整个身体重心全部移动到支撑腿之前,脚尖始终没有接触地面,胫外侧肌的力量直接影响着脚尖离地的时间。在脚开始蹬离地面之前,推动脚转向垂直的力是由腓肠肌引起的。摆动腿的脚向前靠近的过程中并不是擦地而过。

(六)摆臂动作

由于运动员个体的差异性,竞走中的摆臂动作也会存在一定的差别。在运动过程中,运动员肘部保持 45°~90°的弯曲。需要注意的是,必须要对肘的弯曲角度进行固定,但在摆臂的整个过程中,需要使肌肉始终处于放松状态。与直臂摆动相比,屈臂摆动有着更小的转动半径,这使得摆臂速度加快。摆臂方式不是从左到右,而是前后方向来回摆动。从臀后与腰带相平行的位置沿着弧线向胸骨的位置进行摆动,这是手臂移动的路线,在此过程中整个手臂摆动低且放松,两手不能在身体中线的位置进行交叉。两肩胛骨之间要处于放松的状态,不能紧张,在摆臂结束之后不能耸肩。

运动员应保持手的放松状态,但是在进行摆臂的过程中,手臂不能下垂或上下甩动。应伸直手腕,同时使手成半握拳。当手摆动到腿部位置时,手指之间要向内。另外,倘若运动员成放松状态握拳不舒服,也可以采用握拳的方式,但要注意放松,将拇指放在食指与中指之间。

第二节　短跑运动文化与开展

一、短跑运动文化

短跑运动经历了一个非常漫长的发展和演变的历史过程,其最早起源于人类的生活和生产活动之中。在人类社会初期,人们必须与大自然进行斗争才能获得生活资料,其中短距离快速奔跑就是最为常用的基本手段,后来这种快速奔跑能力被作为一种生存技能而代代相传。由此可见,这种在当时所必需的生存技能很可能就是现代短跑运动最为原始的雏形。

第 1 届古代奥运会于公元前 776 年在古希腊伊利斯城邦的奥林匹亚举行,为期 1 天。短距离赛跑比赛是其唯一的比赛项目。短距离赛跑的距离为 192.27 米,据说这是大力神脚长的 600 倍。这项短跑运动被当时的人们称为"斯泰德"(Stadion),其意思是"场地跑"。

在当时的比赛中,短跑比赛在比赛规则、比赛场地规格等方面均不完善,而供"斯泰德"比赛用的跑道是一条笔直的场地,场地上没有分道线,只是在起跑线上每隔 1 米的地方放一块石头来作为分道的标志,没有严格限制起跑后抢道的问题。此外,将标枪插在地上作为起点和终点的标志。在开始起跑时,参赛者将大石块放在脚后,通过借助蹬石的力量来提高起跑的速度,这也是现代田径比赛中短跑项目运动员起跑器的最早雏形。之后,随着伊利斯城邦越来越富裕,也逐渐重视奥运会运动,并对运动场地进行了更好地修建,场地设施也相对较为完善。

到了公元前724年第14届古代奥林匹克运动会开始,起跑线便用平铺在地上的石板线作为标志。这些起跑石板线都是逐段分开的,一共有20段,每段可供一名参赛者独自横占约1.3米左右的距离。在起跑点石板上还刻有两个平行槽,两个平行槽之间的距离大约0.23米,这充分的显示出当时的参赛者在起跑时是两脚一前一后的,在起跑槽上身体直立前倾,并等待裁判的命令。

在当时的竞赛场地中可以让20个参赛者同时进行比赛。由于每一届短跑比赛都有非常多的人参加,比赛时往往需要将参赛者分批进行,每一批参赛者的数量都已便于观察为准,通常采用抽签的方式来决定参赛者的批次和道次。

在短跑规则方面,古代奥运会与现代奥运会有着非常大的区别。比赛成绩的确定并不是根据跑的快慢,而是要求在每轮淘汰赛中始终跑第一名才能进入到下一轮的比赛之中,直到最后一轮决出胜负为止。这就是古代奥运会没有"最高纪录"和"破纪录"之类的记载,除了一名绝对的优胜者外,其他竞争选手都意味着失败。

虽然古代奥运会有着较为苛刻的短跑规则,但也不乏有一些实力很强的参赛者从短跑比赛中脱颖而出。据相关记载,公元前776年古希腊伊利斯城邦的厨师科罗巴斯在第1届古代奥运会中经过多轮角逐,获得了第1届古代奥运会上唯一的桂冠。科罗巴斯自然而然地成为古代奥运会历史上的第一位冠军,他也因此获得很高的荣誉,受到人们的尊崇,这也使他在以后众多的优胜者中始终处于领先的荣誉地位。

从第1届古代奥运会到第7届古代奥运会,场地跑一直都是古奥运会比赛中唯一的比赛项目,虽然在第7届古代奥运会中也将中距离跑纳入到比赛项目之中,但场地跑仍然是古代奥运会最主要的比赛项目,其重要地位一直延续到现代奥林匹克运动会。

古代奥运会中的场地跑项目对现代奥运会的短跑项目产生了非常深远的影响。在现代奥运会短跑比赛中100米、200米、

400米比赛项目仍然能够看到当年古代奥运会场地跑的影子。此外，古代奥运会中参赛者在起跑时所用的蹬石，经过现代科技的改进，已成变成更为先进的起跑器。现代短跑运动员的起跑姿势也在古代奥运会参赛者起跑姿势的基础上进行了改进。现代的田径场地也是按照古奥运会场地跑的划分方式将跑道规划好。

综上所述，古代奥林匹克运动会的场地赛跑比赛是现代奥运会短跑比赛的雏形，为现代奥运会短跑项目的发展打下了坚实的基础，对现代田径比赛中短跑比赛及其发展有着积极的影响。

二、短跑运动开展技术指导

短跑项目技术可分为起跑、起跑后的加速跑、途中跑和终点跑技术，自然放松跑和弯道跑技术也是短跑技术的组成部分。起跑的反应速度、起跑后的加速跑能力、保持最高跑速的时间和距离以及各部分的技术完成质量是决定短跑成绩的重要因素。

（一）起跑技术

获得向前冲力是起跑的主要目的，起跑是由静止到起动的过程，通过迅速摆脱静止状态，进而为起跑后加速跑创造有利条件。蹬腿摆臂有力，积极向前，力求以最快的速度打破平衡是起跑的基本要求。

1. 起跑器安装

在短跑项目中，拉长式、接近式和普通式是起跑器的三种安装方式。在短跑项目比赛中，普通式和拉长式是最为常用的安装方式。普通式是指离起跑线后沿的距离为该运动员的一脚半长时放置前起跑器，并在距离前起跑器一脚半长时，放置后起跑器。这两个起跑器的中轴线相距为15厘米，并且两个起跑器的支撑面与地面的夹角为前起跑器为$30°\sim45°$，后起跑器为$60°\sim80°$。拉长式是指距离起跑线后沿为该学生两脚长的地方放置前起跑器,距离前起跑器一脚长的地方放置后起跑器。两起跑器距离之间的间隔以及两起跑器的支撑面与地面的夹角与普通式大致相同。

2. 起跑技术

在短跑项目比赛规则中,规定采用蹲踞式起跑的方式。整个起跑的过程分为三个阶段,即"各就位""预备""鸣枪"。当学生听到"各就位"的口令时,首先应调整一下情绪,做几次深呼吸,走到起跑器前,俯身两手撑地,两脚依次蹬在起跑器的前后抵趾板上(通常要把较有力的腿放置在前面),后腿膝盖跪在地面,两手呈"八"字形撑在起跑线后沿,两臂伸直与肩同宽或稍宽于肩;身体重心处在两手两脚支撑点中央,整个躯干微微弓身,但不能蜷缩。此时学生应集中注意等待发令员的下一个口令。当学生听到"预备"口令后,应平稳地抬起臀部,高度约稍高于肩,随着抬臀重心适当前移(注意身体重心的前移,以不使两臂支撑负担太重为前提)。这时身体重量主要落在支撑的两臂与前腿上,以便于支撑腿的起动用力。此时,前腿的膝关节角度为 90°～100°,后腿的膝关节角度为 110°～130°,两个脚都要压紧抵趾板。这种姿势、角度和全身状态,便于起动时蹬、摆配合,有利于迅速起动和发挥速度,身体各部位的姿势摆好后,注意力高度集中,静等鸣枪。当学生听到鸣枪后,两手迅速离地,两臂屈肘快而有力地前后摆动,同时两腿迅速蹬离起跑器屈膝快而有力地向前蹬送,在两臂摆动的配合下,身体形成较大地前倾姿势,也称"起跑步"。从技术图片的连续动作看,鸣枪后的起跑是先从两手离地后做大幅度前后屈臂摆动开始的。但实际上,两腿的蹬伸抵趾板的动作是与两手离地动作同时发生的,它们的动作反应由于时间较短,只有相互配合好,才能取得很好的起跑效果。

(二)加速跑技术

起跑后加速跑是从后腿蹬离起跑器,到途中跑开始的一个跑段,一般为 30 米左右(优秀学生略长)。充分利用起跑所获得的初速度,通过持续加速跑,使人体奔跑速度尽快地接近或达到自己的最高跑速是加速跑的主要任务。起跑后能否加速首先取决于起跑姿势和力量的发挥。前倾角适宜,蹬摆迅速有力是加速跑技术的基本要求。学生在抬体、加大步长以及加快步频的过程中,必须遵循循序渐进原则。

第一步从"起跑步"开始,此时,摆动腿前摆与支撑腿间的夹角稍大于 90°。第一步的关键是摆动腿应积极下压,以前脚掌撑着地,着地点在身体重心投影点的后方,并迅速过渡到有力的后蹬;同时,以双臂有力的大幅度前后摆动作为配合。这一动作越快,越有利于下一步的快速有力地完成蹬地技术。向前摆臂时,肘关节稍小于 90°;向后摆臂时,肘关节稍大于 90°。第一步应适中,不可过大或过小,一般落在起跑线前 60~70 厘米处。起跑后的几步上体前倾较大,摆臂要十分有力;两脚着地点是沿两条相距不宽的直线前进,几步以后才逐渐合拢,通常当加速跑 20 米距离左右之后即可进入途中跑。

(三)自然放松跑技术

自然放松跑,又称"惯性放松跑"或"惯性跑"。自然放松跑,即人体在保持已有跑速的前提下,使运动器官相对放松的一种跑动方法。事实上,人体运动器官只对克服阻力和重力做功,而不做超出阻力和重力的功以增加跑速,只保持原有跑速的一种比较自然放松的跑动方法。由于要使人体做功刚好与阻力与重力之和相等是相当困难的,所以,自然放松跑技术也是短跑技术中十分重要的一项技术,也是衡量学生是否达到较高运动水平的一个标志。

自然放松跑常常用来衔接两个技术特点不同的跑段,进而使学生高速跑动中,使其运动器官获得短暂休息,摆脱前段跑动技术的动力定型记忆和肌体的疲劳;调整技术动作姿势,为后段跑动做好准备。在短跑两个不同跑段之间应安排 2~4 步自然放松跑,利用人体原有运动状态的惯性作用,使身体重心保持在一定高度,减小下肢后蹬的力量,将步长稍稍缩短,从而将缓冲阶段中着地的前支撑阻力减小;两大腿要积极向前"剪绞",略微增加步频;自然放松各运动器官,动作应当灵活、协调。

(四)途中跑技术

短跑项目中距离最长、跑速最快的一段是途中跑,其主要任务是继续发挥和保持脚长距离的最高速度,后蹬、折叠、抬腿、扒地是其技术要求。整个动作轻松、协调、节奏快、有弹性、屈蹬效果好。途中跑技术包括两腿动作、重心起伏、摆臂和上体姿势。短跑途中跑技术要点是:身体端正稍前倾,两臂以肩为轴以肘用力(屈肘关节角度约为 90°),手掌伸出快而有力摆动。前摆时肘关节角度可达 60°～70°,后摆时肘关节角度可达 130°～140°。大腿带动小腿自然有力地大幅度快速摆动,前脚掌扒式着地,两腿蹬摆与两臂摆动要协调一致。

(五)终点跑技术

终点跑是途中跑段的延续,是指从接近终点线至终点线的最后一段跑段。终点跑的任务是经历保持途中跑过程已经获得的跑速和采用合理的撞线动作跑过终点线。终点跑技术与途中跑技术大致相同,不同点在于由于体能的下降,为增大后蹬力要尽量保持上体前倾角度或略增大前倾角度,同时,加大摆臂的幅度和力量;在增大步幅的同时,尽量保持步频,更加积极地、竭尽全力地冲向终点线。当跑至距终点线 1～2 步时,上体快速、柔和地再次增大前倾角度,用胸部或肩部撞向终点线的垂直面。跑过终点后应逐渐减速,不要突停,以免跌倒受伤。终点跑技术要求学生具备迅速的起跑反应,通过加强加速能力和长时间的高速度途中跑能力,快速完成最后的冲刺。

标准的加速跑技术是在整个跑动过程中,上肢和下肢的摆动幅度大,脚着地缓冲的时间缩短,后蹬时间增加,支撑与腾空时间的比值适宜,合理分配各段落速度,良好的冲刺跑能力,整个动作节奏快、轻松、协调,总体效果好。

(六)弯道起跑和弯道跑技术

1. 弯道起跑

学生进行弯道起跑时,要将起跑器安装在弯道右侧,使起跑器的纵轴延长线与前方 15 米左右的跑道内侧分道线相切,这样做有利于在弯道起跑之后能有一段直线距离进行加速跑。当学生听到"各就位"口令时,右手应撑在起跑线后沿与右侧分道线相交处,左手撑在距离起跑线后沿 5~10 厘米处,使身体正对着弯道的切点。当学生听到"预备"和鸣枪信号时,其技术动作要求与直道起跑一样。

2. 弯道起跑后加速跑

起跑后的前几步加速跑与直道上的起跑后加速跑动作要求一样,只是跑过起跑器纵轴延长线与跑道内侧分道线的切点后,就进入了弯道加速跑。当学生进入弯道加速跑时,建议沿跑道的内侧跑,身体应及时地向内倾斜。

3. 弯道途中跑

发挥或保持最高速度是弯道途中跑的主要任务,保持途中跑动作技术是其技术要求,身体技术动作幅度右侧大于左侧是弯道途中跑的显著特点。弯道途中跑的距离较短,但其重要性却很大,要做好直道跑到弯道跑再到直道跑的过渡与衔接。从直道进入弯道跑时,身体应有意识地向内倾斜,加大右腿的蹬地力量和摆动幅度,同时右臂亦相应地加大摆动的力量和幅度,以利迅速从直道跑进弯道。进入弯道跑后,后蹬时,右脚前脚掌内侧用力,左脚前脚掌外侧用力。大腿前摆时,右膝关节稍向内,同时摆的幅度比左膝大,左腿前摆时,应稍向外。右臂摆动的幅度大于左臂,前摆时稍向左前方,后摆时右肘关节偏外,左臂稍离躯干做前后摆动。弯道跑时的蹬地与摆动方向都应与身体向圆心方向倾斜趋于一致。当进入直道时,应在弯道的最后几米处逐渐减小身体的内倾程度,自然跑 2~3 步后转为正常的途中跑。

第三节 中长跑运动文化与开展

一、中长跑运动文化

中长跑是指 800 米到 10 000 米之间的所有距离的赛跑。古代希腊也是中长跑项目比赛的起源地。在第 15 届古代奥运会比赛中就有了中长跑比赛项目,在距离为 192.27 米的直道上进行比赛,并在终点处设置一个标志杆,要在到达终点后绕过标杆再跑回来,依次反复进行。古代奥运会的中长跑项目虽然与现代中长跑项目有着非常大的区别,但它为现代中长跑运动的发展奠定了良好的基础,是现代中长跑运动的雏形。英国是近代中长跑运动的起源地。在 18 世纪的英国,一些较为贫穷的人常常在一些重大的节日里,通过为观众表演赛跑来赚钱养家糊口。而这种职业性的中长跑引起了群众很大的兴趣。这也吸引了很多人加入到中长跑运动的行列。到了 19 世纪中叶,中长跑运动得到了非常广泛的发展。

1840 年鸦片战争以后,近代中长跑运动开始传入中国。在 1906 年京师大学堂第二次运动会设立了男子 600 米和 800 米比赛,随后被正式列为比赛的男子比赛项目不断增多。女子 800 米在 1928 年第 9 届奥运会上成为正式的比赛项目,女子 1 500 米在 1972 年第 20 届奥运会上被列为正式的比赛项目,女子 3 000 米在 1984 年第 23 届奥运会上被列为正式比赛项目,之后又被取消。女子 5 000 米和 10 000 米在 1988 年第 24 届奥运会上列为正式比赛项目。在 1996 年第 26 届奥运会上，我国优秀女子运动员王军霞获得了女子 10 000 米比赛的冠军。在 2004 年第 28 届奥运会上，我国选手邢慧娜获得女子 10 000 米冠军，为我国争得了荣誉。当前，我国现代中长跑的训练正朝着多元化方向发展，在科学、合理的基础上，引入了其他相关学科的指导，使现代中长跑训练更加趋于科学化。

二、中长跑运动开展技术指导

（一）起跑技术

中长跑项目的起跑技术主要有两种，即半蹲式起跑和站立式起跑。

半蹲式：起跑时，运动员有力的脚在前，站在起跑线后沿，另一脚向后站立，两脚前后距离约一个脚掌。前腿的异侧臂支撑地面，支撑地面的手将拇指与其他四指分开成"八"字形撑在起跑线后沿，另一臂放在体侧。此时，身体的重量主要落在支撑臂与前腿上。半蹲式起跑的特点是：比较稳定，不容易造成由于身体重心不稳而导致犯规。同时，能迅速起动，为起跑的初速度奠定基础。

站立式：在准备的过程中，运动员在听到"各就位"口令后，先做两次深呼吸，轻松走或慢跑到起跑线后，两脚前后开立，有力的脚在前，脚尖紧靠起跑线后沿，前脚跟和后脚尖之间的距离约为一个脚掌长，两脚左右间距约为半个脚掌长（15～20 厘米）。两腿弯曲，上体前倾，头部稍抬，眼看前面 7～8 米处，身体保持稳定姿势，集中注意力听枪声或"跑"的口令。此时，身体的重心落在前脚掌上，后脚用脚尖支撑站立。

（二）加速跑技术

在听到枪响后，运动员两腿应用力蹬地，后腿蹬地后迅速前摆,两臂配合两腿的蹬摆做快而有力的前后摆动,使身体快速向前冲出,过渡到起跑后加速跑阶段。加速跑时,两腿应迅速有力地蹬伸和积极地摆臂,在短时间内达到预定速度。根据中长跑项目的类型、个人能力及战术来确定加速跑的距离。一般情况下,中距离跑的加速跑距离稍长。无论在直到或弯道上起跑,都应按切线方向跑进,在规则允许的范围内,抢占有利的战术位置,然后进入途中跑。

(三)途中跑技术

途中跑是中长跑项目的主要组成部分,它是决定中长跑运动成绩的主要环节。因此,掌握好途中跑技术,是取得优异运动成绩的前提条件。途中跑应强调轻松、省力、节奏好。途中跑技术包括以下几个环节。

1. 上肢姿势

在中长跑项目的途中跑过程中,上体应保持正直或稍前倾。头颈部的肌肉自然放松,两眼平视,两手半握拳,两臂弯曲,两肩放松,以肩为轴前后自然摆动。摆幅随跑速的变化而适当变化。肘关节的角度在垂直部位可大些,以利两臂肌肉的放松。尽量避免上体左右转动或扭动,否则会破坏跑的直线性,影响跑的速度。在进行途中跑过程中,为提高后蹬效果,后蹬时要将髋向前送,否则会影响后蹬效果,从而影响跑的速度。

2. 摆臂动作

在途中跑的过程中,手臂的摆动应与上体及腿部动作协调一致。正确的摆臂可以维持身体平衡,并有助于腿的后蹬。中长跑时,两臂稍离开躯干,肘关节自然弯曲,约成90°,半握拳,两肩下沉,肩带放松,以肩为轴前后自然摆动,前摆稍向内,后摆稍向外,摆幅要适当,前不漏肘、后不露手。根据跑速的快慢来调整摆臂动作幅度的大小,感到疲劳时,可改为低臂摆动,以减小疲劳程度。

3. 腿部动作

(1)后蹬和前摆

在途中跑的一个周期中,后蹬和前摆动作是当整个身体重心移过指点上方时,摆动腿膝关节开始迅速有力地向着前方摆出,带动同侧骨盆向前送出,同时后蹬腿迅速蹬伸髋、膝、踝三个主要关节,整个的用力顺序是伸髋→伸膝→伸踝。整个后蹬过程要更加迅速、积极,摆动腿要经过身体垂直部位之后继续向前摆动,同时迅速将支撑腿的各个关节伸直。除了腿部的大肌群参与蹬地过程之外,脚掌的小肌群也会积极地参与其中,最后通过脚趾来蹬离地面。

摆动腿前摆时,摆动腿小腿应通过大腿的带动积极地向前进行摆动,使支撑腿的受到地面的支撑反作用力增大,使蹬伸的速度加快,以便更好地向前送髋,以带动整个身体重心向前移动。这也为摆动腿着地创造了积极条件。摆动腿前摆时,小腿要放松而自然下垂,后蹬动作结束时,摆动腿小腿与后蹬腿处于近似平行的状态。

(2)腾空

当后蹬腿蹬离地面时,人体便进入到了腾空阶段。在这一阶段,运动员要尽量放松蹬地腿的肌肉,并迅速有力地将大腿向着前上方进行摆动。小腿在此过程中,由于受到惯性的作用自然摆起,膝关节也顺势弯曲,大腿与小腿相互折叠的姿势也由此形成。脚蹬离地面在空中移动的过程中,其轨迹高度一致保持在膝关节附近。小腿在惯性作用下,迅速折叠,其摆动是以大腿长为半径的。这一过程有助于通过髋部积极、迅速地带动摆动腿的大腿向前摆动。

优秀运动员的技术特征是向后甩小腿不会过高,而是在脚上抬的同时膝向前摆,这就缩短了摆动半径,加快了摆动角速度。

(3)着地与缓冲

将摆动腿前摆结束之后,在脚即将接触地面之前,要将摆动腿迅速、积极下压,同时小腿顺势向前摆动做"扒地"动作。在着地时,着地腿的膝关节应保持一定的弯曲,这样更便于着地与缓冲动作的顺利完成。需要注意的是,在脚着地的过程中,应首先用前脚掌或者前脚掌外侧着地,然后顺势逐步过渡到整个脚掌着地。对于优秀运动员来说,其脚的着地点与身体重心投影点之间的距离在20~30厘米之间。着地脚的脚尖要与跑进的方向相一致,不能出现偏离的情况。当脚着地缓冲之后,小腿后部肌群与大腿前部肌群应积极而协调的退让,从而使着地瞬间的阻力得到最大程度的减缓;同时,这一过程也将伸肌预先拉长,从而为后蹬创造了更为有利的条件。在伸肌退让的过程中,要迅速做屈踝、屈膝、屈髋的动作,以便完成缓冲动作。这次过程中,屈膝占据着主导地位。此时,骨盆向着摆动腿一侧有所倾斜,并且与支撑腿相比,摆动腿的膝关节稍低。

4. 弯道跑

在中长跑项目的途中跑过程中,有一半以上的距离是在弯道上进行的。中长跑项目途中跑过程中的弯道跑技术基本上与短跑的弯道跑技术相同,只是跑速相对较慢,动作速度和用力程度较小。在弯道跑的过程中,为了克服沿弯道跑进时产生的离心力,在跑进时,身体需要适当向左倾斜,跑速越快向左倾斜的程度越大。弯道跑时,应靠近跑道的内沿,以免多跑距离。超越对手最好不要在弯道上进行。

(四)终点跑技术

所谓终点跑,是指在即将到达终点前的冲刺跑。在这个过程中,运动员凭借顽强的意志,来使摆臂的速度加快,并使腿部的蹬摆动作得到加强,尽全力冲向终点。在终点冲刺阶段,运动员要根据自身的特点、训练水平、战术要求、项目特点以及临场中的实际情况来制定。

1. 身体动作

跑的动作应该是摆臂加快而用力,加强腿的后蹬与前摆。终点跑距离的长短,应根据个人余力、场上情况和战术要求而定。一般 800 米跑可在最后 200~250 米开始加速并逐渐过渡到冲刺跑。1 500 米可在最后 300~400 米逐步加速。

2. 运动强度

长跑是属于中等强度的运动。在进行长跑锻炼时,只要控制好跑的速度(控制运动强度),身体不会出现缺氧现象。长跑锻炼时,身体基本属于有氧代谢。因此,同短跑、中距离跑相比较,长跑的运动强度较小一些。但是由于长跑距离长、运动的时间长,消耗体力较多。因此,参加长距离跑锻炼一方面要掌握跑的正确技术,减少不必要的体力消耗,另一方面也要在总量上进行控制。

第四节 其他跑类运动文化与开展

一、跨栏跑运动文化与开展

(一)跨栏跑运动文化

跨栏跑是在人们跨越障碍物的基本技能中逐步发展和演变而来的。在 17—18 世纪的英国,畜牧业在当时非常发达,在放牧的过程中,牧羊人经常跳跃羊圈,相互追逐嬉戏,并在一些重大的节日比赛中举办跳跨羊圈比赛,看谁跳得快、跳得多,后来演变成将栅栏埋在草地上进行比赛,这可能就是跨栏跑比赛的最为原始的形式。

跨栏跑在田径跑类项目中较有活力,它将跑步与跨栏相结合进行,对跑步基础和跳跃基础进行了综合"考验"。跨栏跑运动对跑步的节奏和情绪有着较高的要求,经常参加跨栏跑运动可以对身体的协调能力有很大的提高。正因如此,使得这项运动越发受到广大田径爱好者的喜爱。

作为竞技运动的跨栏跑已经历了100多年的变迁与发展。竞赛项目最初有男子110米栏,以后又增设了男、女400米栏和女子100米栏。在跨栏跑的发展过程中,还曾设过女子80米栏和男、女200米栏,不过后来这些项目随着田径项目的多次整合而被取消。在跨栏跑运动中,男子110米栏项目标志着这项运动的最高水平。

相比于其他跑类项目,跨栏跑的技术变化较为快速,以至于最早的跨栏技术与现代跨栏跑技术大相径庭。之所以如此,与其与跨栏跑的多种因素的变化有关,其中场地器材与竞赛规则的变化是最大的跨栏跑技术革新的因素。具体来说,在场地栏架方面,最初是跨越埋在地上的笨重木栏,后又改为可移动的"⊥"形栏架,最后演变成现行的"∟"形栏架。栏架的改进,极大地消除了运动员面对跨越栏架的心理障碍(消除了在起跳前对于可能误踩到栏架脚导致跨栏失败甚至因此受伤的恐惧感),促进了跨栏技术发展。在跨栏跑的裁判规则方面,1934年以后,去掉了如碰倒三个架栏则成绩无效的条款,这一规则的改变使得运动员不必再小心翼翼地因为害怕碰倒栏架而不敢放"脚"去跑的心态,进一步激发了运动员勇于进取的精神。

1837年,英国埃通大学首次举行跨栏跑比赛,当时跨栏跑尚未被承认为正式比赛项目,过栏技术也很差,还保持着收腿跳过障碍物的自然动作。1896年第1届奥运会上,运动员过栏采用的方法仍是直体屈腿过栏,下栏后有明显的停顿,其动作带有明显的"跳跃"现象。

1900年第2届奥运会上,跨栏技术有了很大突破,美国运动员首先采用摆动腿伸展前摆,降低身体重心腾起高度的"跨栏步"技术,改变了跳栏动作,加快了过栏速度。1908年第4届奥运会上,美国运动员福·史密森采用了起跨脚蹬地后,起跨腿弯曲,膝关节由体侧向前提拉的过栏技术,加快了起跨腿的过栏速度。1920年第7届奥运会上,加拿大运动员埃·汤姆逊过栏时采用了加大上体前倾,帮助很快过栏避免身体重心上升过高外还积极前伸摆动腿异侧臂的技术。这一系列比较先进的技术的出现,使得跨栏跑脱离了最原始的"跳跃"的跨栏技术。至此,现代跨栏跑的过栏技术基本成型,这也被许多学者认为是现代跨栏跑技术的雏形。

进入20世纪30年代后,开始将提高跑速并与过栏技术两者有机结合起来,跨栏跑成绩提高较快。1936年美国运动员汤斯三破世界纪录,跑出了13.70秒的成绩。他平跑速度快,110米栏与110米平跑的时间差只有两秒;在过栏技术上表现出起跨攻栏时摆动腿大腿充分高抬,下栏更积极,过栏时身体重心轨迹更接近于平直,几乎擦栏而过。1959年德国运动员劳洛尔依靠平跑速度好的优势和充分前倾上体的"折刀式"过栏技术,创造了13.20秒的世界纪录,被视为速度与技术有机结合的典范。

20世纪50年代末出现了由跨栏向跑栏发展的观点,国内外优秀运动员为实现这种技术进行了不懈的努力。到20世纪90年代,跨栏技术虽未发生本质性的改变,但更加注重技术的实效性、经济性。许多跨栏跑运动员根据自身技术特点并结合当时先进的跨栏技术,纷纷研究出了适合自己的、能够更好地提高跨栏成绩的各种技术技巧。

欧美运动员无疑在跨栏跑项目竞赛中具有十足的统治力。然而我国跨栏运动员也在奋力追赶,希望接近甚至超越世界最好成绩,而这一优异成绩的创造者就是我国优秀跨栏运动员刘翔。刘翔在2004年以前就已经在一些青年田径锦标赛和国际田联大奖赛中有过较为出色的成绩,2004年雅典奥运会上以12.91秒的成绩打破12.93秒的奥运会纪录并平世界纪录,更是令他一赛成名,成为我国田径运动的旗帜性人物。他不仅是我国,也是亚洲唯一在短直道项目上战胜欧美选手并获金牌的运动员。此后在

2006年的瑞士洛桑田径大奖赛中,刘翔又以12.88秒的成绩破世界纪录,也正是因为刘翔的精彩表演,使得中国的跨栏跑项目让世界人们刮目相看。

(二)跨栏跑运动开展技术指导

1. 直道栏跨栏跑技术

(1)起跑至第一栏技术

起跑至第一栏技术加速跑的任务是快速起动,积极加速,为顺利跨过第一栏和建立全程跑节奏打好基础。首先,起跑方式采用蹲踞式起跑。其次,起跑器安装方法和起跑动作与短跑相同。再次,直道栏起跑至第一栏一般跑8步,起跑时起跨腿在前;少数身材比较高大的运动员跑7步,摆动腿在前。然后,直道栏起跑后加速跑时,两腿、两臂协调一致,积极用力蹬摆。与短跑相比各步后蹬角度略大,身体重心位置较高,躯干抬起较早,跑到第六步后,身体姿势已接近短跑的途中跑姿势,并准备起跨过栏。最后,起跑后各步步长逐渐增大,栏前最后两步跑进更为积极,最后一步靠加快两腿剪绞动作和起跨腿积极着地而较前一步缩短步长10~20厘米,准确踏上起跨点,加快起跨速度。

(2)过栏技术分析

过栏,即跨栏步,是从起跨脚踏上起跨点到过栏后摆动腿的脚接触地面的过程。其任务是使身体迅速越过栏架,为栏间创造条件。跨栏技术分为起跨攻栏、腾空过栏、下栏着地三个阶段。

①起跨技术

从起跨脚踏上起跨点到后蹬结束离地时的整个支撑过程,即起跨技术。技术要求为快速起跨,形成良好的攻栏姿势。技术要领为重心高、髋前移、腰挺直、体前倾。起跨前,应保持较高的跑速和较高的身体重心。栏前最后一步短于前一步,起跨腿应积极着地,摆动腿充分折叠前摆。起跨时,起跨腿后蹬要迅速有力,蹬地结束后,起跨腿的髋、膝、踝三个关节充分伸展,并与躯干、头基本成一条直线。摆动腿在体后折叠,足跟靠近臀部,以髋为轴,大腿带动小腿积极向前摆至膝超过腰部高度。在两腿蹬摆配合完成起跨动作的过程中,上体随之加大前倾,摆动腿异侧臂屈肘向前上方摆出,肘关节达到肩的高度,另一臂屈肘摆至体侧,整个身体集中向前用力,平衡舒展,起跨结束时形成一个良好的攻栏姿势。

②腾空过栏

从起跨腿离开地面到过栏后摆动腿着地瞬间的技术阶段,即腾空跨栏。在腾空过栏时,身体重心的轨迹不能改变,但学生可以通过身体姿势的变化改善身体与栏架的相对位置,从而维持身体平衡与加快过栏速度。在技术层面,应尽可能缩短腾空时间,减小速度损失。其技术要领为摆动腿异侧臂前伸,体前倾,起跨腿屈膝外展,膝高于踝向前提拉,摆动腿积极直腿下压。起跨腿前脚掌内侧着地起跨,过栏后摆动腿积极下压,以前脚掌高支撑着地。摆动腿垂直于栏面,并积极前伸,带动身体保持最大前倾,过栏瞬间主动下压,减少在栏上的滞留时间。起跨腿蹬离地面后,摆动腿大腿继续向前上方摆动,直到膝关节超过栏板高度,小腿迅速前摆,脚背勾起。在摆动腿前摆的同时,异侧臂和肩也伸向栏板上方,使肘超过膝,异侧臂与摆动腿基本平行。同侧臂后摆,上体加大前倾,躯干与摆动腿形成锐角,目视前方;当摆动腿的脚部刚一达到或超过栏面瞬间,摆动腿积极主动下压,加快着地速度。起跨腿蹬离地面后,迅速抬起折叠,踝关节勾脚,脚趾向上翘;过栏时大小腿折叠至几乎与地面平行,过栏后膝关节领先积极向前上方提拉,并准备积极着地。

③着地技术

着地技术是指学生从摆动腿过栏后的着地到栏间跑的第一步离地瞬间。这一技术要求主动着地,快速过渡到栏间跑。其技术要领为下压快、着地稳、提拉快、幅度大。用前脚掌后扒着地,落地腿撑地伸直,使身体重心处于较高位置。起跨腿提拉到身体正前方,大腿高抬并积极跑出第一步。

第六章　走跑类运动文化与开展研究

(3)栏间跑技术

栏间的三步跑技术,即栏间跑技术。栏间跑技术与短跑基本相同,主要任务是尽全力加快栏间跑的节奏,准确地运用栏间距离提高跑速,为顺利跨过一栏创造有利条件。栏间跑技术要领为高重心、直线好、频率快、节奏稳。栏间要尽力减少身体重心的上下起伏,保持高重心跑。高抬大腿,用前脚掌着地。在保持步长稳定的同时,学生也要加快其步频。

(4)全程跨栏跑技术

将跨栏步技术与快速的栏间跑技术紧密地结合起来,保持正确的节奏和最快的速度跨越全部栏架,到达终点,即全程跨栏跑技术。起跑快、攻栏猛、跑跨衔接好、重心高且平稳、动作协调、节奏感强、速度快是全程跨栏跑技术的技术要点。起跑过好第一栏,为全程跨栏跑速度的发挥、节奏的建立奠定基础。全程跑应注意在技术上控制动作不变形,避免速度下降过快。学生过第十栏时,要加快下栏动作的速度,过栏后把跨栏节奏调整为短跑节奏,注意用力蹬地和摆臂。

2. 弯道跑过栏技术

弯道跑过栏技术主要用于400米跨栏跑项目中,该项目又分为男子400米栏和女子400米栏。在栏间距离方面,男、女400米栏间距相同;在栏高方面,男子栏高0.914米,女子栏高为0.762米。由于起跑到第一栏、栏间距和全程跑距离较长,所以对步长、节奏、速度、速度耐力以及克服疲劳的坚韧意志等方面都有较高的要求。

(1)起跑至第一栏技术分析

男、女400米跨栏跑,起跑均在弯道上进行,并采用蹲踞式起跑。起跑技术与400米起跑技术基本相同。起跑至第一栏距离为45米,一般男子跑20~23步,女子跑23~25步。起跑的步数与全程跑的节奏相适应。起跑至第一栏跑的步数固定,保持步长的准确性对顺利跨过第一栏和跑好全程栏具有十分重要的积极影响。

(2)途中跑技术分析

途中跑技术包括过栏技术、栏间跑技术以及终点冲刺和全程体力分配三个组成部分。

①过栏技术

就过栏技术来看,男、女400米跨栏跑过栏技术基本相同,与直道栏也没有实质上的区别。由于栏高和栏间距不同,所以在过栏动作幅度、用力程度和动作细节上稍有区别。400米跨栏跑在弯道上设有5个栏架,弯道过栏应适当改变动作,利用向心力顺利过栏。右脚起跨是比较有利的,前脚掌内侧蹬地;左腿略向左偏,脚尖外转。右臂前伸时多向左侧用力,右肩高于左肩,身体左倾。下栏时左腿以前脚掌外侧在靠近跑道内侧分道线处着地,起跨腿的提拉程度也相应加大。如果左腿起跨过栏,栏前两三步应沿着跑道中线跑,并从跑道中线向偏右方向起跨,可以避免起跨腿从栏架外侧过栏而造成犯规。由于前后程栏间步数的不同,掌握两腿过栏技术比较有利。

②栏间跑技术

400米跨栏跑的栏间距为35米,一般情况下,男子跑13~15步,女子跑15~17步。到了后半程,身体疲劳的积累,会使运动员步长缩短,速度下降,此时,可以改变换栏间跑步数。栏间跑的步数、节奏应根据个人的水平而定,不应盲目模仿,也不应在临场比赛时任意改变。高水平的栏间跑技术主要表现为跑速均匀、节奏准确、动作轻松、向前跑的效果好。

③终点冲刺和全程体力分配

在跨过最后一个栏架后,便进入重点冲刺阶段,该阶段从最后一栏到终点线的距离为40米。到了这一阶段,运动员都会感到疲劳,运动能力下降,此时也是争取比赛最后胜利的重要时刻,要特别注意正确跑的技术,加强摆臂、抬腿动作,以顽强的毅力冲向终点。全程跑的体力分配是在保持良好栏间节奏和顺利过栏的前提下,使全程各分段速度波动差小,跑速均匀,节奏感强。前后半程差 2 秒左右。

二、马拉松运动文化与开展

(一)马拉松运动文化

马拉松比赛是最考验运动员毅力的体育项目之一,它代表着毅力、喜悦、希望及和平。马拉松比赛起源与一个古希腊历史故事。马拉松是古希腊的一个地名,公元前 490 年,希腊在马拉松平原击退波斯军队的入侵。传令兵菲迪皮德斯奉命将这一胜利消息尽快告诉雅典居民。他从马拉松跑到雅典时,已累得精疲力竭,只说了一句"我们胜利了"就倒在广场上,闭上了双眼。1896 年举行首届现代奥运会时,顾拜旦采纳了历史学家布莱尔以这一史事设立一个比赛项目的建议,并定名为"马拉松"。

在 1896 年第 1 届现代奥运会上,举行了从马拉松镇跑到雅典的比赛,全长 40 公里。第 2 届奥运会马拉松比赛赛程约为 40.26 公里,第 3 届又改为 40 公里,第 4 届则为 42.195 公里,并一直沿用至今。

(二)马拉松跑的发展

马拉松跑距离长、体力消耗大,一般的长跑爱好者需要 3~5 个小时才能跑完全程。但是,长跑爱好者都把它看作是挑战自我的极限运动,特别是每跑完一次都有强烈的成功感,所以它吸引着广大长跑爱好者参加。目前,全世界每年举行的马拉松比赛超过 800 场。

随着群众参与马拉松跑的热情不断高涨,女子参赛要求也在不断提高。女子在生理方面同样适合参加长距离跑,因此女子参加此项活动的人数越来越多。1984 年,女子马拉松跑被列入奥运会正式比赛项目。

1959 年,新中国第 1 届全运会首次将马拉松比赛列为正式比赛项目。1980年3月,许亮在法国马拉松比赛中,创造了2小时13分4秒的中国最好成绩。1981年9月27日,我国首次举办北京国际马拉松比赛。这一赛事是第一个市场化运作的田径赛事,也是当时市场化程度最高的一个赛事。1997年以前,北京国际马拉松比赛只允许专业选手参加,最初参赛运动员只有几十人。后来,组委会通过设置奖金等方式吸引世界顶级选手参加,赛事水平和影响力也因此不断提升。从1998年开始,北京国际马拉松赛开始吸收业余选手参赛,并把比赛举办日确定为每年10月份的第三个星期天,参加比赛的人员来自世界各地,总人数达到3万人。此项赛事已成为北京的金牌赛事之一。

据不完全统计,我国每年举行的马拉松赛事有20多个,除了全程马拉松外,半程马拉松也在中国发展得如火如荼。一方面与全程马拉松形成错位态势,另一方面也因为赛程较短而能够吸引更多的长跑爱好者参与。马拉松比赛正成为国内城市向世界展示自己活力形象与开放精神的一个舞台。

(三)马拉松开展技术指导

马拉松跑的技术动作是否合理,主要是看做出的动作是否省力而有效。在42.195公里的马拉松跑中、如果按平均每步长1.5米计算,那么运动员必须跑两万八千步以上。因此,只有在动作省力的条件下,才能在坚硬的路面上顺利的跑完全部路程。这说明正确地掌握马放松技术是非常重要的。马拉松跑的主要技术有以下几点。

1. 摆臂技术

马拉松赛跑中摆臂动作是非常重要的,利用摆臂可以调整节奏,改变步频和步幅,还可以调整呼吸。

摆臂时,手要轻握拳,肘关节适当屈曲,拳头向后摆动至腰部,不要一直向正下面摆,而是要有几分向左右摆的动作,这样可以帮助腰部回转以加大步幅,从而形成有效的摆臂动作。另外,两臂与身体不要贴得太紧,而应稍稍离开一点,可使呼吸轻松,并减少上臂与肋部的摩擦,避免损伤。两臂摆动要积极有力,这样有助于加快动作频率,提高跑速,在加速、上坡和终点冲刺时这点尤其重要。

2. 呼吸技术

呼吸的节奏往往因人而异,但也有共性,要特别注意和动作频率相协调。呼吸的深度和频率取决于运动员的身体结构特征和跑的频率。根据相关学者研究表明,呼吸频率快能更好地为机体供应氧气,最好采用腹式呼吸,这种呼吸有助于改善下肢的血液循环,并能防止因提高跑速而引起的肝部区域不适,特别是在天气炎热的夏天。呼吸时应多采用口部换气,以增大气体的进出量,加快氧气对机体的供给,同时也能加快呼吸频率。

3. 蹬腿技术

在跑步过程中,以全脚掌着地最为合适,躯干要向前倾斜4°～6°,这有助于脚掌正确的落地和有效的蹬地。跑动时切忌塌腰撅臀,腿部不要有多余的踢腿动作,特别要注意放松小腿。向前摆腿时,膝关节不要过分抬高,也不要过低,而是应该自然地向前摆出,然后有意识地做少许后扒动作,以全脚掌落地,在落地的一瞬间,膝关节应做轻微的缓冲动作,即使在坚硬的柏油马路上训练或比赛,也可以减少腿部的疲劳。落地脚蹬地后要自然地向前摆动,脚尖要放松,以便能使膝部以下部分得到放松。

在马拉松跑的途中,要注意腿部的运动与摆臂动作紧密结合,要始终注意跑步的节奏,使摆臂和腿部动作协调一致。

4. 上下坡跑技术

(1) 上坡跑

在马拉松比赛中,往往会出现起伏不平的路段,这时学习和掌握正确的上下坡跑技术是非常必要的。

在进行上坡跑时,运动员要注意以下几点。

第一,上体倾斜度要比平时大一些。

第二,动作频率要较平时快一些。

第三,蹬地角度要较平时小一些。

第四,呼吸频率要相对加快。

第五,用前脚掌外侧先着地。

第六,手臂摆动应稍快一些。

(2)下坡跑

下坡地比起上坡跑的技术有显著的变化,有经验的马拉松运动员在下坡时,总是保持适宜的步长和跑速,在下坡跑时,运动员应注意以下几点。

第一,应减小上体的倾斜度。

第二,动作频率和步长要适宜。

第三,跑速不要过快。

第四,手臂摆动应轻松自如。

第五,要用全脚掌或脚跟着地。

第五节 走跑类运动游戏的开展

一、走类运动游戏

(一)"鸭子"步快走

在4条20米长、1.22米宽的跑道上进行,准备好发令旗。将学生按年龄、性别编号分组,每组4人。同时选出1名发令员、2名检查员和2名终点裁判员。如图6-6所示,发令员发出"预备"口令时,学生上道,两手叉腰,蹲在起跑线后。左腿屈膝提踵撑地重心落在左脚上,右腿屈膝侧伸足内侧触地预备。当发出"开始"口令后计时开始,学生右腿以足内侧向前划半圆成右腿屈膝提踵撑地时,身体重心移至右腿,然后左腿屈膝以足内侧向前划半圆至再成左腿屈膝提踵撑地,身体重心再移至左腿上,两腿交替向前划半圆前进,直至以"鸭子"步走过终点线计时停止。按计时成绩排列名次。"鸭子"步必须支撑腿全蹲,另一腿经体侧向前划半圆前进,不划半圆直接向前迈步为犯规,不计名次;行进中如身体失控,可重新调整继续比赛。

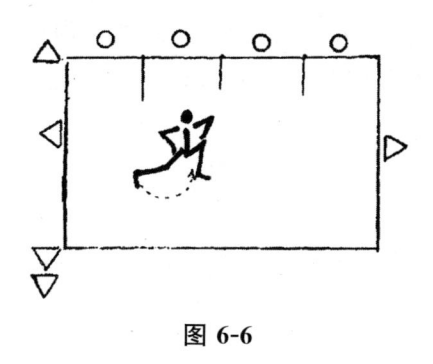

图 6-6

(二)脚内侧走接力

在平坦场地上画两块 10 米长的场地,准备 2 根标志杆。如图 6-7 所示,将学生分成人数相等的两队,各队成纵队站立在起跑线后。游戏开始后,每队排头迅速用脚内侧走至终点绕过标志杆再走回本队,与第二人击掌后,第二人接着再做,以后每人都依此法进行,直至都走完一次,先走完的队为胜。不允许抢走;要求用脚内侧走和直腿走的方法练习。

图 6-7

(三)脚跟走往返接力

在平坦场地上画两块 10 米长的场地,准备 2 根标志杆。如图 6-8 所示,将学生分成人数相等的两队,各队成纵队站立在起跑线后。游戏开始后,每队排头迅速用脚跟走至终点绕过标志杆再走回本队,与第二人击掌后,第二人接着再做,后面的人也都按照此法进行,直至最后一人走完,先完成的队为胜。不允许抢走;只许用脚跟走的方法完成游戏,前脚掌不得触地,走时腿应直。

图 6-8

(四)两人三足走接力

在平坦场地上画相距 10 米的平行线,绑腿绳 4 根,标志杆 2 根。如图 6-9 所示,将学生分成人数相等的两队,各队中每两人为一组,并将内侧的小腿捆绑在一起,两人内侧臂互相搭肩做好准备。游戏开始后,两人向标志杆方向快走,并绕过标志杆返回起点,下一组击掌后再接着走,直至最后一组完成,先完成的组为胜。两人三足走时捆绑在一起的两腿不能松开,如松开后,应在原地重新绑好;不允许抢走。

(五)外八字走迎面接力

在平坦场地上画两条相距 10 米的平行线。如图 6-10 所示,将学生分成人数相等的两队,每队再分成甲乙两组,分别成纵队面对面站在两条平行线后。游戏开始后,各队甲组排头第一人用外八字的脚型向前走,走到对面击乙组排头手掌并站到队尾,乙组排头立即模仿第一人动作走向甲组的第二人,依次进行,直至最后一人完成,先完成的队为胜。外八字走应脚跟对脚跟两腿依次向前走;不允许抢跑。

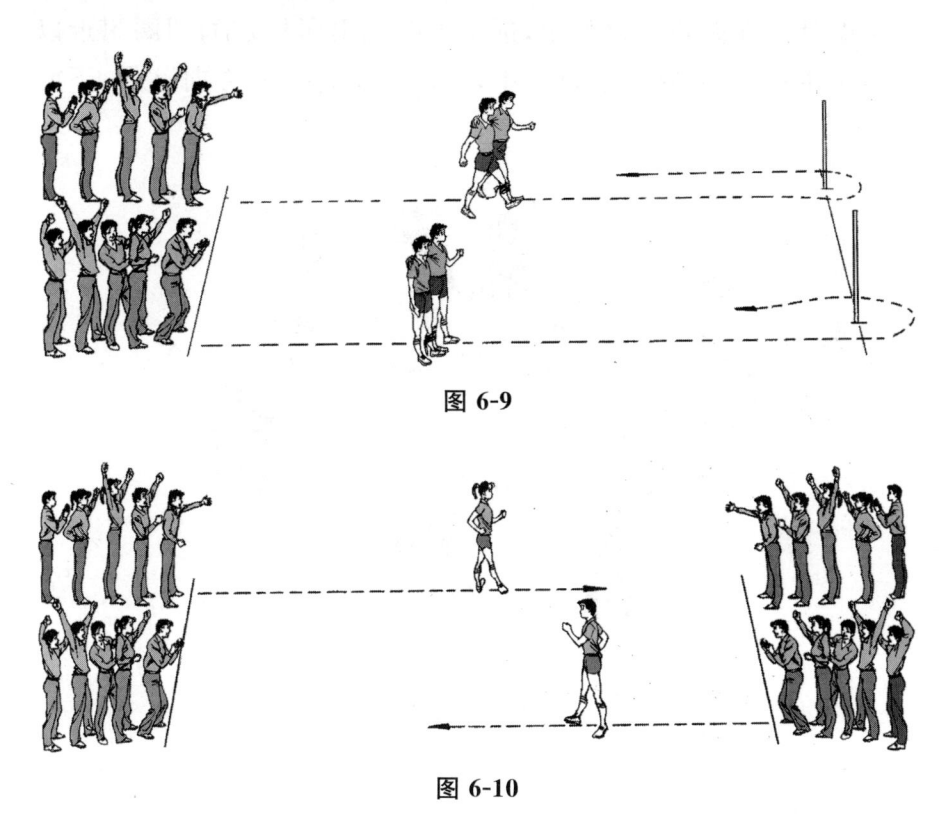

图 6-9

图 6-10

二、跑类运动游戏

(一)追逐游戏

1. 贴人

在平坦的地面上画出一个直径为 10 米的圆形场地,将学生以两人一组的形式在圆形场地外沿站立,并且每组之间间隔 2

米。在这些学生任意选出两个学生分别作为追逐着和逃者,其中逃者只能沿着圆形场地外跑动,而追逐着可以在圈内和圈外及各组之间穿插跑动(图 6-11)。如果在跑动的过程中,追逐者拍到逃者,则两人变换角色;如果逃者贴住任意一组的一侧,则该组另一侧的同伴立即成为新的逃者。本游戏旨在提高学生的奔跑能力和灵敏性。在游戏的过程中,逃者不能跑出所规定的圆圈附近以外的范围;在逃者贴人的过程中,只能沿着跑进的方向贴人,不能返回贴人。

图 6-11

2. 你追我赶

在平坦的场地上画一个边长为 10 米的正方形,并在每一个角画一个直径为 1 米的圆。将学生分成甲、乙、丙、丁四个队,并且人数相等,每个队都要站在规定的边线外。在游戏开始前,每队第一名学生要站在本队圆圈内,待开始后,按照逆时针方向迅速跑动,各自追拍前面的人,即甲追乙、乙追丙、丙追丁、丁追甲(图 6-12),直到有人被拍到或游戏时间结束,然后每队第二名学生进入圆圈继续进行比赛。以此类推,最后以拍着人数最多的队为胜。本游戏旨在发展学生的快速奔跑能力和团结协作精神。

在游戏的过程中,每一个学生都要通过角上的圆圈在边线外进行跑动,否则将算为被后者拍着;只能允许拍,不能推、拉、绊。

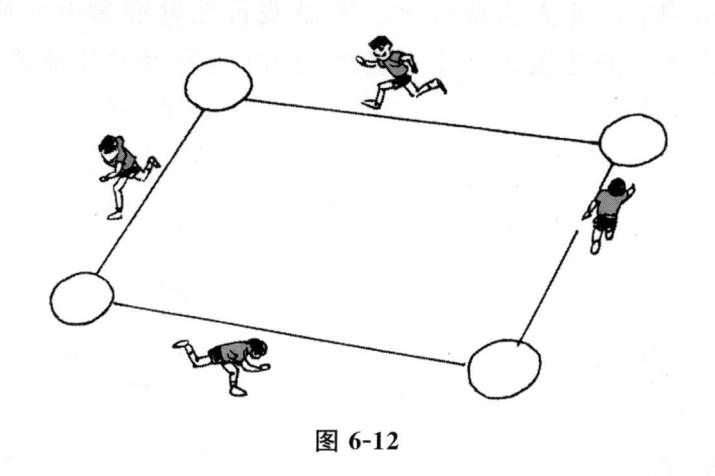

图 6-12

3. 拍背追人

在平坦的场地上画一个直径为 10 米的圆,使所有的学生面向圆圈站立,任意选出一名学生作为被追者沿着逆时针方向跑进。游戏开始后,被追者随时趁站在圆上的某一学生不注意,拍其后背后快速奔跑,被拍到的学生要立即转身追赶。如果追者在一圈内追上被追者,则被追者继续做自己的角色;如果追不上,则两人要互换角色,继续进行游戏(图 6-13)。本游戏旨在提高学生的反应能力、奔跑能力和集中注意力。在游戏时,追者和被追者都要按照逆时针跑进,追者用手触摸到被追者即为追上。

(二)竞速游戏

1. 淘汰赛跑

在平坦的场地上画一个直径为 10 米的圆,并在圆圈外换一个斜线作为起跑线。将学生按照 10 人一组的形式进行分组,并站在起跑线上。游戏开始后,每组第一次跑,规定每人跑两圈,跑在最后的两个人即被淘汰(图 6-14)。各组都跑完一次后,没有被淘汰的学生继续跑,规定每组跑一圈,后两人被淘汰,没有被淘汰的学生继续跑,规定每人跑一圈,最后两人被淘汰。最后,每组剩下的 4 人为优胜者。本游戏旨在发展学生的速度耐力,提高学生的弯道跑技术。游戏过程中,发令后才能跑;应从外侧超越别人。

图 6-13

图 6-14

第六章 走跑类运动文化与开展研究

2. 跑垒记分

在平坦的场地上画一个边长为 15～20 米的正方形,并在正方形的各个角上画一个直径为 1.5 米的圆圈作为垒。将学生分成人数相等的四个队,每队按照报数的形式进行排号,并成纵队面对本垒站在对角线上。当听到"预备"的口令后,各队的第一个学生站在本垒内,听到"开始"后立即向同一方向跑,依次通过各垒再回到本垒,最先跑完四小垒的得 4 分,其余依次为 3 分、2 分、1 分,可并列计分(图 6-15)。各队第一人跑完后,第二人开始跑,直到全队跑完为止,最后计算各队得分,以得分多者为胜。本游戏旨在发展学生的速度素质和灵敏素质。在跑动时必须依次通过各垒,漏踏垒的不计分。

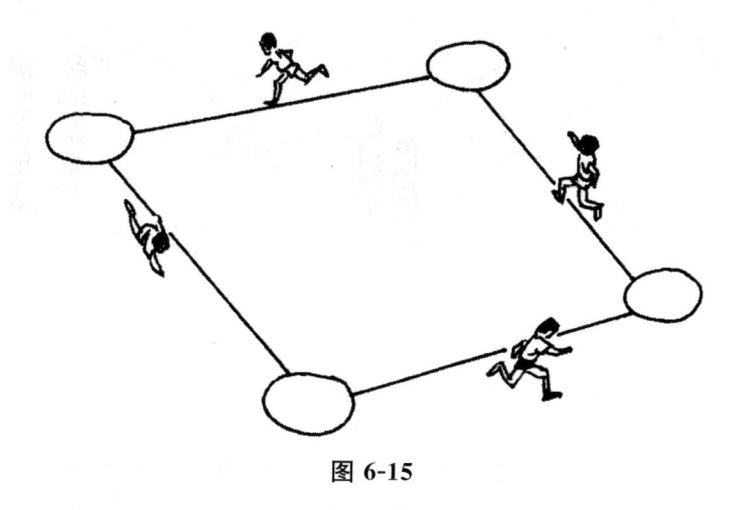

图 6-15

(三)接力游戏

1. 四角接力

在平坦的场地上画一个边长为 20 米的正方形,在正方形的每个角画一个边长为 1 米的小正方形,并准备四根接力棒。将学生分成人数相等的 4 组,分别站在四个垒位的后面,各组的排头拿一根接力棒出列踏垒,做好起跑准备。游戏开始后,各组都按逆时针方向跑完4个垒,回到原垒位把接力棒交给第二个队员接着跑,直到跑完为止,先完成的组为胜(图6-16)。本游戏旨在提高学生快速跑的能力。在跑垒的过程中,脚要踏上所有的垒位。其他学生都要站在垒外,不能阻挡其他组的跑进。只有等到接到棒后才能离垒跑动。

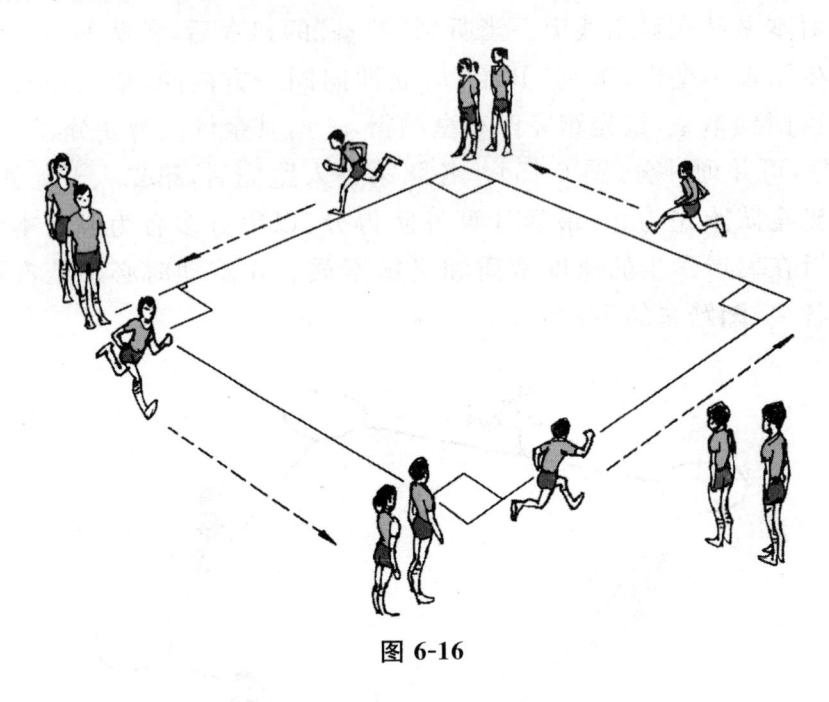

图 6-16

2."8"字接力跑

在平坦的场地上画一条起跑线,距起跑线15米处画两组圆圈,每组两个,每个圆圈的直径5米。将学生分成人数相等的两队,每队分别成一路纵队面对圆圈站在起跑线后。组织者发令后,各队的第一人立即按规定的路线绕过两个圆圈,绕一个"8"字形跑回来拍第二人的手,自己跑到排尾站好,照此方法依次进行,以先跑完的队为胜(图6-17)。本游戏旨在发展学生的速度素质,提高学生跑的灵活性和协调能力。起跑时不能踩起跑线,发令后或者被拍着手后才能跑;必须按规定的路线跑动,不能进入圆圈或跨过圆圈。

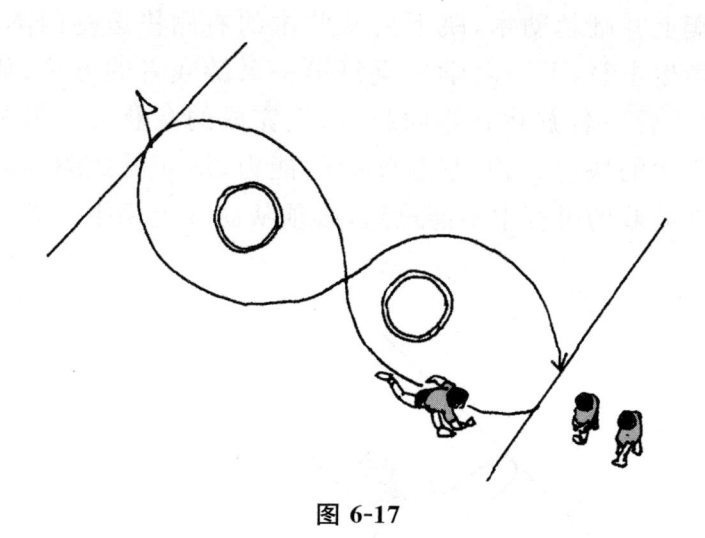

第六章　走跑类运动文化与开展研究

图 6-17

3. 折回跑接力

在平坦的场地上画一条起跑线和三条折返线,折返线到起跑线的距离分别为5米,10米,15米。将学生分成人数相等的四个队,各成纵队站在起跑线后。游戏开始,组织者发令后,各队排头迅速起跑至5米线处返回起跑线;再跑至10米处,返回起跑线;最后跑至15米线处,返回起跑线,拍本队第二人的手后,站至队尾。第二人用同样方法折回跑,如此依次进行,直至全队轮换一次,最后以先跑完的队为胜(图6-18)。本游戏旨在发展学生的速度和灵巧性,提高学生急停和折返跑的能力。只有等发令或被拍手后才能起跑,不能抢跑。折返跑时必须用脚触及相应的线后才能折回,否则重新跑。

(四)过障碍游戏

1. 翻越肋木

在平坦的场地上放置两副肋木,并在肋木前的空地上画一条起跑线。将学生分成人数相等的两路纵队站在起点正对各自的肋木。待发出"出发"口令后,两队的排头快速跑向肋木,在肋木正中央爬上并翻越肋木,跳下后从肋木的右侧快速跑回本队,与下一名学生击掌,下一名学生重复第一名游戏者的方法,如此往复,直到最后一名游戏者跑回起点,先完成的队获胜。本游戏旨在发展学生的快速奔跑、翻越障碍的能力,培养勇猛顽强的意志品质。在游戏的过程中不能抢跑,必须从肋木上用手支撑来翻越肋木。

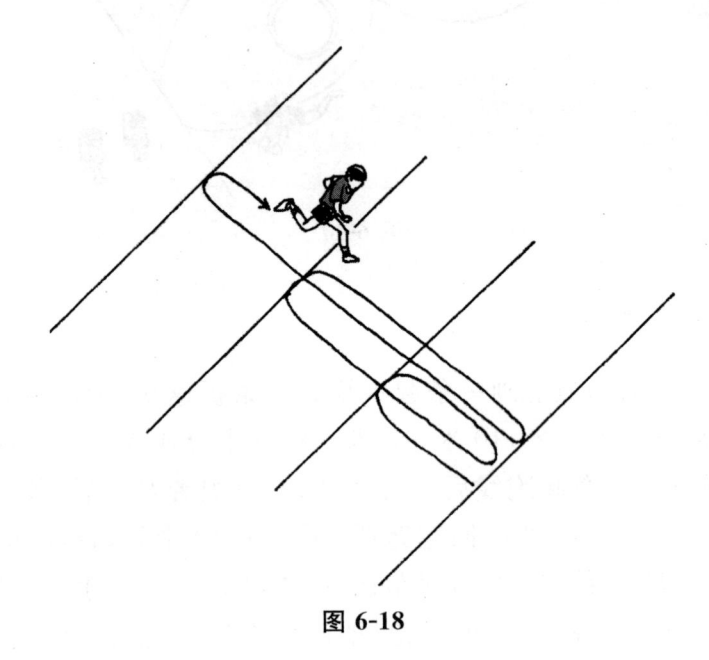

图 6-18

2. 钻跨栏架

在平坦的场地上,放置8个栏架,间距为8.5米,并在一端放置两根标志杆。将学生分成人数相等的两队,各队成纵队站在距第一栏12米线后。教师发令后,排头迅速起跑跨过第一栏架,钻过第二栏架,再跨过第三栏架,钻过第四栏架,经标志杆外侧绕过,从栏外侧跑回,拍到第二个人的手,然后站到排尾,第二人、第三人依次进行,每人一次,先跑完的队为胜(图6-19)。本游戏旨在发展学生的速度素质和协调性。在游戏的过程中,不能抢跑和越线,不能将栏架推到,如果栏架移动或倒下,需要待放好后再跑。

第六章 走跑类运动文化与开展研究

图 6-19

第七章 跳跃类运动文化与开展研究

田径跳跃运动主要包括跳远、三级跳远、跳高、撑竿跳高等项目。本章对跳跃类运动文化与开展的研究主要针对上述项目进行,涉及其运动文化与开展的技术指导,并对跳跃类运动游戏的开展进行了研究。

第一节 跳远运动文化与开展

一、跳远运动文化

跳远历史悠久,是一个古老的田径运动项目。早在古希腊奥运会上,就已经设有跳远项目的比赛。据考证,近代跳远运动是在19世纪开始的,跳远运动的发展与其技术的进步有着密不可分的关系。跳远运动之初,运动员采用的是蹲踞式跳远技术。在1896年第1届奥运会上,跳远选手采用的是最简单的蹲踞式跳远技术进行比赛。走步式跳远技术的出现大大提高了运动员的跳远成绩。1898年美国运动员M·普林斯坦首先采用了"两步半"的走步式跳远技术,其成绩为7.24米。挺身式跳远技术改写了跳远运动的历史,1920年芬兰运动员B·图洛斯以挺身式的新技术跳出7.56米的好成绩。美国人欧文斯在1936年柏林奥运会上,获得了100米、200米、跳远三块个人金牌,而且也获男子400米接力赛金牌。其跳远成绩为8.06米,这一世界纪录保持了24年之久。

跳远运动正式形成之后在世界各地发展较快,其中,男子跳远运动最先发展起来,女子跳远运动的发展紧随其后。跳远运动最开始只有男子参加,20世纪60年代是跳远成绩进展较快的时期。1960年,美国运动员波斯顿用三步半的走步式技术,数次打破欧文斯保持了25年之久的世界纪录。20世纪60年代,多数运动员采用走步式技术,并强调快速助跑与起跳的结合,在保持适宜的腾起角的条件下,尽可能提高腾起初速度,注意空中和落地前的平衡。20世纪80年代以后,跳远运动迎来了刷新纪录的高峰期,新的跳高纪录不断被创造出来。现在,世界大多数男子优秀运动员均采用三步半的走步式。和男子跳远运动相比,女子跳远运动发展较晚,从1948年起才被列为奥运会的正式比赛项目。1928年,日本运动员人见娟枝以5.98米的成绩创造了第一个正式女子跳远世界纪录。进入20世纪60年代以后,女子跳远水平显著提高,之后,世界女子跳远成绩又有新的进展。在跳远技术发展过程中,速度越来越被人们所重视,其在跳远的技术教学与训练领域中的主要作用更加突显。"速度型"跳远技术在跳远运动技术中占据着主导地位。

现代跳远运动是在20世纪左右传入我国的。目前,我国跳远运动已经接近世界一流水平,在2015年8月北京鸟巢举办的世界田径锦标赛上,中国男子跳远队三名选手同时出现在田径世锦赛男子跳远决赛。除了当年刘易斯时代的美国队,没有任何国家做到过。王嘉南以8.18米获得铜牌,成为第一个站上世锦赛跳远领奖台的亚洲人,高兴龙和李金哲分列第四、第五名。中国跳远的整体实力已经属于世界一流,中国跳远进入了一个良好发展的时代。

二、跳远运动开展技术指导

现代跳远运动技术是由助跑、起跳、腾空和落地四个技术环节组成,它们是不可分割的整体。

(一)助跑技术

跳远运动中,助跑的主要任务就是在获得最高助跑速度的基础上,为准确的踏板和快速有力的起跳做好准备。整个助跑过程包括以下几个技术环节。

1. 起动

起动是助跑的开始,助跑的起动姿势会直接影响助跑的准确性和稳定性。其中包括两种主要的助跑姿势,一种是静止状态下的助跑,一般要求两腿微曲、两脚左右平行站立,呈"半蹲式"姿势,或两腿前后分立,呈"站立式"姿势。这种方法,对提高助跑的准确性有很好的帮助;另一种是走跳相结合,找到第一个标志,这种方法的技术动作相对放松,但是不易准确地找到标志,对准确踏板提出了更高的要求。

2. 助跑加速

助跑过程中,进行加速的方法主要有以下两种:一种是积极加速,在助跑的开始就积极加速,并始终保持较高的步频,这种加速方式的主要目的就是快速脱离静止状态,尽可能获得最高的助跑速度。一种是逐渐加速,逐渐加速方式主要是通过加大步长和保持步长逐步过渡到加快步频。这种加速方式的主要目的就是在动作轻松、自然和平稳的基础上,提高跳的准确性和成绩的稳定性。

3. 助跑节奏

助跑节奏是指运动员要发挥最高速度,并合理利用速度,从而高效的进入起跳的方式与方法。跳远项目中学生的起跳力量是随着助跑的速度增加而增加的。试验测试表明(前苏联波波夫),助跑速度每增加0.2米/秒或起跳扇形角每增加10度,都要求运动员增加2%的起跳力量。倘若起跳力量的发展不能适应助跑速度的要求，就会影响起跳效果，因达不到必需的腾起角度而影响跳远成绩。助跑速度的利用率是指运动员在助跑过程中对自身最高速度的使用水平，它可用助跑速度与平跑中的最高速度比值来表示。一般来说，跳远水平越高的运动员，其助跑速度的利用率也越高。

4. 结束步

助跑的结束步与起跳技术衔接，因此，在跳远运动的助跑过程中，最后几步是整个助跑过程中最重要的环节。在最后几步助跑中，不但要保持一定的速度，还要做好起跳的准备。这是一个相对复杂、困难的技术环节，不同的运动员会表现出不同的运动特点。

最后 6～8 步的助跑技术，主要表现为两种技术特征，一种是缩短最后几步的步长，加快步频，形成快节奏的助跑起跳技术，另一种是在步长相对稳定的情况下，加快步频，形成快速上板的助跑技术特征（步长没有明显的变化）。目前，高校优秀大学生田径运动员普遍采用后一种跑法。这种助跑技术有利于保持和发挥最高助跑速度，最后几步呈加速状态，使助跑与起跳的衔接更加紧密。

对于跳远运动员来讲，正确设置助跑标志能有效稳定步长，形成良好的助跑节奏，提高其准确踏板的信心。对水平较高的运动员最好不用标志，因为设置标志会分散运动员的注意力，从而影响水平速度的发挥。而对初学者来说，利用助跑中的标志训练助跑速度、节奏和准确性是有好处的。一般的，可设有两个标志，第一标志和第二标志。第一标志设在起跑线上，第二标志设在距起跳板 6～8 步处。标志应明显可辨，但又不致分散运动员的注意力，否则容易破坏助跑的连贯性，导致助跑速度下降。第二标志主要是用来检查助跑的准确性，提示后几步的加速节奏。需要注意的是，任何时候都不要为了适应助跑标志而破坏自己快速助跑的节奏。随着运动员训练素质的提高和技术的变化，助跑标志应相应变动。

(二)起跳技术

起跳是所有跳跃项目最重要的部分,它是跳远的关键技术环节起跳的目的是把运动员助跑时所获得的水平速度,转换成必要的腾空速度,将身体抛向空中,使身体获得较长的运动距离。一个快速、完整起跳技术动作可分为以下三个技术阶段。

1. 起跳脚上板起跳

助跑的最后一步,摆动腿的脚着地后,起跳脚就准备上板,上体保持正直或稍有后仰。两臂摆动于体侧,起跳脚全脚掌着地,摆动腿屈腿前摆。踏板瞬间,起跳腿前伸,与地面形成一个约65°~70°的夹角,起跳脚与身体重心投影点之间大约30~40厘米,身体重心在支撑点的后面。这种势态形成了一定的"制动",便于使身体向腾空状态转换,也便于使水平速度向垂直速度转换。

2. 起跳腿的支撑缓冲

踏到踏板后,身体随惯性的力量和重力作用,迫使起跳腿的髋、膝、踝关节被动弯曲。起跳脚用全脚掌支撑,以便于运动员保持身体的平衡和稳定并抗御惯性所产生的压力,整个身体前倾,摆动腿也随着向前运动惯性,大小腿折叠后向起跳腿靠拢,以为最后起跳、蹬摆做好充分的准备。

3. 起跳的蹬摆配合

起跳腿在踏上起跳板的瞬间,身体始终是随惯性向前运动着。当身体重心移到起跳脚支撑点上方时,起跳腿应及时蹬伸,充分伸展髋、膝、踝三关节,与此同时摆动腿以膝领先,屈腿向前上方摆动,摆到大腿呈水平部位,两臂配合两腿在体侧摆动,躯干伸展,头向前上方顶出,完成起跳的蹬、摆配合动作,这时起跳腿与地面呈 70°~80°夹角。注意在完成蹬摆配合的起跳动作时,四肢的协调配合,对身体获得适宜的腾起高度,维持身体平衡,以及对加快起跳速度起着决定作用。起跳腿充分蹬伸后,做好全身的制动动作,良好的制动能增加身体向上腾起,维持全身平衡,同时避免身体翻转。

(三)腾空技术

目前,跳远的腾空技术主要有三种,即蹲踞式、挺身式和走步式,这几种姿势在空中各有其动作特点。具体如下。

1. 蹲踞式腾空技术

蹲踞式腾空技术保持腾空步的时间较长。腾空步后,起跳腿积极靠拢摆动腿,同时两腿上举,使膝接近胸部。此时,注意躯干不要过于靠前,在距落地点半米处时,双腿接近于伸直状态,两臂自然下滑,使小腿积极前送增强落地稳定性(图 7-1)。由于起跳后向前旋转的力矩较大,屈腿动作和上体前倾,使下肢靠近身体重心,导致旋转半径减小,增加了角速度和旋转力矩,会受到前旋转力的影响,提前落地。因此,"蹲踞式"跳远时,要特别强调上体与头部保持正直姿势,以维持身体的平衡。

蹲踞式是一种最简单、自然的跳远空中动作,初学跳远的人适合采用这种跳远姿势。

图 7-1

2. 挺身式腾空技术

挺身式腾空技术能使运动员在腾空时保持舒展的身体姿势。

具体来说,运动员在起跳后保持腾空姿势时,摆动腿和大腿不要抬太高,摆动腿小腿随之向前、向下、向后呈弧形划动,两臂也随之向下、向后再向前大幅度地划动;与此同时,起跳腿为屈膝与正在摆动腿靠拢,展髋、挺胸、挺腰,整个身体展开成充分的挺身姿势。当身体即将落地时,两臂向后摆动,躯干前倾,两腿迅速收腹举腿,前伸小腿,准备落地(图7-2)。

挺身式跳远的难度在于维持身体平衡需要经常训练身体的协调和维持平衡的能力。

图 7-2

3. 走步式腾空技术

走步式跳远要求运动员腾空后在空中完成走步式的技术动作。这种腾空方式技术复杂,是三种技术中最难的一种,通常被优秀运动员采用。

采用走步式腾空技术起跳后,身体可呈现"腾空步",前方的摆动腿要以髋为轴,大腿带动小腿积极向下、向后方摆动,同时处在身体后方的起跳腿则以髋关节为轴,大腿向上摆动,同时屈膝带动小腿前伸,以完成两腿在空中的互换动作。两臂要配合两腿协调摆动,以维持身体平衡。空中完成交换步后,摆动腿仍需要从体后屈膝前摆,靠拢体前的起跳腿,并在空中走半步。在空中的这一过程需要两腿走两步半(图 7-3)。

完成走步式跳远技术动作,需要有较强的协调能力和维持身体平衡的能力,两腿的空中换步必须有两臂的相向运动配合,因此,两臂在空中大幅度地绕环与两腿相配合十分重要。

图 7-3

(四)落地技术

选择合理的落地技术不仅有利于运动成绩的提高,而且可以防止运动员受伤。在完成腾空动作后,大腿要尽可能地靠近胸部,小腿自然向前伸,同时两臂后摆。当脚跟接触沙面后,应迅速屈膝缓冲,同时两臂由体后向前摆出,并借助于惯性向前方或侧方倒下,防止坐入沙坑。具体来说,落地的方法有以下两种。

(1)折叠式落地法:在腾空阶段经过最高点后,开始将两腿向上、向前伸出,上体向下折叠,两臂从上面向前并在落地前向后快摆。跳蹲踞式和挺身式的运动员多采用这种方法。

(2)滑坐式落地法:在腾空最高点就开始做折叠动作。及早做折叠动作,不影响和改变腾空路线,到最后把腿及骨盆前移,上体稍后仰,落地时好像坐着,故称滑坐式。从运动成绩上来说,滑坐式落地法优于折叠式落地法,因为滑坐式动作的身体重心相对后移,所得利益远远大于折叠式动作。实践表明,坐式落地可比折叠式落地远 20~30 厘米。

第二节 三级跳远运动文化与开展

一、三级跳远运动文化

三级跳远由"多级跳"演变而来,是一项历史悠久的竞技运动。三级跳远是田径运动项目中发展较晚的一个项目,在1896年的第1届奥运会上,三级跳远被列为正式的比赛项目,当时的最高成绩是13.71米。三级跳远运动发展初期的运动技术比较低级,人们对于这项运动的技术特点认识比较肤浅。1936年日本运动员第一个跳出16米,其技术特点是第一跳跳得高而远,起跳有力,动作灵巧。但第二跳起跳迟缓,远度较短,而且整个三级跳远运动中三跳的节奏不均匀。

随着被诸多比赛列为正式比赛项目,三级跳远运动开始得到重视,经过不断创新,运动员在三级跳远争取将三跳的动作和关系紧密衔接,尽最大努力做到没有停顿,在此基础上,1955年巴西的一名运动员成功跳出了16.56米的好成绩。发展到20世纪50年代中期,为了进一步提高运动成绩,前苏联运动员改进了"单脚跳"技术,提高了腾空抛物线高,同时延后了交换腿的时间,采用高摆腿落地,再次刷新了三级跳远的成绩。20世纪60年代初,波兰运动员加快助跑、降低腾空抛物线高度、延长第三跳,成功跳过17米。发展到20世纪70年代,三级跳远的技术和成绩均获得了较快的发展,优秀的三级跳远运动员不断改进自己的技术,使三跳远度的比例更加合理,1972年三级跳远成绩达到了17.44米。1975年,巴西运动员以17.89米的成绩再次刷新纪录。

目前,男子和女子三级跳远运动均为奥运会的正式比赛项目,三级跳远运动受到了越来越多人的关注,我国运动员在这个项目上曾经创造过世界纪录,现在也保持着较好的运动水平,拥有较大的发展空间。

二、三级跳远运动开展的技术指导

三级跳远是在比赛过程中沿直线进行三次不间断的跳跃,因此,必须在助跑中获得较大的向前水平速度。三级跳远出现之前曾出现过多级跳远项目。由于规范性较差,运动员的跳远方式不一,有的人采用单足跳＋单足跳＋跳跃的方式;有的人采用跨步跳＋跨步跳＋跳跃的方式。目前,三级跳远统一确定为单足跳＋跨跳＋跳跃的方式。

(一)助跑技术

三级跳远运动中的助跑的关键是节奏和加速,因此必须具备稳定的助跑节奏和较快的向前水平速度。一般优秀学生的助跑距离为40米左右;初学者需要35米左右的助跑。

三级跳远助跑过程中的助跑距离、助跑步数、助跳标记以及助跑方式与跳远的方法基本相同,表现出起动迅速、重心平稳、步点准确、节奏性强的技术特点。由于助跑时要获得较高的水平速度,因此在开始阶段就要将速度提高。起跳前跑的步幅没有明显的变化,只要保持跑的动作结构,保持高速度。当获得一定跑速后,要尽可能的稳定步长,稳定重心,起伏波动要小,而且尽量跑成一条直线,积极向起跳板"进攻"。

(二)单足跳技术

单足跳技术具体可分为以下两个技术环节。

1. 助跑起跳

单足跳必须低平地跳出去,而且要尽可能地减少水平速度的损失。为实现这一目的,助跑最后一步时,摆动腿积极有力地蹬地,使重心保持在较高的位置,起跳腿自然、积极的踏向起跳板,这一跳不宜过高,摆动腿向下方伸展的同时,起跳腿向前提出,脚落地时,要有明显的扒地动作,全脚掌着地。此时,上体略有前倾,起跳脚的着地点应距身体重心投影点较近。起跳腿着地后,因力的作用,迫使膝关节弯曲,随着身体的前移,踝关节背屈加大。上体和骨盆应快速向前移动,同时摆动腿积极前摆,大、小腿折叠,脚跟靠臀部,整个身体像一个压紧的弹簧,处于蹬伸前的最有利状态。

2. 腾空换步

进入腾空阶段后,上体要保持放松和正直,摆动腿自然向下、向后摆动,起跳腿屈膝前抬,大、小腿收紧,足跟靠近臀部。然后根据此动作,完成换步,这一过程中要维持身体平衡。换步动作结束后,起跳腿继续向前上方提拉,髋部积极前送,摆动腿和两臂向后摆至最大幅度。换步动作应当做到适时、连贯,过早或过晚都会对提高下一跳效果有所影响。

动作过程中,注意控制腾起角,过多地增加腾起角会导致损失更多的水平速度。较高的腾空轨迹会增大第二跳起跳腿的负荷,影响以后两跳的起跳效果。此外,由于第一跳是在快速助跑情况下进行的。因此,为了不影响跑速,应采用前后摆臂的形式。在腾空阶段中,两臂配合下肢的换步动作,经由体前拉向身体的侧后方。

(三)跨步跳技术

在三级跳远运动中,跨步跳的起跳腾起角要低于单足跳,当换步动作完成后,高抬起跳腿,摆动腿充分后摆,主要目的是增大两腿之间的夹角。身体下降的同时,前摆起跳腿迅速有力下压,在着地前做有力的扒地动作,以缩短起跳时间,增加起跳力量,促使身体快速前移。同时摆动腿和两臂快速有力地向前摆动,促使起跳腿做快速有力的蹬伸动作。

优秀运动员在腾空过程中完成两腿反弹式的回摆动作,使摆动腿积极上提,起跳腿屈小腿后摆。在腾空过程中上体抬起,通过摆臂维持身体平衡。

相对其他两跳较低,第二跳的腾空高度腾起角在14°左右。

(四)跳跃技术

在整个三级跳远过程中,由于前两跳在水平速度上损失了将近20%,第三跳还将损失8%左右。因此,第三跳的最终目的就是最大限度的利用剩余力量和速度向前跳出,并争取最好的着地效果。

第三跳的腾起角为16°~18°,空中动作与跳远时一样,第三跳的过程中,可采用蹲踞式、挺身式、走步式动作的中任意一种,一般采用蹲踞式动作为佳。

(五)落地技术

落地动作与跳远落地技术相同,在触地瞬间柔和地屈膝缓冲,髋部迅速前移,使身体,尤其是臀部迅速移过落点,坐在落点处或倒向落点一侧。

总之,三级跳远技术中,运动员应安排好第一跳、第二跳及第三跳的长度的比例,或者说合理地安排好三跳的结构。这三跳的比例和节奏要靠运动员在长期的实践中摸索,根据每个人的速度水平、双腿力量、掌握技术的熟练程度等因素来确定。

第三节 跳高运动文化与开展

一、跳高运动文化

跳高是田径运动的田赛的比赛项目之一,是人体通过助跑、起跳、腾空、落地一系列动作形式跳越高度障碍的运动,其运动成绩取决于起跳时人体重心的高度、蹬离地面瞬间腾起的初速度、腾起角度和过杆动作的合理性。

现代跳高运动起源于19世纪的英国,距今大约有100多年的发展史。19世纪中叶,跳高运动已经在英国广泛开展。1864年,跳高运动在英国被正式列为田径比赛项目。男子跳高是第1届奥林匹克运动会的正式比赛项目,女子跳高是在1932年第9届奥林匹克运动会上被列为正式比赛项目的。

跳高运动的发展是伴随着其技术的发展而发展的,根据跳高运动技术的发展历程及其发展的规律,可以将跳高运动的发展分为三个时期。在跳高运动的自然发展时期,运动员最先采用的是跨越式过杆技术,历史上最早的跳高纪录是英国运动员用跨越式过杆的技术创造的,此后,曾出现剪式过杆的技术和滚式过杆技术的跳法。1912年,美国运动员霍列因首次突破2米,国际田联确认为第一个正式的跳高运动世界纪录。这一时期,运动员动作技术含量较低,主要是依靠天生的弹跳、速度。在跳高运动的技术创新时期,出现了俯卧式过杆动作技术的新跳法(1923年),从那时起至20世纪60年代末,俯卧式过杆技术逐渐地占据了跳高技术的主导地位。1968年美国运动员福斯贝里首创背越式新技术,并以2.25米夺得墨西哥奥运会金牌而引起人们重视,这种技术结构提供了从速度上挖掘运动能力的可能性,更具先进性。在跳高运动的稳定发展期,跳高运动的发展主要体现在人体运动能力的提高和动作技术的改进及完善方面。这一时期,跳高运动的成绩被运动员不断突破。现阶段,背越式跳高在跳高运动中被普遍采用,被认为是最为先进的跳高技术。

男子跳高曾是中国田径的优势项目,此前曾涌现出倪志钦、朱建华两名世界纪录创造者。2011年以来中国男子跳高先后涌现出张国伟、王宇两名一流好手。近两年,张国伟实力陡升,2015年6月12日,国际田联钻石联赛奥斯陆站,张国伟以2米36的个人第二好成绩成为钻石联赛问世以来首位夺金的中国跳高选手,张国伟的崛起宣告中国男子跳高进入了历史第三个黄金时期。

二、跳高运动开展技术指导

跳高是一项技术性强、发展快的田径项目。跳高技术发展至今,陆续出现了跨越式、剪式、滚式、俯卧式和背越式技术。在20世纪60年代末的墨西哥城奥运会上,迪克·福斯贝里采用"背越"过横杆的姿势而取得了金牌。之后,这种过杆技术逐渐被世人接受并普及。目前,跳高运动员大都采用这种过杆技术,背越式跳高技术是所有跳高技术中效果最好的一种。下面主要以背越式为例,对跳高技术动作进行详细的分析。

(一)助跑技术

背越式跳高主要采用弧线助跑的方法,8~12步完成动作。整个助跑过程也可分为前段助跑和后段助跑两个部分,其中后段助跑尤为重要,通常跑4~6步。

前段助跑弧度较小,比较平直,利于发挥速度;后段助跑的弧度较大,利于起跳。在整个助跑的过程中要逐步加快速度,并有一定的节奏。一般的,采用简便的"走步丈量"法确定助跑的步点及路线。首先,确定起跳点。其次,从起跳点朝助跑一侧的方向,沿横杆平行地向前自然走4步。然后,向助跑的起点方向,即垂直于横杆的方向走6步,做好标记,这个标记就是直线与弧线助跑的交界点。以这一标记为准,向前自然走7步,确定起跑点。最后,从直弧交界点到起跳点划一个曲率不太大的弧线,与前面的直线助跑相连,整个线路就是背越式助跑线路(图7-4)。

后段助跑的效果直接影响起跳质量,最后一段的弧线助跑对起跳效果尤为重要,体现助跑的加速性和节奏性,整个助跑过程要用前脚掌着地并富有弹性。

不同的跳高方法各有特点,运动员可结合实际情况有针对性地选择采取适合自己的助跑方法和助跑动作。

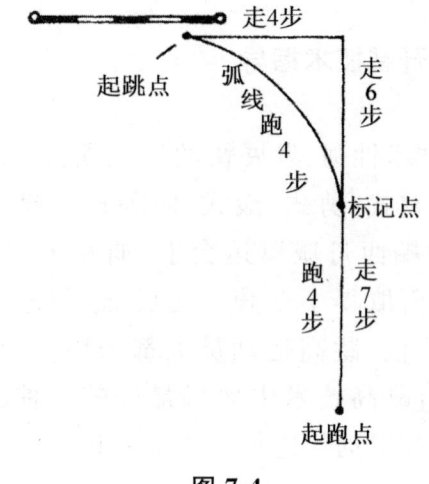

图 7-4

(二)助跑与起跳结合技术

助跑与起跳结合技术是跳高技术中的重要环节,它起着承上启下的作用,同时对正确地完成起跳动作、提高跳跃效果具有直接影响。背越式跳高应将助跑与起跳紧密衔接起来,主要包括两个关键的技术要点,具体如下。

(1)依靠摆动腿的牢固支撑,确保身体能在倾斜的状态下起跳,防止身体过早碰向横杆。

(2)摆动腿要积极蹬伸,使身体重心快速大幅度前移,防止出现臀部下坐和摆动腿支撑无力的现象。要正确地完成摆动腿支撑阶段的动作,使助跑与起跳紧密地衔接起来,为起跳创造良好的条件。

(三)起跳技术

起跳的任务是使身体获得最大的垂直速度和适宜的起跳角度,使身体顺利地越过横杆。

背越式跳高的起跳点距离横杆的垂直面约 60~100 厘米。起跳脚顺弧线的切线方向起跳,以脚跟领先着地并顺势转换到全脚掌。同时两臂与摆动腿积极上体,重心迅速跟上,上体积极前移使起跳腿缓冲,身体与地面保持垂直。当身体重心移至起跳点上方时,起跳腿迅速而有力地蹬伸,完成起跳动作,在做起跳动作时应注意起跳腿充分蹬伸、提肩、提髋(图7-5)。

图 7-5

(四)过杆与落地技术

由于起跳时摆动腿屈膝向异侧肩前上方的积极摆动,使身体处于背向横杆的腾越姿势。因此,当肩向上腾越超过横杆时,两肩应迅速后倒,充分展髋、小腿放松,膝部自然弯曲,整个身体呈反弓形。待髋部超越横杆后,收腹含胸,以髋发力带动大腿向上,并且小腿甩动使整个身体超离横杆,自然下落,下落时以肩背领先落垫(图7-6)。

图 7-6

第四节 撑竿跳高运动文化与开展

一、撑竿跳高运动文化

撑竿跳高起源于人类的生产生活,其运动雏形是人类利用木棍等工具跨越障碍的活动和游戏。据史料记载,早在公元554年,爱尔兰就流行撑越过河类的游戏。撑竿跳高作为一项正式的体育运动项目,一开始被列入体操项目,流行于德国学校。目前世界上有据可查的最早的撑竿跳高成绩是有德国的布施(Busch)在1789年创造的,成绩为1.83米。

现代撑竿跳高运动最先在英国开展,并于19世纪末开始流行于欧洲国家。男、女撑竿跳高分别于1896年和2000年被列为奥运会比赛项目。结合撑竿跳高运动中撑竿的变化,可以把撑竿跳高运动的发展可分为木制竿阶段、竹竿阶段、金属竿阶段和玻璃纤维竿阶段。撑竿跳高兴起之初,运动员所使用的撑竿为木杆,最好成绩为3.30米;1905年改为使用重量轻、弹性好的竹竿,最好成绩为4.77米;1930年改用坚固的金属竿,最好成绩为4.80米;1948年使用美国新设计制造的重量更轻、弹性更强的玻璃纤维竿,并获得国际田联正式批准,此后,运动员的成绩不断刷新。目前,运动员使用玻璃纤维竿已突破了6米的高度。

近年来,我国撑竿跳高运动发展较快,在2014年北京举办的国际田联洲际杯赛中,我国选手李玲在女子撑竿跳决赛中以4.55米的成绩夺得洲际杯女子撑竿跳冠军,这也是中国选手首次在世界三大赛中获得女子撑竿跳高的世界冠军。2015亚洲田径锦标赛中,李玲在女子撑竿跳比赛中发挥出色,以4米66的成绩打破她自己保持的4米65的亚洲纪录,并夺得金牌。整体来说,我国撑竿跳高的运动水平还需要进一步提升。

二、撑竿跳高运动开展技术指导

跨越式跳高是最简单的一种跳高方法,虽然跳高过杆姿势效果较差,但简单易学,适宜初学者采用,还可以用它来改进和巩固起跳技术或当作学习其他跳高姿势的过渡方法。撑竿跳高技术由持竿助跑、插竿起跳、悬垂摆体和伸展、引体、转体、推竿、过杆和落地几个部分组成。

(一)助跑技术

助跑的目的是为了获得一定的水平速度,为迅速、有力地起跳和顺利过杆创造有利的条件。助跑速度的大小以保证最为有效地完成起跳动作和取得最大腾空高度为原则。根据个人不同的技术特点,撑竿跳助跑的距离也有所差异,一般来说,距离范围通常在30.5~45.7米或7~10个复步间。为了更加放松的跑动,应尽量加长助跑距离,节奏变换上要逐渐加快,使人体在插竿和起跳时达到最大的可控速度。

为了获得良好的初速度,运动员在助跑时要注意跑动节奏的变化,在开始阶段和结束阶段的跑进有所不同,一是用大而有力的步子跑进,二是用较快的节奏跑进。助跑时,身体应向后摆动,重心移至左脚,以获得向前的推动力,并尽可能地形成一种固定的姿势和节奏。

一般来说,撑竿跳的助跑分为三个标志:一是起动标志(启动点),是助跑时的第一个标志;二是起跳前的倒数第六步,这一标志有助于提高助跑稳定性;三是起跳点,在竿头接触插斗壁瞬间时,上面手与地面垂直的点。

跨越式跳高助跑步点的测定一般用走步法测定:走步的步数是助跑步数的二倍减二。

(二)插竿起跳技术

对于撑竿跳高运动员来讲,能否能完成一次成功的试跳主要取决于插竿和起跳。因此,在撑竿跳高运动技能训练过程中,发展稳固的、基本的和有效的撑竿插竿技术非常重要。

具体来说,整个助跑的过程中,持竿与插竿的动作应协调一致,整个助跑起跳过程分为以下几个阶段。

(1)当撑竿通过水平位置的同时,迈出最后起跳的右脚开始进入插竿阶段。

(2)当倒数第二个右脚接触跑道时,应向前和向上移动撑竿,使左手靠近左肩,并且两臂积极地向前和向上冲压撑竿。当倒数第二步或最后的左脚接触地面时,左臂应该移过头部,同时双臂继续向前和向上冲压。当左臂移到上方时,上体将稍微转向左侧,然后又返回形成一个直角的位置,使向上冲压插竿时,撑竿继续靠近左侧肩。当竿头插入插斗时,升起左臂,将右手作为一个支点。当左臂通过支点时,双臂应主动向上摆动,右手不能下降或向下伸向插斗。当起跳脚着地时,双手继续积极地在头上推竿,双臂在插竿时应伸直,给身体一种除领先腿之外的所有关节处于"绷紧的"伸展姿势。起跳时,上面手的投影点是最理想的起跳点。注意眼睛、头和胸应朝向前上方。如果学生想向前上方竖竿,应将注意力放在起跳脚的起跳和向上伸展的臂上,且应尽力升高左臂(图 7-7a)。正确的起跳姿势能使撑竿径直通过起跳点上方。

(3)当竿头沿着插斗底板斜面滑到斗底时,起跳腿充分蹬伸,上面手臂充分伸直并向上压,起跳腿强有力地蹬离地面。起跳动作完成,摆动腿的大腿与撑竿成平行状态(图 7-7b)。上体前倾,领先于上体而不是髋部。当下面手臂主动抵竿时,上面手臂应用力。由于抓握的宽度和主动地起跳,下面的臂会有些弯曲,但不应太靠近撑竿。在插竿和起跳时应保持良好的平衡感。

(三)悬垂摆体与伸展技术

一般的,在运动员起插竿起跳离地后,人与撑竿以穴斗为支点共同向前运动,而人相对于撑竿则处于悬垂状态,即胸、髋继续

第七章　跳跃类运动文化与开展研究

积极向前运动,起跳腿滞留在体后,摆动腿保持离地状态,上手臂伸直,下手臂仍紧张用力,整个身体形成反弓姿势。

图 7-7

当运动员在空中的身体姿势背弓达到最大时,即开始进入摆体阶段,摆体的前半部动作要充分体现出"鞭打"用力的特征,即开始摆体时下手臂肘关节角度有所加大,以制动躯干并振肩促使动量向下肢传递。同时,起跳腿发力以较直的状态做"兜扫"式摆动,使人体能以低重心状态增加摆体速度,从而加剧撑竿的弯曲,并为摆体的后半部动作加大速度储备。当摆至整个身体与地面约成 45°角时,两腿迅速向上握点方向靠拢,不要伸头,使撑竿达到最大弯曲。摆体的后半部动作具有"团身"的形特征,团身结束时的良好体位是两膝在臀部垂面以内,同时臀略高于肩。

摆动结束后,人体开始由团身状态向上做伸展动作。由于身体的伸展是在撑竿的反弹时期进行的,而撑竿的反弹方向是前上方,所以身体伸展开始的方向应是上方,这样才能保证人体充分向上。为了充分利用撑竿的反弹力量,伸展时的动作速度应与撑竿的反弹速度相一致。伸展后程,下手臂肘关节角度逐渐缩小,以至前臂贴紧撑竿。

正确的伸展技术为,运动员的整个伸展阶段身体重心应靠近撑竿运动,伸展结束时良好的身体姿势是形成"直臂倒悬垂"。

(四)引体、转体、推竿技术

在运动员完成伸展动作后,当人体和撑竿几乎伸直时,两臂即开始沿撑竿纵轴做拉引动作,由于两手握距较宽,故拉引和推竿是交叠进行的,即下手开始推竿时上手仍处于拉引状态,从上握点与同侧肩平齐开始,具体表现为上手推竿。拉引和推竿过程中,应注意技术动作的正确性。具体如下。

(1)在拉引过程中,身体要完成一个绕纵轴转体的动作,这时要注意收紧下颌,两腿伸直并靠拢,起跳时特别要注意不能向前伸转,要尽可能地保证身体靠近撑竿运动。引体和转体是连贯性的用力过程,力量要顺势、柔和,否则会影响撑竿反弹力的利用效果。

(2)在撑竿过程中,收腿时间不宜过早,要积极有力地向下推展上手臂的肩、肘关节。这样有利于增加向上的动力,并能更好的形成倒立姿势,同时有助于增加腾空高度。推竿完成瞬间,上手应顺势将撑竿推向助跑道方向,避免碰杆,造成撑竿跳高的失败。

(五)过杆技术

身体与竿分离后即进入无竿的腾空阶段,这时应注意对身体的各个部位的控制。当身体重心上升至最高位置时,积极下压越过横杆的双腿,并收腹、含胸成弓身姿势。当臀部越过横杆时,向上扬臂、抬头,使整个身体依次越过横杆。

(六)落地技术

待髋部超越横杆后,收腹含胸,以髋发力带动大腿向上,并且小腿甩动使整个身体超离横杆,顺势以背部落在海绵垫上。落地时要注意安全,正确的落地动作是使背部柔和地平落在海绵包上。

撑竿跳高的整个技术动作过程如图7-8所示。

图 7-8

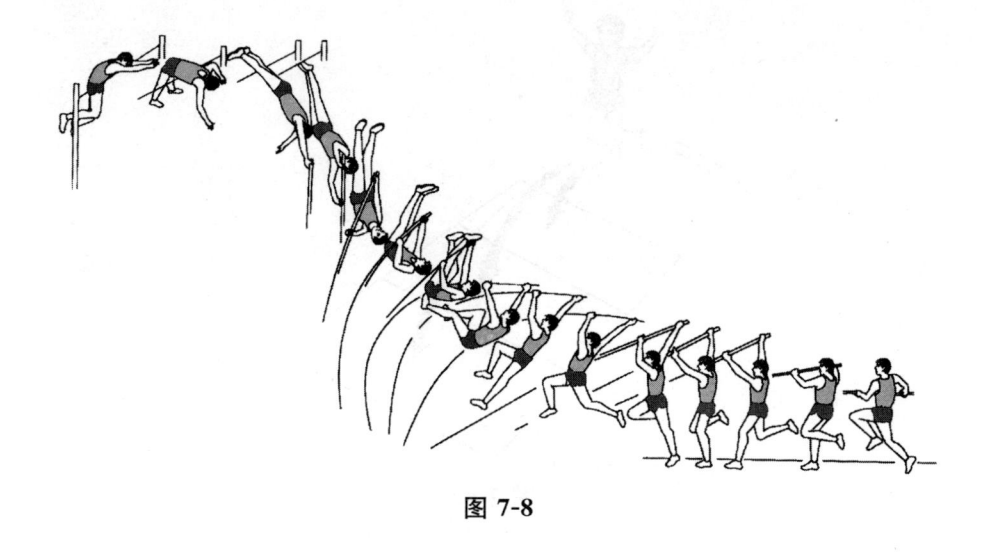

第五节 跳跃类运动游戏的开展

一、徒手跳类游戏

（一）跳远比赛

在平坦场地上画两条相距 8～10 米的平行线，一条为起跑线，一条为起跳线，起跳线前 2 米处间隔一定的距离，并排画 4 个长 3 米的落地区域，区域划分为"近""中""远"三格，每格为 1 米。将学生分成人数相等的 4 队，面对落地区，成纵队站在起跑线后。教师发令后，各排头从起跑线快速助跑，至起跳线起跳，按落地的位置计成绩，落在"近"处得 1 分，"中"处得 2 分，"远"处得 3 分，依次类推，各队跳完一轮后，以积分多的队为胜（图 7-9）。起跳时，脚踩起跳线不得分；落地时脚踩落地区域内的线以最低分进行记录。

图 7-9

(二)耐力蹲跳

如图 7-10 所示,在平坦场地上,将学生分成每 10 人一组的若干组,各组学生手侧平举,相互搭肩围成一个圈蹲下。教师发令后,各组一起蹲跳,比较各组坚持的时间长短,集体坚持到最后的组为胜。蹲跳时所有学生的双脚必须离地;当组内有人停止跳动或离地不明显时,这个组停止游戏。

图 7-10

(三)穿梭跳远

在场上画两条相距 10 米的平行线。如图 7-11 所示,将学生分成人数相等的两队,各队分成 2 组,成纵队分别站在平行线后面。发令后,各队排头用立定跳远方式,连续跳到对面拍排头的手后站到排尾,对面排头依次再跳到对面拍下一人的手,依次进行,以先跳完的一队为胜。必须用双脚起跳,双脚落地;拍手后第二人才能开始跳。

图 7-11

(四)拐子追逐

如图 7-12 所示,在平坦场地上,将学生分成人数相等的两队,两队都站在一个方形或圆形的场地内,听到预备口令后全体学生用双手搬起自己的一条腿,听到开始口令后,两队用搬起的腿撞对手,尽量把对手推出场外或使其双脚落地,被推出场外或双脚着地的学生立即退场,在规定的时限内,场内剩下人数多的队为胜。学生听到预备口令后必须立即用双手搬起一条腿,如拖延时间则判退出比赛;推撞对手时不许用手或脚,否则罚其出场。

图 7-12

(五)多级跳累积比赛

在平坦场地上画一条起跳线,如图 7-13 所示,将学生分成人数相等的两队,排成纵队站在线后。教师发令后,各组排头向前做 3 级跨步跳,各组第二人在第一人最近落地点继续向前做 3 级跨步跳。全队每人跳一次,以累积跳得远的队为胜。活动前做好腰、膝、踝关节的准备活动;必须在前一人落点处最近点起跳;必须按照规定的方法跳。

图 7-13

二、器械跳类游戏

(一)触球跳

在平坦场地上进行,准备若干个吊球。如图 7-14 所示,将学生分成人数相等的若干组,各组成一路纵队,每组前方同等距离同等高度各放置一个吊球。学生按要求做助跑起跳后用手触球,触到球得 1 分。每个吊球处设一人,随时报出本队得分。一个轮次结束后,以得分多的组为胜。挂吊球的带子不要太长,否则触球后的摆动太大,影响下一个触球;必须用单脚起跳后触球。

图 7-14

(二)跳上跳下

准备 1 米高的跳箱 2 副,并把它们平行摆放在跳远沙坑前。如图 7-15 所示,将学生分成人数相等的两组。列纵队站立在跳箱前。教师发令后,排头用双脚跳上跳箱后,向前跳下落入沙坑,再用双脚跳的方式跳出沙坑,跳出沙坑落在地面后,本组第二名学生重复第一人的动作。依次进行,直至全组每人进行一次,先完成的组为胜。跳箱的高度应根据学生的实际情况降低或升高;必须第一人跳出沙坑后,第二人才能跳上跳箱;跳上、跳下必须采用双脚跳;往上跳时双手触摸跳箱者退回重新起跳。

(三)绕障碍跳

画两条相距 18 米的平行线,一条为起跳线,一条为终点线。在起跳线前,每隔 3 米插一个小旗(或放实心球)。在终点线前面画一直径 2 米的圆圈。如图 7-16 所示,将学生分成人数相等的两队,分别成纵队站在起跳线后。组织者发令后,各队排头沿曲线用单脚绕障碍旗跳到终点,然后逆时针向用双脚绕圆圈跳跃一周,再换另一脚沿曲线用单脚绕障碍旗跳回起点,击拍第二人的

225

手,自己走回排尾。第二人被击拍后向前跳跃,方法同第一人。依次进行,先完成的队为胜。必须按照规定的跳法和路线进行,不得抢跳;往返单脚跳不得用同一脚。

图 7-15

图 7-16

(四)跳跃躲杆

平坦场地一块,一根长 4.5 米的竹竿,竿头套一根长 1 米的皮管,画一个半径为 5 米的圆圈场地。或用竹竿旋转一圈,学生站在竿头里侧。如图 7-17 所示,学生面向圆心站在圆圈上,相互之间约 1~1.5 米的间隔。教师位于圆心,手持竹竿一端,将竹竿抡起平行于地面转动,使竹竿上的皮管通过每个学生脚下,学生跳跃躲杆。竿的转速快慢酌情掌握。要逐渐提升竿的高度,以增加难度。学生碰着、踩住皮管,影响了游戏的正常进行,判为失败。不得离开圆圈站立,必须让皮管完全从脚下通过;可用不同方式跳跃躲竿。

图 7-17

(五)撑竿过河接力

在平坦场地上进行,准备 2 根撑竿和 4 块垫子。如图 7-18 所示,画两条相距 3 米的平行线作为"河",在河的两边各放两块垫子,在距离河 10 米的两边各画一条起点线。将学生分成人数相等的两队,每个队又分成甲乙两个组,成纵队分别站在两条起点线后,其中甲组排头拿一根撑竿。教师发令后,各队甲组排头拿起撑竿向前跑,跑至河边,将竿插入河中,撑竿跳过河,再跑至本队乙组,将撑竿交给乙组排头,按甲组排头的方法继续做,直至全队做完为止,先完成的队为胜。必须接住撑竿后再起动;脚踏入河内或踩线者,要在游戏一轮次的最后补做一次。

图 7-18

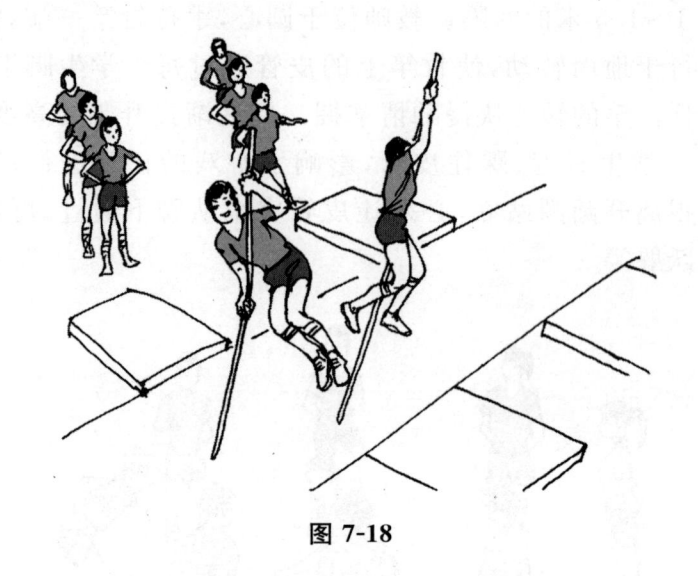

第八章　投掷类运动文化与开展研究

田径投掷类运动主要包括推铅球、掷标枪、掷铁饼、掷链球等项目。本章对投掷类运动文化与开展的研究主要针对上述项目进行，涉及其运动文化与开展的技术指导，并对投掷类运动游戏的开展进行了研究。

第一节　推铅球运动文化与开展

一、推铅球运动文化

铅球属于传统投掷运动项目中的一种。推铅球运动从起源到现在已经经历了 600 多年的发展时间。推铅球运动从运动形式这一层面来看，主要经历了三个发展阶段，即由推石块到推炮弹，最后到推铅球。从推铅球运动的技术发展来看，其主要经历了四个时期，具体如下。

(1)1896—1928 年侧向滑步时期。与之前的原地和垫步推铅球相比，侧向滑步推铅球技术对预先水平速度有了增加，此外对肌肉的预紧张程度也有所增加，而对身体重心的起伏度有所减小，对移动下肢的速度有所加快，对铅球出手的初速度有所提高，这些变化都是侧向滑步推铅球技术在当时备受重视的主要原因。

(2)1929—1952 年半背向滑步时期。1950 年，富克斯（美国铅球运动员）在比赛中运用半背向滑步推铅球技术创造了 17.95 米的世界纪录。这是推铅球技术进入半背向滑步时期的主要标志。比较半背向滑步与侧向滑步两种推铅球技术,前者的主要优势重点体现在最后用力的工作距离有所加大,腰部力量能够更好地得到发挥。

(3)1953—1972年背向滑步时期。1953年,奥布莱恩(美国铅球运动员)对背向滑步这一推铅球技术进行了创造,并在第15、16届奥运会上分别获得男子推铅球运动的冠军,在奥布莱恩的运动生涯中,创造世界纪录的次数高达10次。比较背向滑步与半背向滑步这两种推铅球技术,前者的优势重点在于有着很快的滑步速度,很长的加速距离以及更加协调与合理的技术动作,能够使运动员腰与腿部的力量充分发挥出来,能够促进推出铅球时初速度的加快。

(4)1973年至今背向滑步与旋转技术并存时期。推铅球技术随着推铅球运动的不断发展而有所创新,不断有一些新的技术形式出现,如背向旋转技术、背向滑步转体技术、背向滑步"短长节奏"技术等。提高最后用力前的预先水平速度是这些新技术的主要优势,此外,这些技术还有一些优点,譬如能够使最后用力的工作距离有所加长,对多个肌群参与运动具有动员作用,促使铅球出手初速度的提高。目前,背向旋转推铅球和背向滑步推铅球在推铅球技术中被较为频繁地运用。

二、推铅球运动开展技术指导

(一)握法与持球

以右手持握铅球为例。运动者握铅球时,五指应该自然分开弯曲,手腕背屈(图8-1);将铅球放于食指、中指与无名指的指根处,拇指与小指自然地扶在球的两侧。用手轻托球,将球放在握球手同侧的锁骨窝处,贴近颈部,手腕外转,掌心向外(图8-2),手臂肌肉保持放松。

图 8-1　　　　　　　图 8-2

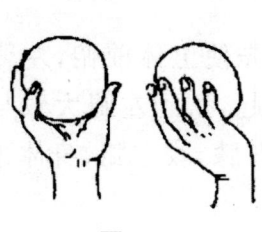

(二)预备姿势

推铅球的预备姿势应该与铅球运动的具体技术特点以及运动员的个人习惯相适应。一般情况下,推铅球的技术主要包括侧向滑步投、背向滑步投以及旋转投三种不同的方式。这里主要对背向滑步投铅球技术的预备姿势进行阐述。

根据身体重心的高低情况,可以将背向滑步投铅球划分为高姿势与低姿势两种具体的准备姿势。

1. 高姿势

运动员右手持铅球,背对投掷方向,右脚尖贴近圆圈,脚跟正对投掷方向,身体的重心落于右脚上。左脚在后,同时以脚尖或者前脚掌着地,距右脚 20～30 厘米。上体正直并保持放松,左臂自然上举或前伸,目视前下方 3～5 米处。这种姿势应该自然放松,从而使运动员能够协调进行滑步动作,以有利于提高速度。

2. 低姿势

运动员右手持铅球,背对投掷方向,两脚前后开立 50～60 厘米,右脚跟正对投掷方向,左脚用脚尖或者前脚掌着地,左臂自然下垂或者前伸,双腿自然弯曲,上体前俯,将身体的重心落在右腿上。目视前下方 2～3 米处。由于这种姿势运动者的身体重心比较低,从而更容易维持身体的平衡。

(三)团身动作

在做团身动作时,运动员应该先使上体前俯,左臂随上体前俯逐步下垂,左腿同时向后上方摆起,摆到左腿大致与身体形成一条直线的合适高度,之后顺势屈右膝、收左腿、身体重心平稳下降呈团身姿势。

在推铅球运动项目中,运动员完整的团身动作技术为:右脚背对投掷方向;身体重心在右脚前脚掌上(右脚跟提起或不提起);根据个人腿部力量右膝弯曲到适当角度(约 100°);右膝前缘超过右脚尖;左腿在右腿之后,左膝靠近右小腿;左脚尖离地或者轻轻触地;从身体侧面看,肩横轴和髋横轴的连线与地面平行或者构成一定的角度;背部肌肉保持适当拉长和放松;左臂自然下垂或者向投掷反方向伸出;右臂动作不变;目视前下方(图 8-3)。

图 8-3

(四)滑步

在推铅球运动项目中,运用滑步技术就是为了使运动员的身体与铅球得到一定的预先过渡,并为最后用力创造条件。实践表明,良好的滑步技术能够让运动员投掷铅球的距离增加 1.5~2.5 米。

以运动员右手持握铅球,背向滑步为例。运动员在进行滑步前可以进行 1~2 次预摆。摆动腿向后上方摆出,上体自然前俯,左臂自然伸于胸前。之后,左腿回收的同时右腿弯曲,当左腿回收到接近右腿时,将身体的重心稍微向后移,紧接着左腿向投掷方向拉出,右腿用力蹬伸,当脚跟离开地面之后,迅速拉收小腿,右脚向内转扣,用前脚掌着地,落在圆圈中心附近(与投掷方向约成130°角)。这时左脚下落,将前脚掌内侧迅速地落在直径线左侧靠近抵制板处。需要注意的是,运动员应该尽量缩短两脚落地的时间,从而使整个滑步动作更为连贯,并能够迅速过渡到最后用力的技术阶段。

(五)最后用力

投掷方法不同,运动员最后用力与投掷后维持身体平衡的方法也有所不同。

以背向滑步投铅球为例,最后用力与投掷后维持身体平衡具体为:运动员的最后用力是当左脚积极着地的一刹那开始的。在滑步拉收右腿的过程中,右膝与右脚就向投掷的方向转动,右脚着地之后继续不停地蹬转,同时推动右髋向投掷方向转动。上体随之逐渐向上抬起。在右髋的不断前送中迅速向左转体,挺胸抬头,左臂摆至身体左侧制动,两脚积极蹬伸,右臂同时将铅球推出,手腕与手指在铅球将要离手时迅速向外拨球。投球的角度以38°～42°为宜(图8-4)。

图 8-4

(六)投掷后的身体平衡

在投掷铅球后,由于身体向前的惯性很容易导致身体失去平衡,运动员的整个身体仍然会继续向投掷方向跟进。因此,运动员应在球离手的瞬间迅速将右腿换到前面,屈膝降低身体的重心,避免出圈而导致犯规或者跌倒,从而维持身体的平衡。

第二节 掷标枪运动文化与开展

一、掷标枪运动文化

掷标枪运动历史悠久,它起源于古代人类用长矛猎取野兽的活动,后长矛又发展成为作战的兵器。具体来说,掷标枪运动是人类在与自然界进行斗争过程中形成的一种技术。

早在远古时代,人们为了生存,创造了类似标枪的长矛用来打猎。原始社会解体后,标枪成为重要的作战武器,标枪技术通常由经验丰富、技艺超高的老猎人传给青年一代。随后,掷标枪逐渐发展成为一种锻炼身体和竞赛项目。古希腊人早就有非正式的掷标枪比赛。在漫长的历史发展中,标枪器械逐渐演变。芬兰人把原先的木棍枪,改为全长 2.60 米,重 800 克,并且带有金属枪头的标枪。公元前 708 年,掷标枪运动被列为第 18 届古代奥运会五项全能之一。我国早就有类似标枪的生产运动,在我国大部分少数民族地区,少数民族普遍将标枪作为生产劳动的工具和自卫作战的武器。我国西南各省少数民族所用的标枪,体质轻小而铁镞尖锐,多以竹木削尖为之而杀敌功效不减。与西方社会不同的是,它没有发展成为一项竞技运动,而是作为一种武技延续至今。

近代标枪运动最先是在挪威、芬兰、瑞典等北欧国家开展起

第八章 投掷类运动文化与开展研究

来的。1792年,瑞典的法隆开始举行标枪比赛。1912年,国际田联正式承认掷标枪的世界纪录。1916年开始出现女子掷标枪比赛。1932年的第10届现代奥运会上,女子标枪被列入奥运会正式比赛项目。

现代掷标枪运动经过一个多世纪的漫长发展,掷标枪技术、标枪的构造和规格以及比赛规则都在不断地发展和变化。随着技术的渗入发展,世界优秀标枪运动员呈现出多样化的技术风格。在2015年北京田径世锦赛中,德国选手莫利托在最后一投取得了67.69米的优异成绩,我国选手吕会会在第五投也投出了66.13米的佳绩,刷新了亚洲纪录。这些优秀比赛成绩的取得,都说明了我国乃至世界的掷标枪运动正在蓬勃发展着。

二、掷标枪运动开展技术指导

投掷标枪的技术相对较为复杂,可将其动作步骤分为握枪、持枪、持枪助跑、最后发力动作、结束动作等几个阶段。下面将对这几个阶段进行讲解。

(一)握枪与持枪

1. 握枪

掷标枪的握枪方法主要分为现代式握法和普通式握法两种,无论采用什么方式握枪,都应保持手腕放松自如,以便于完成最后出手的鞭打动作,使标枪出手时能沿纵轴旋转、在空中稳定滑翔。握枪方法具体如下。

(1)现代式握枪。目前,国内外的运动员大都采用的握法是将标枪斜握在掌心,拇指与中指握住标枪绳把末端第一圈上端,食指自然地贴在标枪上,无名指与小指自然握住绳把。这一握枪方法能利用中指的长度,有利于加大投掷距离,使标枪在出手时获得较大力量。

(2)普通式握枪。普通式握枪动作比较自然,指用拇指和食指握住标枪绳把末端的第一圈,其余三个手指握住绳把的一种方法。

2. 持枪

在掷标枪运动中,运动员正确的持枪技术不仅要有利于持枪助跑发挥速度,而且要有利于引枪并控制标枪的位置和角度并保持肩部放松和持枪臂的放松。持枪有多种方式,这里重点介绍肩上持枪法和腰间持枪法。

(1)肩上持枪。把标枪举在肩上,标枪的尖部略低于尾部,整个标枪稍高于头部,以弯曲的投掷臂和手腕控制标枪,这种持枪方式手腕较放松,便于引枪。另外,还可以把标枪放在肩上耳际部位,使枪身和地面保持平行,投掷臂保持紧张,这种持枪方式大小臂弯曲较大,容易控制标枪的稳定性。

(2)腰间持枪。运动员握枪后,把标枪置于腰侧,助跑时枪尖在后,枪尾在前,枪尖对准投掷方向,持枪助跑仍像平跑时那样前后摆臂,引枪动作在身体进入投掷步后即刻进行。这种引枪方式助跑时肩、臂动作自然放松,便于发挥速度,但需要翻手腕将枪尖对准前方,难度较大。

(二)持枪助跑

持枪助跑的作用是给器械获得预先速度,并控制好标枪投掷的位置,为引枪和超越器械创造良好的条件。助跑由两个部分组成:第一段是预跑,即持枪跑,第二段是标枪特殊的助跑,即投掷步。

1. 预跑

掷标枪的整个助跑一般要 25～35 米。从第一标志到第二标志大约 15～20 米距离作为预跑阶段,通常跑 8～14 步。预跑过程中,运动员应以投掷臂持枪,上体稍前倾,用前脚掌着地,高抬大腿用力蹬伸,要求跑动动作轻快而富有弹性,且助跑节奏性强,跑动过程中,头部自然抬起,持枪臂和另一臂要与两腿动作协调配合,目平视前方。

预跑段的助跑应是逐渐加速的,助跑的步长也要稳定,助跑阶段也要能控制,以便于完成投掷步和最后用力为前提。实验表明,掷标枪助跑时的速度,相当于运动员本人最高跑速的60%～85%时即为适宜的助跑速度。但在具体的运动实践中,助跑速度应以学生对技术掌握的熟练程度而定。对于初学者而言,控制预跑段的助跑速度非常重要,随着技术的成熟,可逐步提高助跑速度。

2. 投掷步

由于掷标枪的投掷步与普通跑步不同,在投掷步中还包含一个特殊的交叉步,因此,也有人把掷标枪的投掷步叫作交叉步阶段。投掷步的任务是通过特殊的助跑技术,使下肢动作加快,在快速向前运动中完成引枪,并且通过投掷步形成身体超越器械,为最后用力和出手创造良好条件。

投掷步是从第二标志开始,到投掷弧这一段距离内的助跑,通常情况下,投掷步跑4～6步。实际上是从预跑加速,过渡到最后用力直至标枪出手这一系列的动作阶段。一般来说,投掷步有跳跃式投掷步、跑步式投掷步和混合式投掷步三种形式。具体如下。

(1)跳跃式投掷步。有些像弹跳步,腾空时间较长,两腿蹬伸的力量大,有利于引枪动作和超越器械的完成,动作轻快自如。应用该投掷步方式时应避免跳得过高,造成重心起伏过大,影响动作的直线性和连贯性。

(2)跑步式投掷步。近似平常跑步,向前速度较快,身体向前平直。但不利于形成身体的超越器械。

(3)混合式投掷步。前两步采用跑步形式,以最大限度地发挥速度;第三步(也就是交叉步)采用跳跃形式,以最大限度地形成超越器械。

(三)最后发力

掷标枪的最后用力一般在投掷步的第三步右脚落地后开始,最后发力时,人体各个部分应协调,形成一个完整的运动链,使得力量能够得到良好的传递。

首先,以髋部顺向前惯性继续运动,身体继续向前运动,随后在身体重心越过了右脚支撑点上方时(左脚还未着地),右腿积极用力蹬地。

其次,当左脚着地时左腿做出有力的制动动作,加快上体向前的运动速度。右腿继续蹬地,推动右髋加速向投掷方向运动,使髋轴超过肩轴,并带动肩轴向投掷方向转动。肩轴向投掷方向转动,同时投掷臂快速跑向上翻转,转体,面对投掷方向,形成"满弓"姿势,此时投掷臂处于身后,与肩同高,与躯干几乎成直角,标枪处在肩上后方,掌心向上,枪尖向前。

然后,胸部继续向前,将投掷臂最大限度地留在身后,右肩部的肌肉最大限度地伸展。

最后,在惯性的作用下,左腿屈膝同时迅速有力蹬伸,同时以胸部和右肩带动投掷臂向前做爆发性"鞭打"动作,并使力的方向通过标枪纵轴。

总的来看,在最后发力时,合理的用力顺序是取得最大出手速度的关键。

(四)结束动作

在标枪出手后,应使得身体保持平衡,防止身体越过投掷弧而犯规。在标枪出手后,运动员的右腿应及时向前跨出一大步,降低身体的重心,以更好地维持平衡。在投掷时,既要用最大力量,又要防止越弧犯规,这就要求运动员最后一步左脚落地点至投掷弧的距离应在1.5~2米。

第三节 掷铁饼运动文化与开展

一、掷铁饼运动文化

有很多关于掷铁饼运动起源的传说,最能说明掷铁饼运动具有悠久发展历史的是古希腊艺术家的《掷铁饼者》这一雕塑作品。古希腊时期的奥运会中,掷铁饼项目就是其中的比赛项目之一。19世纪末,掷铁饼运动的推广与发展开始波及全世界。

掷铁饼技术经历了很长的发展时间。起先,人们投掷石头饼是在站在石头台上进行的,之后就是在一块方形带边的场地上进行,最后发展到在直径为2.50米的圆圈里进行掷铁饼运动,这大概经历了2 000多年的发展。现代掷铁饼运动的成熟与发展离不开奥林匹克运动的兴起和发展这一基础条件。除此之外,现代掷铁饼技术也随着投掷场地、器材和训练理念、内容以及方法的更新发展而不断取得突破与发展。现代掷铁饼技术的发展大致经历了以下三个阶段。

(1)继承发展阶段。掷铁饼技术继承发展的时间大概在1896—1950年间,这是现代奥林匹克运动刚刚兴起的时期。这一阶段掷铁饼运动的技术还尚未规范,场地和器材等基础设施也不够完善。格莱特采用"自由式"技术夺冠(成绩29.15米)后,预备动作的重要性才开始引起人们的注意,古希腊式投掷方法逐步被淘汰。与此同时,推动这一时期掷铁饼运动快速发展的外部因素中,离不开国际田联在这一时期的成立这一关键原因。

掷铁饼技术在20世纪上半叶不断取得发展与创新,尤其是出现旋转技术之后,运动员的比赛成绩不断被刷新与突破。之后,"侧向转身"技术开始出现,投掷者掷出铁饼主要依靠的是投掷臂力量。20世纪30年代之后,出现了背向跳跃旋转技术,这个技术是当前背向旋转掷铁饼技术的雏形。在1948年的第14届奥运会上，意大利的A·康索里尼(A. Consolini)第一次对背向旋转掷铁饼技术进行运用，以52.18米夺冠，此后A·康索里尼三次刷新世界纪录。人们开始广泛关注与高度重视背向旋转掷铁饼技术。

(2)逐步成熟阶段。在1951—1980年期间，掷铁饼技术获得了较快发展。从20世纪50年代开始，掷铁饼技术又有了新的发展，主要标志是"起跑式旋转"技术开始出现，这项技术的代表人物是美国铁饼运动员F·戈迪恩(F. Gordien)，在1953年，F·戈迪恩以59.28米的成绩创造了新的世界纪录。

20世纪60年代，人们对保持铁饼连贯加速和强化人体于器械系统的平稳运动对增加用力实效和投掷成绩这一积极意义开始有了更深的认识。这一时期出现了低腾空旋转技术。与此同时，铁饼运动员也开始频繁使用一种名为"连贯旋转"的技术，主要代表是L·丹尼克(L. Danek，捷克铁饼运动员)，其在1966年运用连贯旋转技术刷新了世界纪录(66.07米)。

(3)稳定保持阶段。1981年至今，背向旋转技术是世界各国运动员经常采用的掷铁饼技术，其具有双腿开立距离宽、姿势低、幅度大等特点。同时，也有一些选手不断创造新的掷铁饼技术。

近年来，从外形上来看，掷铁饼技术的改变并不明显，然而，人们一直都在探索与创新科学技术。在对新的掷铁饼技术进行探索与创造过程中，人们充分结合现代科技手段、多领域和学科知识以及相关项目的先进训练方法等，这有利于促进铁饼运动的有效发展。

二、掷铁饼运动开展技术指导

(一)握铁饼技术

如图8-5所示，学生握铁饼时首先应将五指自然分开，然后将拇指和手掌自然靠贴铁饼，其余四指自然分开，用四指的最末节扣住铁饼边沿。手腕稍屈把握铁饼使其无法滑落。握好铁饼后投掷臂在体侧放松下垂。注意握铁饼的力度要适中,不能太紧也不可太松,方便用力拨饼即可。

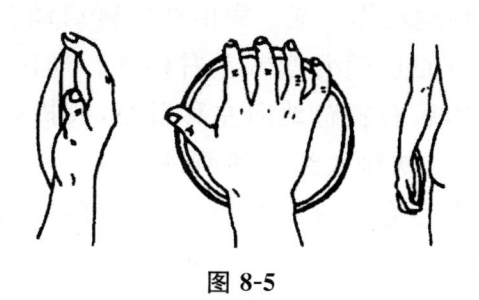

图 8-5

(二)准备姿势

目前,许多学生大都采用背向旋转掷铁饼技术。做这一技术时,预备姿势应背对投掷方向,两脚左右开立同肩宽,两脚站在投掷圈后沿,左脚尖稍离开铁圈一点便于旋转,持铁饼的手臂放松下垂于体侧。其基本技术要点与其他投掷项目相同。

(三)预摆技术

总体上来看,掷铁饼的预摆动作是为旋转做准备的,也是为了使肌肉活动获得一个最佳状态。在做这一动作时,要注意以下几点:适当降低身体重心并注意重心的左右移动,持饼臂肩部放松,预摆动作幅度应大些;摆动要靠两腿有弹性地蹬地和躯干的旋转,继而带动投掷臂摆动;预摆结束的"制动"瞬间,保持肩轴与髋轴的扭紧,右侧臂充分拉长,尽量加长铁饼的运动路线;预摆动作要富有节奏,预摆的速度要和旋转相适应。

通常情况下,体前左右摆和左上右后预摆是预摆动作的两种方式。体前左右摆是指预备姿势摆好以后,先在体侧自然摆动几次,当铁饼摆到身体后面时,重心向右腿靠拢,躯干向左扭转并带动投掷臂持铁饼经体前向左摆动。当持饼手摆到体前时,手掌翻转向上,右肩前倾,体重向左腿靠拢。然后持饼臂经体前向后回摆,持饼手掌翻掌向下,体重移向右腿。需要指出的是,学生在往复摆臂时，上体应向左右随之扭转，尤其在向右回摆铁饼时，上体充分扭转，形成扭紧状态。这一预摆方式幅度大，动作放松，但必须注意很好地握控铁饼防止滑落。左上右后预摆是指预备姿势摆好后，则开始预摆动作。通常先由持饼臂启动在体侧前后自然摆动，此时身体重心也随着摆臂左右移动。当铁饼摆到体后时，重心靠近右腿，然后右腿蹬地向左移重心，投掷臂持饼向左上方摆动，右臂稍弯曲，铁饼大约摆到前额左方，为了防止铁饼滑落，应左手去托饼，重心完全移到左腿，上体也随之向左转动。随后投掷臂放松向右后方摆动，重心又从左腿移至右腿，上体又自左向右后方转动，右腿稍有弯曲，左臂自然屈于胸前。在整个预摆过程中，注意头要随上体转动，两眼平视。当向后摆到最高点时（约与右肩同高）即是制动点。这一预摆方式简单易行，适合初学者练习（图8-6）。

图8-6

(四)旋转技术

旋转与助跑的作用相同，都是为了使铁饼在最后发力出手前得到一个初速度，并为最后发力和出手创造有利的身体姿势。掷铁饼的旋转动作是从预摆结束的瞬间开始的，首先是以左脚支撑为旋转的轴心，借助右腿的蹬地力量，向投掷方向转动左膝和左肩，身体重心略下降，并从右侧转移到左腿方向，左腿的动作为屈膝同时旋转，带动身体也向左转动，身体要稍前倾并稍收腹。当左肩转动，移到左腿支撑点垂直线上时，左腿再屈膝向投掷方向移动,同时左肩带动整个身体向左转动,形成以左半身为轴的旋转姿态。此时右腿的大腿带动小腿,右腿弯曲成弧线绕过支撑的左腿进行旋转(右腿稍内扣),右腿如贴着地面向投掷方向跨步,整个身体形成以左侧身体为轴的大扇面旋转。当身体重心通过左腿时,左脚蹬地,身体向投掷圈的圆心移动。旋转动作结束时,首先是右腿以前脚掌着地,落在圆心附近,形成一个非常短暂的、以右脚为轴的单腿支撑。这时整个身体并不停顿,仍然以右脚为轴继续旋转,紧接着是左脚以脚内侧着地支撑,并开始最后用力发手的技术动作。整个技术过程如图8-7所示。

图 8-7

(五)最后发力动作技术

最后发力动作是掷铁饼的关键技术。在旋转结束后,要为最后发力准备一个正确而舒适的身体姿势,其主要取决于旋转动作右脚落地之后仍需不停地转动,当左脚着地瞬间做好左脚支撑,紧接着便与最后用力相衔接。右脚边转动边向投掷方向蹬伸,同时带动持铁饼的投掷臂进行大弧度的运动。左腿则承担支撑作用,使右侧绕着左侧轴转动,形成一个以胸带动臂向前鞭打的甩臂动作。此时左腿向上蹬伸,左肩制动,形成有力的左侧支撑,在这种上下肢、左右侧协调动作配合下,使全身的各部位用力都集中在铁饼上,加大出手的速度、力量及工作距离,并且可使身体处在较高位置,为最后出手创造一个较好的角度。工作距离、用力速度、作用于铁饼的力量以及出手角度是决定最后发力技术好坏的主要因素。

(六)结束动作技术

在做掷铁饼的结束动作时,铁饼离手的瞬间,要求学生应由右手的小指到食指依次拨饼,使铁饼能沿着顺时针方向在空中转动飞行。出手后为了避免犯规或跌倒,应及时地交换两腿,降低身体重心,顺势再向左转体,维持身体平衡。

第四节 掷链球运动文化与开展

一、掷链球运动文化

掷链球运动是于19世纪后半叶在苏格兰和爱尔兰发展起来的。据记载,链球运动起源于中世纪苏格兰矿工在劳动之余用带木柄的生产工具铁锤进行的掷远比赛,之后逐渐在英国流行。19世纪后期,掷链球运动成为英国牛津大学和剑桥大学运动会的比赛项目。

掷链球运动的发展主要体现在器械改造和技术进步两个方面。在器械改造方面,链球运动产生之初,使用的器械是带木柄的铁球,后为便于投掷,将木柄改为钢链,链球由此而来。随着现代技术的不断发展并在体育运动中的应用,投掷器械的构造发生了很大变化,较柔软的材料代替了铁匠大锤的木柄,圆形球代替了有棱角的锤体,手柄换成了链条,又换成了两个把手的钢链,最后改为一个把手。在技术进步方面,链球刚被列入田径比赛的时候,可以原地投掷、直线投掷和没有投掷圈限制的旋转投掷。投掷方向不限,从学生在器械出手前脚的位置开始丈量成绩。现代掷链球运动具体是指学生持链球在投掷圈内,以旋转前进的动作形式,使链球逐渐获得加速,最后将链球投向远方。链球飞行的远度取决于链球的出手初速度和出手角度。出手初速度大小与旋转的角速度和旋转半径有直接关系。现代掷链球运动对学生的爆发力要求较高,要求学生以最快的旋转速度、最大的旋转半径,为链球提供最快的初速度。

随着掷链球技术运动的快速发展,掷链球运动的比赛成绩也在不断被刷新着。2012年伦敦奥运会田径女子链球决赛中,俄罗斯选手李森科以78.18米的成绩夺冠,刷新了奥运会纪录。2015年北京田径世锦赛中,波兰选手沃达尔奇克以80.85米的成绩,再次刷新世锦赛纪录,中国选手张文秀获得了76.33米的不俗战绩,同时中国选手王峥最后一投发挥不俗,以73.83米的成绩获得第五名。这些成绩的取得,都是掷链球技术不断革新、训练理念不断创新以及掷链球项目教学不断科学化的充分体现。

二、掷链球运动开展技术指导

(一)握法与持球

以向左侧投掷链球为例。投掷者以扣锁式握柄方法双手持链球,扣锁式握柄方法就是将链球的把柄放在左手食指、中指和无名指中段指节和小指末节,手指的关节弯曲为勾形,勾握把柄。掌骨关节相对伸直,右手指扣握在左手指的指根部,右手的拇指扣握左手的食指,左手的拇指扣握右手的拇指,双手的拇指相互交叉相握(图8-8)。

图 8-8

在实际训练中,运动员可以通过将把柄置于左手指骨末节与指骨中段之间,之后右手同样扣握在左手上的握持方法握持链球,这样能够取得较大的旋转半径。需要注意的是,由于掷链球的比赛规则规定,运动员在掷链球时左手可以戴光滑皮质保护手套,但是指尖必须外露,所以运动员在实际训练中一开始就应该形成正确的动作定型。

(二)预备姿势

运动员背对投掷方向,双腿开立,脚间距与肩同宽或者略宽于肩,站立在投掷圈的后沿,具体以适合投掷者的预摆与开始旋转为宜。站好之后,运动员先以左脚靠近投掷圈中心线,右脚稍远,从而方便有充分余地完成四圈旋转的动作。之后,两膝关节微屈,上体前倾右转,身体的重心转移到右腿上,将链球放在圈内身体的右后方,双臂伸直。

为了让动作更为自然放松,运动员可以将链球稍微提离地面,将链球从体前摆至右后方,之后直接进入预摆的动作。

(三)预摆

预摆是从预备姿势开始之后即刻进行的。在进入预摆阶段之后,运动者双手持握链球,使链球沿有高低点的特定轨迹绕身体进行圆周运动。在预摆的过程中,运动员应该注意预摆的速度要与身体的平衡相适应、靠两腿和髋的移动补偿调整身体平衡。在链球运动实践中,大部分运动员都采用两周预摆的方式。在这种方式中,链球始终保持匀加速的运动,但是第二周的预摆要比第一周的预摆速度稍微快些,幅度也更大些。采用两周预摆时,每周链球运行距离为 5~6 米,速度为 12~15 米/秒。

第一周预摆:预摆动作从掷球者的两腿蹬伸、上体直立向左转拉伸两臂开始的,链球的运行轨迹是从掷球者身体的右后方沿向前—向左—向上弧线运动。随着链球的向前移动,掷球者的身体重心应该逐渐从右腿转移到左腿。当链球摆到体前、肩轴与髋轴相平行时,掷球者应该充分伸直双臂,之后链球向左上方运动。当链球摆到左侧高点时屈两肘,双手应该位于额前上方。当链球通过预摆斜面高点后,双臂应该逐渐伸直,掷球者的身体重心应该随之逐渐转移到右腿,同时左膝稍屈,使肩轴向右自然扭转 70°~90°。这时,链球由上经身体右侧向下摆到低点,之后紧接开始第二周的预摆动作。

第二周预摆:预摆动作从前一周中链球摆到最低点时开始,在第二周的预摆中,链球的第二周预摆运行斜面的角度较小,速度比较快,幅度与拉力比较大,其他基本和第一周的预摆相同。

(四)旋转

旋转是掷链球运动项目一个非常重要的技术环节,其目的就是为了使链球获得较大的运行初速度,为链球离手之后的空中飞行积累动量,同时还有利于掷球者形成身体良好的超越器械动作,为最后用力创造有利的条件。

1. 旋转的技术要点

旋转技术要求掷球者与链球形成一个统一的整体,形成稳固的旋转轴与较大的旋转半径,要求在身体良好平衡的情况下,变换支撑形式,协调用力,逐渐加快速度,有合理的节奏,应该充分利用双支撑时的加速转动,做好双支撑向单支撑的过渡旋转与单支撑向双支撑的转换,还应该力求加长链球绕人体的转动半径,加快旋转的角速度。

掷链球整个的旋转过程可以划分为单支撑与双支撑两个阶

段。单支撑与双支撑阶段中,链球的运行距离不同,每圈旋转时链球运行距离也不相同。实践证明,加长链球旋转时的运行距离与加快链球运行的速度,主要应该依靠增加双支撑用力时间同时缩短单支撑时间来完成。在整个旋转技术中,不同旋转圈中链球旋转加速的节奏一定要明显,链球的加速节奏主要体现在缩短单支撑时间与加快双支撑旋转速度两方面。

良好的旋转半径有助于掷球者更好地完成旋转的动作。在旋转过程中,链球的最高点不断升高,运行斜面的角度逐渐增大,从而为最后用力创造适宜的角度。合理的旋转技术要求掷球者的头部与肩保持相对的稳定,头部不能有任何的扭转与倾斜,头部位置的改变直接会导致旋转动作的失误。例如,在持球旋转过程中,向左转头很容易引起肩带的紧张,从而影响双臂的伸直并造成旋转困难;髋部前挺有助于身体重心的移动以及双支撑向单支撑的过渡,双腿的弯曲有利于对抗链球离心力与旋转时蹬地加速,躯干直立能维持平稳的旋转并对抗球的拉力;双臂伸直,两肩放松,使肩部与手臂放松牵拉链球,形成一个稳固的三角形,最终获得一个理想的旋转半径。

2. 旋转的技术阶段

具体来讲,掷链球的旋转技术可以分为以下四个阶段。

(1)单支撑阶段

单支撑阶段指的是从右脚抬起到右脚落地止的阶段。在这个阶段中,掷球者身体的重心顺利地转移到转动支撑的左腿非常关键。身体重心的转移主要取决于进入旋转双支撑向单支撑过渡时身体重心左移的时机,过早或者过晚都会造成右髋的扭曲,从而导致偏离旋转轴出现错误。

由于转速与离心力的变化,以及单脚移动、单支撑阶段技术比较有难度,链球上升到高点前是保持速度阶段。由于这时机体与链球是同步运动的,人体与链球整体的旋转是由左脚外侧支撑完成的。充分伸展双臂,能够形成最大限度的旋转半径。在链球接近高点之前开始转体,左脚在链球到达高点时从脚外侧转向前脚掌,链球由高点下行时,左膝弯曲下压,右脚迅速落地,完成单支撑阶段。在此阶段,双臂始终保持伸直的状态,右腿与右髋超越肩轴,使自己的身体表现出一种扭紧状态,同时还应该保持身体的平衡,形成良好的下肢超越上肢与超越链球的姿势。

(2)双支撑阶段

双支撑阶段指的是从右脚落地开始到右脚离地的阶段。在此阶段,持球者应该把握好时机进行链球的加速。右脚落地时,髋轴超越肩轴成 20°~40°夹角。在链球运行时,双肩应该保持自然放松,充分伸展两臂,使链球以最大半径与最长运行距离进行运转。

在双支撑阶段中,投掷者应该注意保持双腿的弯曲与躯干的正直以及身体的稳定,以便于对抗链球旋转所产生的离心力。

(3)双支撑过渡阶段

双支撑过渡阶段(向单支撑的过渡)是在髋轴与肩轴平行,链球位于体前低点时开始的。在这一阶段当中,链球的运行半径相对缩短,但是旋转角速度加快。持球者在此阶段应该借助链球的转动加速,双脚向左侧转动,同时将身体的重心向左移动,右脚快速抬起,然后进入单脚支撑阶段。

在双支撑过渡阶段中,随着转动力量的加大以及角速度的加快,投掷者的双脚不仅要完成转动,同时还要使身体的重心左移,技术动作比较复杂,因此应该特别注意动作的正确性与连贯性。

(4)单支撑转换阶段

单支撑转换阶段(向双支撑的转换)建立在单脚支撑旋转的基础之上。在这一阶段,当链球从高点下行时,持球者应该注意保持双臂的伸展以及身体躯干的挺直,左脚掌平稳地支撑并转动,左膝及时准确地弯曲下压,从而使右脚尽快落地,形成一个充分的超越器械姿势。

在这一阶段中,良好的转换主要取决于单脚支撑旋转的成功。因此,运动员应该首先重点学习与掌握单脚支撑旋转技术,从而形成正确的动作定型,为单支撑的成功转换创造条件。

3. 旋转的技术方法

掷链球的旋转技术是不断发展的,目前有很多优秀的链球运动员都采用旋转三圈或者四圈的技术方法。这种技术方法有助于运动者的身体形成充分的超越器械与最后用力的发挥,具体如下。

第一圈旋转:旋转开始之后,运动员应该充分伸展双臂,将链球沿水平弧线大幅度地摆向身体的左侧前方,同时弯曲左膝,挺髋,从而保证旋转轴的稳定。身体随链球进行摆动,躯干与双脚向左转90°,同时将身体的重心左移,右脚迅速蹬离地面,进行单脚支撑。随着之前旋转动作的惯性,右大腿快速抬起靠近左腿,链球沿弧线升高,当接近高点时开始转体,通过高点沿弧线下滑时,左脚掌随惯性转动,左膝弯曲下压,右脚在充分超越链球的情况下快速落地,髋轴和肩轴交叉形成身体扭紧姿势,从而完成第一圈的旋转。

第二圈旋转:第二圈的旋转是在第一圈旋转中的右脚落地后即开始,掷球者随着链球的下行将肩轴左转,右脚掌进行补偿转动。身体施力于链球,让链球获得加速。当肩轴与髋轴处在平行的位置时,身体的重心落于两腿之间,链球达到体前低点。同时,两脚开始转动,左脚向左转动约90°,右脚向左转约60°,躯干左转约90°,左转过程中稍微向后倒,从而对抗离心力并维持身体的平衡。随着身体重心的左移,右腿迅速抬起,进行单支撑,之后迅速转换为双支撑,完成第二圈的旋转。

第三圈(第四圈)旋转:在第三圈(四圈旋转技术的第四圈)旋转时,投掷者会受到链球旋转速度不断增加的影响,需要努力克服逐渐增大的离心力。因此,投掷者的身体随着旋转的进行应该加大后倒的程度。同时,链球运行的斜面也接近于出手角,从而为顺利完成最后用力动作做好充分的准备。

需要注意的是,由于第二圈的旋转速度会明显加快,运用四圈旋转技术的运动员从第二圈开始应该以左脚跟进入转动,第三圈延续第二圈的技术动作,速度要比第二圈的速度更快一些。

(五)最后用力

最后用力是在掷球者的第三圈(或第四圈)旋转结束、右脚落地开始的。当投掷者在最后一圈的旋转中,右脚落地的瞬间,下肢应充分形成超越上体和链球的状态,髋轴与肩轴达到最大扭转程度,充分伸展双臂,使链球处在远离身体的右后上方,同时双膝弯曲,身体的重心偏左。随着链球的下行,将身体的重心向右移,使链球至身体的右前侧,身体重心再随之转移到双腿。当链球到身体的右前方时,弯曲的双膝开始用力蹬伸,将身体的重心左移并升高,使链球沿身体右侧弧线上升。这时,左腿进行强有力的支撑,右脚左转蹬送,右髋左转,躯干挺伸,左肩左转,头自然向后仰,使链球迅速运行上升,当链球升至左肩高度时,双手用力挥动将链球顺运行的切线方向与理想的角度掷出。

(六)投掷后的身体平衡

在投掷出链球之后由于受到惯性的作用,运动员很容易出现身体的失衡,运动员的整个身体会继续向投掷的方向跟进。因此,为了保持身体的平稳并防止犯规,运动员应该在掷出链球之后转体换腿,同时降低自己身体的重心。

第五节 投掷类运动游戏的开展

一、投准游戏

(一)打靶

在场地上画一条投掷线,距线8米前的地方并排放3个空水瓶,分别间隔2米。准备若干个沙包。如图8-9所示,把学生分成人数相等的 4 个队,面对空水瓶成纵队站在投掷线后,手拿小沙包。游戏开始,各队第一人用沙包投掷自己前面的空水瓶,击倒者得 1 分,然后把空水瓶竖起;第二人接着投,依次进行,直至每人均投 3 次后结束,最后得分多的队获胜。队员要听口令进行投击和捡包,击倒别人的空水瓶要扣 1 分。

图 8-9

(二)打龙尾

在场地上画一个直径为 10 米的圆圈,准备一个软球。如图 8-10 所示。将学生分为相等的两队,一队站于圆外,另一队在圆内,圈内的人排成单行纵队,后面人双手扶在前面人的腰间做"龙身"排头一人做"龙头",排尾一人做"龙尾"。圈外人用一软球投掷圈内"龙尾"腰部以下部位。此时"龙"可在圈内移动躲闪,"龙头"可去挡球,尽量不使球击中"龙尾",但龙身不得脱节,否则算打中。如果"龙尾"被打中则退出游戏,在规定时间内哪组的"龙尾"被打中的少为胜。注意只准击"龙尾"同学的腰部以下,"龙头"可用双手阻挡软球,"龙尾"不得藏在"龙身"内。掷击者不准进圆内,也不准踏线。

图 8-10

(三)铁饼掷准

距投掷圈 20～30 米处画一个 1.5 米为半径的圆圈作为目标区,准备若干块铁饼。如图 8-11 所示,将学生分成人数相等的两队,站在投掷圈后侧。每队交替出一人掷铁饼一块。投进目标区得 1 分,每队依次投掷 3～5 遍,得分多的队为胜。铁饼投出手后,必须从后半圆退出,站在队尾。投掷铁饼时,按照田径规则执行。

图 8-11

(四)高抛掷球

在弧形场地上准备若干个沙包和一个排球。如图 8-12 所示，将学生分成多组，每组 6~8 人。游戏开始后，组织者将手中的排球垂直向高处抛出，第一组练习者瞄准空中的球，用沙包去击空中的球。击中得 1 分，第一组投完后换第二组投，用相同的方法各组分别投 3 次，累计得分多的组获胜。注意每人只能击 1 次，排球落地后击中无效。

图 8-12

(五)打保龄球

在场地上画一条线为投掷线，距线 10 米处将 10 个手榴弹摆放成三角形，前后相距 10 厘米，准备 2 个实心球。如图 8-13 所示，将练习者分成人数相等的几队。参赛练习者站在线后，用打保龄球的方法，将实心球掷出击打手榴弹，击倒几个得几分。每人掷 1 次，可每人连续掷几次，统计得分，以得分多少排名次。实心球只能滚出，不能抛砸空水瓶。

图 8-13

(六)击球出圈

空场地上画一条投掷线,距投掷线 4~5 米处,并排间隔 3 米画 2 个直径 1 米的圆圈,圈内先放实心球 1 个。再准备 1 个实心球。如图 8-14 所示,将学生分成人数相等的两个队,成纵队站在投掷线后,各队排头手持实心球站在投掷线后。组织者发令后,排头用实心球投击圈内实心球,击出圆圈外者得 1 分,然后捡回实心球交给后面的学生,依次进行,得分多的队获胜。球被击中而未出圈或压线不计分数,必须在肩上投球,否则无效,不计分数。

图 8-14

(七)四面攻击

在空场地上画一个边长 20 米的正方形,中间画一个直径 2 米的圆。准备 4 个沙包和 1 块小木板。如图 8-15 所示,将学生 4 人一组分成若干组,先由一组进攻,另一组防守。教师发令后,攻队每人手持一沙包,按顺时针方向依次向守卫者投掷,防守队出一名学生在圆内用小黑板挡沙包,反复进行。如守卫员的身体任何部位被击中,攻队得分,守队换另一人重新防守。在规定的时间内,攻队未击中守卫员,守队得分。每队所有学生完成进攻与防守后以积分数量决定胜负。攻者不得越线投沙包,守者不得出圈。沙包落地时,守卫员可将沙包踢出线外,进攻者可进场地内捡沙包。

图 8-15

(八)枪刺野兔

场地上画一条投掷线,距线前 15～25 米,并排间隔 3 米并以 0.5～0.8 米为半径画 3 个圆圈,当作"野兔窝",准备若干个标枪。如图 8-16 所示,将学生分成人数相等的 3 路纵队,分别站在投掷线后。教师发出开始的口令后,各队排头把标枪对着圆圈掷去,然后站到队尾。第二个人、第三个人……按照排头的方法投掷,一直到最后一人投完。刺中"野兔"(投进圆圈内)一次为本队得1分。以各队累计得分排名次,得分多的队为优胜。投掷标枪时和标枪出手后,都不能越过投掷线。否则,投中无效。每组都要依次投枪,不得2人同时投枪。投出的标枪必须枪尖扎入圆圈内或画破圆圈内的地面才有效。

图 8-16

(九)冲过防火线

在场地上画一个边线长18米、端线宽12米的长方形,然后在2条边线中间画宽1米的跑道,准备2个软球。如图8-17所示,将学生分成人数相等的两队,一队为攻方,另一队为守方,守方队员拿2个软球,均匀地站在边线之外阻击,攻方队员成纵队站在一条端线后面。游戏开始后,攻方队员依次从跑道中跑过,并尽量避免被球击中,守方队员要准确快速地用球击打正在通过的攻方队员腰部以下部位,被击中者退出游戏,攻方来回3次冲过火力网后,两队交换角色,被击中人少的队获胜。攻方队员只能在跑道中通过。不许用球击打头部,球击中腰部以上无效。掷球击人的队员不得跑入圈内,否则击中无效。

图 8-17

(十)堡垒保卫战

在平坦场地上画一个直径为 10 米的圆,再画一个直径 2 米的同心圆,在圆心用 3 根体操棒支成三脚架作为堡垒。准备 2 个软球。如图 8-18 所示,进攻者站在圆外,2 人持软球,另选 2 人在圆圈内担任堡垒的保卫者,保卫者不能进小圈。教师发令后,进攻者用球掷击堡垒,保卫者进行拦截。圈外的学生可通过互传球,伺机击倒堡垒。击倒堡垒的人与保卫者互换角色,游戏继续进行。圈外同学不得进圈掷击。保卫者不得进入小圈保卫。保卫者可用身体各部位阻挡。

图 8-18

二、投远游戏

(一)抛球比赛

在空场地上画一条投掷线,在距投掷线 10 米处每隔 1 米画一条线,直到 20 米。准备若干个实心球。如图 8-19 所示,将学生分成人数相等的几组,第一组学生站在投掷线后手持实心球,其他组学生整齐地站在第一组学生后面准备。游戏开始后,第一组学生将实心球用力前抛。其他组依次进行,以抛的远度记分决定胜负。必须在原地抛球,且脚不能过线。最后以每组总分决定胜负。以第一落点计算成绩。

图 8-19

(二)推高比赛

在空场地上画一直径 2.135 米的投掷圈,在圆的前面 2 米处放置一副跳高架,横杆高度为 1.70 米,准备若干个铅球。如图 8-20 所示,将学生分成人数相等的两队,分别站在圆圈后面,面对场地。第一队排头的学生手持铅球站在投掷圈里。教师发令开始后,排头原地将铅球向前上方推出,尽可能使球飞过横杆。退出投掷圈回本队队尾站好,另一队排头听口令在投掷圈内推球。依次进行,直到全部投完,集体捡球回到原位,进行下一轮游戏。铅球越过横杆得1分,统计得分数,多者为胜。要按统一规定动作推铅球。推球不能出圈,否则无效。铅球未越过横杆不得分。

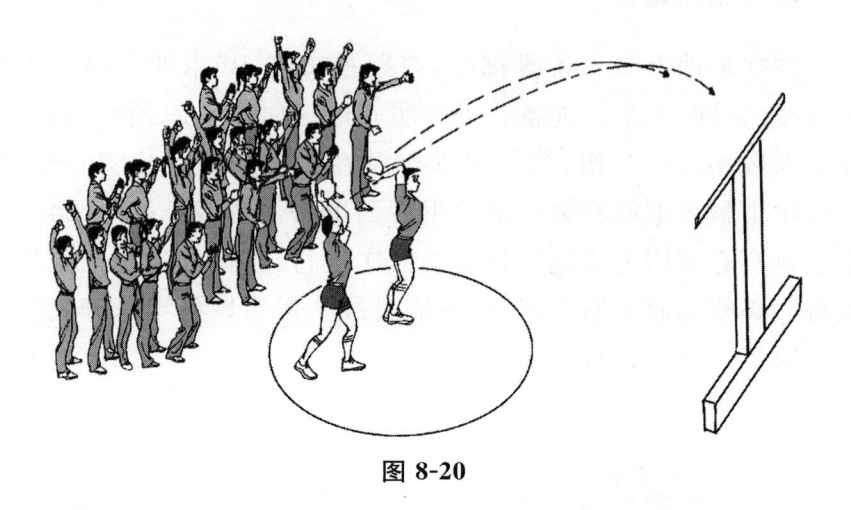

图 8-20

(三)轻物掷远

在场地上画一横线,准备若干个轻球。如图 8-21 所示,学生手持轻球在线后站成一排。游戏开始后,学生以最大的力量将轻球向远投出。组织者测出轻球落点距横线的距离,以最远者为胜。投掷球时脚不能越过横线,否则无效。投掷球时可加助跑,但不能踩线。

(四)抛球过河

在空场地上画长 15 米、宽 8 米的长方形,并设中间画相距 1.5 米的线为河。准备若干个实心球。如图 8-22 所示,将学生分成人数相等的两队,各队手持同样数量的实心球分散在两个半场内。游戏开始后,双方学生努力将本方的实心球抛过河,投到对方场内。同时再把对方投来的实心球拾起来投向对方半场内,游戏进行 1 分钟,组织者发出"停"的口令,比较两个半场球数。球少的队为胜。投进"河里"或投出界的实心球不计数。投球要按规定动作投掷,如双手后抛、前抛、肩上推球等。

图 8-21

图 8-22

(五)推球比赛

在地面上画 2 条相距 15 米的平行线,2 条线之间画若干远度线。准备若干个铅球。如图 8-23 所示,将学生分为人数相等的两组,分别站于投掷线外。其中一组持铅球,游戏开始,持铅球的一组用原地推铅球的方法将铅球或实心球推出,落点超过几米线得几分,球压线算低分,教师将投完的组每人投的得分相加,计下总分。然后另一组用同样的方法进行,两组可进行多轮比赛,最后累计各组得分总和数值。多者为胜。注意要用原地推铅球的方法推出铅球,不能抛或投。不得越线推,投掷结束后也不能越线。

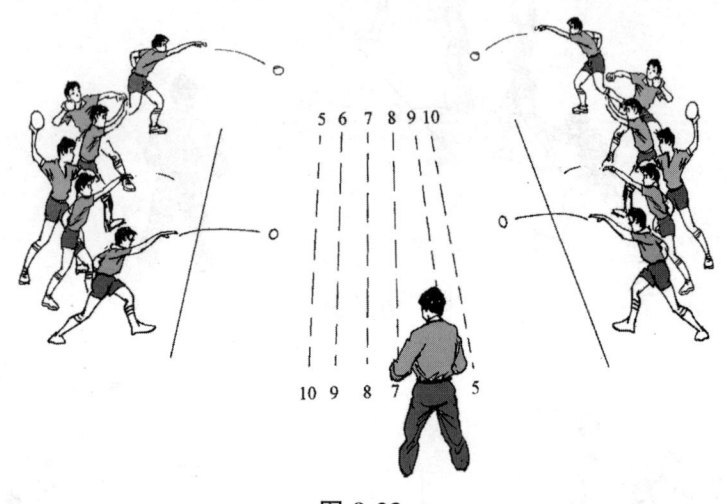

图 8-23

(六)投重物接力

准备一个实心球,如图 8-24 所示,将学生分成人数相等的甲乙两队,共用一个实心球,场地上画一条投掷线,甲队排头在投掷线后,单手肩上将球向前投出,记好第一落点,然后乙队排头在此落点向回投,也记好第一落点,甲队第二人在此落点向回投,如此进行下去,乙队最后一人投球的第一落点如超过投掷线则为乙队胜,否则为甲队胜。按此比赛方法,再重新规定投掷方式,如前、后抛等进行游戏比赛。学生必须按规定的方式进行投掷。投掷的远度以实心球第一落点的最近点计算。必须在落点后投掷,不得过线。

第八章 投掷类运动文化与开展研究

图 8-24

参考文献

[1]李鸿江.田径(第2版)[M].北京:高等教育出版社,2008.

[2]宗华敬.田径[M].北京:北京体育大学出版社,2005.

[3]刘建国.田径[M].北京:高等教育出版社,2006.

[4]全国体育学院教材委员会编.田径运动高级教程[M].北京:人民体育出版社,2003.

[5]马明彩,熊西北.田径运动技术教学理论与方法[M].北京:北京体育大学出版社,1999.

[6]刘金凤.田径教学与训练[M].成都:西南交通大学出版社,2014.

[7]马良,柴志铭,张宝文.现代田径运动竞技与健身[M].北京:中国商务出版社,2007.

[8]孟刚.田径[M].北京:北京师范大学出版社,2008.

[9]孙南.现代田径训练高级教程[M].北京:北京体育大学出版社,2011.

[10]王晓刚.田径专项体能训练理论与方法[M].北京:中国书籍出版社,2014.

[11]刘黎明,苏萍.田径运动竞技与健身[M].西安:西安地图出版社,2008.

[12]吴永海.田径训练实用手册[M].北京:国家行政学院出版社,2013.

[13]于振峰,赵宗跃,孟刚.体育游戏(第2版)[M].北京:高等教育出版社,2007.

[14]尹军,郑亚平,董琦.趣味田径游戏理论与方法[M].北京:北京体育大学出版社,2006.

[15]张贵敏.田径运动教程[M].北京:人民体育出版社,2007.

[16]席凯强,李鸿江.田径技术教学程序与设计[M].北京:北京航空航天大学出版社,2011.

[17]吴学锋.田径技术教学与训练[M].长春:吉林大学出版社,2015.

[18]文超.田径运动高级教程[M].北京:人民体育出版社,2013.

[19]罗建新.田径运动技术教学理论与实践[M].贵阳:贵州人民出版社,2005.

[20]何会权,马飞.浅议我国高校田径运动现状和发展方向[J].中国外资,2012(8).

[21]刘海军.普通高校田径运动现状研究[J].吉林体育学院学报,2011(6).

[22]郭建龙,苏明理,许崇高.21世纪我国田径课程改革现状与发展方向[J].广州体育学院学报,2007,5(27).

[23]毕红星.我国部分普通高校田径课教学改革关键因素分析及对策研究[J].天津体育学院学报,2005(1).

[24]辛锋.高校田径运动开展现状与对策研究[J].湖北体育科技,2010(11).

[25]曲云霞.普通高校田径选项课教学现状及改革设想[J].赤峰学院学报(自然科学版),2011(8).

[26]欧阳榕.论田径课程教学在普通高校的开展[J].科技信息,2009(21).